# 体育教师教学能力实训

郭可雷　主编

人民体育出版社

**图书在版编目（CIP）数据**

体育教师教学能力实训 / 郭可雷主编. -- 北京 : 人民体育出版社，2022（2025.8重印）
ISBN 978-7-5009-6242-7

Ⅰ. ①体… Ⅱ. ①郭… Ⅲ. ①体育教学—教学研究 Ⅳ. ①G807.01

中国版本图书馆CIP数据核字(2022)第235872号

**体育教师教学能力实训**

---

**郭可雷　主编**
**出版发行：人民体育出版社**
**印　　装：天津中印联印务有限公司**

**开 本：**710×1000　16开本　**印 张：**15.75　**字 数：**250千字
**版 次：**2022年12月第1版　**印 次：**2025年8月第3次印刷
**书 号：**ISBN 978-7-5009-6242-7
**定 价：**70.00元


联系电话：（010）67151482
社　　址：北京市东城区体育馆路8号（100061）
网　　址：https://books.sports.cn/

# 前 言

FOREWORD

一个人遇到好教师是人生的幸运，一个学校拥有好教师是学校的光荣，一个民族源源不断涌现出一批又一批好教师则是民族的希望。

党的十八大以来，习近平总书记站在党和国家的战略高度，为新时代教师队伍建设指明前进方向，对教师工作提出明确要求。2021 年 4 月 19 日，习近平总书记在清华大学考察时强调：教师是教育工作的中坚力量，没有高水平的师资队伍，就很难培养出高水平的创新人才，也很难产生高水平的创新成果。2018 年 1 月 20 日，中共中央、国务院印发的《关于全面深化新时代教师队伍建设改革的意见》明确指出：教师是教育发展的第一资源。

拥有成熟的教学能力是好教师必备的职业素养之一。好教师应该懂得，选择当教师就意味着承担了责任，就要尽到教书育人、立德树人的责任，并把这种责任体现到平凡、细微的教学管理之中。因而，广大教师只有不忘立德树人初心，牢记为党育人、为国育才使命，积极探索新时代的教育教学方法，不断提升教书育人本领，才能为培养德智体美劳全面发展的社会主义建设者和接班人作出新的、更大的贡献。

体育教师教学能力是指体育教师设计、组织实施、评价和改进教学活动，完成教学目标的能力。随着体育课程改革的不断深化，广大体育教师成为改革的主力军，其教学能力决定着教学质量，同时也影响着课程改革的效果。体育教师教学能力是体育教师专业素养的核心，是体育教师素养的综合体现。当前，我国体育教师存在质量有待提高、学科知识不扎实、基本师范技能不强、教学能力不足等问题。

现阶段我国的体育课程改革，并不缺乏先进的理念，也有很多成功案例可供参考，但想要有效实施和推进，就要在提升体育教师教学能力这一最基本也是最根本的素养上下功夫。

体育教师教学能力是一个包含多项子能力的综合能力，对其的培养往往从各项子能力开始，当掌握各项子能力后，就要综合各项子能力并系统运用到体育教学实践中。体育教师教学能力的提升是一个渐进的过程，到达成熟阶段通常需要几年甚至更多年的积累。体育教师教学能力属于实践能力。因此，本课程在具体开展过程中，要以实践为主。注重将理论应用于实践，旨在培养学生上好一堂体育课的能力。

基于上述对体育教师教学能力的基本认识，本教材力求在以下几个方面体现特色：第一，在前人研究成果的基础上，增加了与本教材相关的新内容，丰富和完善了本教材的理论体系。第二，为更好地体现实践性、应用性和可操作性，增添了体育教学能力实训中的具体案例。第三，为了将立德树人真正落实到每门课程的教学中，推动体育课程思政改革，专门增设了体育教师课程思政教学能力实训板块。第四，为了强化理论指导实践，本教材在每章都设置了课堂讨论和实践应用的活动教学环节。

本教材共由“体育教师教学能力发展的理论架构”“体育教师教学认知能力实训”“体育教师教学设计能力实训”“体育教师教学实施能力实训”“体育教师教学管理能力实训”“体育教师教学评价能力实训”“体育教师教学反思能力实训”“体育教师课程思政教学能力实训”“体育教师教学拓展能力实训”9个部分组成。希望上述9个部分能为高校开设“体育教师教学能力实训”课程提供指导和参考,也能为全国高校及中小学教师与教学管理评估提供切实指导与参考。同时，本教材也为体育教师提供了体育教师教学能力实训思路与大量鲜活生动的专业案例，也可作为“体育课程与教学论”“学校体育学”等课程的实用参考书。

本教材由郭可雷教授（肇庆学院体育与健康学院）担任主编。参加编写的人员有：第一章，郭可雷（肇庆学院体育与健康学院）；第二章，邢执、于珍（肇庆学院体育与健康学院）；第三章，陈恩栋、向军（肇庆学院体育与健康学院）；第四章，邓先强、王娟（肇庆学院体育与健康学院）；第五章，李灵超（肇庆学院体育与健康学院）；第六章，马丽娜、林景富（肇庆学院体育与健康学院）；第七章，郭思强、冯海成（肇庆学院体育与健康学院）；第八章，李永彬（肇庆学院体育与健康学院）；第九章，程悦明、向军（肇庆学院体育与健康学院）。

由于编者水平有限，本教材难免出现疏漏，在相关知识点的分析与设计中也难免存在分析不足、设计不全之处，诚望读者和专家给予批评指正，以便进一步修改和完善。另外，本教材在编写过程中，参考、吸收和引用了有关专家、学者的研究成果，在此一并表示感谢。

郭可雷

2022 年 6 月

# 目　录

CONTENTS

# 第一章 体育教师教学能力发展的理论架构

CHAPTER 01

体育教师教学能力是指体育教师设计、组织实施、评价和改进教学活动，完成教学目标的能力。体育教师教学能力主要包括体育教师教学认知能力、体育教师教学设计能力、体育教师教学实施能力、体育教师教学管理能力、体育教师教学评价能力、体育教师教学反思能力、体育教师课程思政能力和体育教师教学拓展能力八种子能力。掌握体育教师教学能力的内涵与结构要素，有帮助学生理解体育、提升教师教学能力和促进体育教师发展的重要意义。提升体育教师教学能力对促进青少年身心健康、体魄强健，落实立德树人根本任务和“健康中国”国家战略以及实现中华民族伟大复兴的“中国梦”都具有重要作用。

## 第一节 概念界定

### 一、教师能力

能力属心理学研究范畴，已有研究表明，教学能力是能力的下位概念[①]。通常认为，知识和技能是能力的基本构成要素，应把这一概念应用到教学领域，并与教学活动的全过程结合。教师能力是指教师在教育教学活动中表现出来的，直接或间接影响教育教学活动质量和完成情况的个性心理特征，是一般能力（智力）和特殊能力（教学能力）的整合[②]。教师能力也指教师在教育教学活动中形成并表现出来的、直接影响教育教学活动的成效和质量的、决定教育教学活动的实施与

① 郭来福．翻译教师教学能力研究：结构・现状・发展［M］．北京：外语教学与研究出版社，2019.

② 张素娟．昆明市小学数学教师专业成长的叙事研究［D］．昆明：云南师范大学，2016.

完成的生理素质和心理特点的综合表现[①]。教师能力作为当代教育活动所需要的能动力量和实际本领，是一般能力和特殊能力的合理整合和特殊发展，是在实践中发展起来的、反映教师职业活动要求的能力体系。近年来的研究表明，影响学生能力发展的关键因素在于教师的能力[②]。在张大钧[③]主编的《教学心理学》一书中，对教师的智力与教育能力作了明确的区分，他认为合格的智力是教师的基本心理素质，是从事教学工作的心理基础，它主要包括敏锐的观察力、准确的记忆力、丰富的想象力、优良的思维品质、可灵活分配的注意力。教师的教育能力则是特定的专业能力，主要包括：掌握与设计教学内容的能力，语言表达能力，组织管理能力，因材施教的能力，教学中的应变与调控能力，自我监控能力，自我鉴定、自我评价、自我教育能力，教育科研能力和教育机智。另外，还有研究对教学能力的内涵进行了探讨，把教学能力同教师的其他能力作了更为细致的区分，例如，罗树华和李洪珍[④]在《教师能力学》一书中，把教师的一般职业能力区分为三种，即教师的教育能力、教师的班级管理能力和教师的教学能力；并指出，所谓教学能力主要是指教师应当普遍具有的运用特定教材从事教学活动、完成教学任务的能力，它具体包括掌握和运用教学大纲的能力、掌握和运用教材的能力、掌握和运用教学参考书的能力、编写教案的能力、选择和运用教学方法的能力、因材施教的能力、实施目标教学的能力、组织课堂教学的能力、教学测试能力、制作和使用教具的能力等。

从以上对教师能力的分析中可以看出，教师能力是以一般能力（智力）为依托，通过特殊能力表现出来的一般能力与特殊能力的结合。

总之，教学活动作为科学与艺术相结合的综合性活动，既要以教师的一般能力（或智力）为基础，又要借助特殊能力来体现。

## 二、体育教师能力

体育教师能力是指完成社会给予的体育教育工作任务所必备的生理素质和心理特点的综合表现，是以智力为核心，在掌握体育知识、技能的实践活动中形成

① 张玉田，程培杰，等．学校教育评价［M］．北京：中央民族大学出版社，1998.

② 卢正芝，洪松舟．我国教师能力研究三十年历程之述评［J］．教育发展研究，2007（2）：70–74.

③ 张大钧．教学心理学［M］．北京：人民教育出版社，2015.

④ 罗树华，李洪珍．教师能力学［M］．济南：山东教育出版社，1997.

和发展起来的，从事体育教育活动所必需的专门能力。体育教师能力应包括品德教育能力、体育教学能力、运动训练能力、科研创新能力、体育社会活动能力和掌握运用工具能力等[①]。

体育教师的全面业务能力是从事学校体育工作的基础。人的能力可以分为两种：一般能力和特殊能力。一般能力是指适宜各种活动的能力，具有普遍的意义，包括观察力、注意力、记忆力和想象力等，体育教师应全面具备这些能力，这些是学校体育工作的基础能力。特殊能力是指适宜某种特殊活动范围的专门能力。体育教师是从事体育教育工作的专门人才，根据其职业特点还需要具有特殊的业务能力，主要有：运动能力，教学能力，教育能力，组织、指导课外体育活动的能力，科研能力及其他能力[②]。

根据体育教师的职业特点，体育教师能力主要包括四个方面：组织管理能力（教学内容组织加工能力、体育课的组织管理能力、课外体育活动的组织管理能力），表达能力（语言表达能力、身体姿势表达能力、运用图物表达能力），体育科学研究能力和现代教育技术运用能力[③]。

在对体育教师体育教学模式的研究中指出，中学体育教师能力素质包括：教学能力（组织管理指挥、讲解示范表达、创造），工作能力（决策、独立工作、训练、保健、与人合作、总结、社交），科研能力（自学、研究、竞争）[④]。

综上所述，虽然已有研究未能统一体育教师能力的定义，但这些研究为本书界定体育教师能力提供了参考依据。本研究认为，体育教师能力是指体育教师在体育教育教学活动中表现出来的，直接或间接影响体育教育教学活动质量和完成情况的个性心理特征，是一般能力和特殊能力的整合。一般能力包括观察力、注意力、记忆力和想象力等。特殊能力主要包括：体育运动能力，体育教学能力，体育教育能力，课外体育活动的组织、指导能力，体育科研能力等，其中体育教学能力是体育教师能力的核心。

随着新课标的实施，现代体育教育步入了知识化、信息化和能力化时期。在

① 张学研，王崇喜．对普通高校体育教育专业学生能力培养与评价的研究：面向21世纪体育师资培养和体育教育专业改革与发展研究［M］．武汉：华中师范大学出版社，2000.

② 李祥．学校体育学［M］．北京：高等教育出版社，2002：275–276.

③ 龚正伟．体育教学论［M］．北京：北京体育大学出版社，2004：143.

④ 曲宗湖．体育教师素质与基本功［M］．北京：人民体育出版社，2002：16.

以全面提高学生体育与健康学科核心素养为目标的新型人才培养模式的趋势下，学校、社会对体育教师的能力水平提出了越来越高的要求。体育教师作为教师群体中的一部分，能力上既应具有教师能力的普遍性，又应具有作为独立群体的特殊性。

## 三、体育教师教学能力

体育教师教学能力是学校体育课教学质量的保证，是衡量体育教师教学水平高低和评价教学效果好坏的重要指标之一，是体育教师能力结构中最基本的能力。关于体育教师教学能力的定义，存在以下主要观点。

①体育教学能力是体育教学中所需要的各种能力总和，包括对教学内容的理解能力，教学管理、设计能力，掌握和运用教材能力，示范和标准的语言表达能力，组织实施能力，以及体育教学过程中的应变能力等[①]。

②体育教师教学能力包括：掌握体育基础理论知识、具备相应的运动技能和提高身体素质的能力，组织实施的体育课内外活动能力，体育教学中评价和反思的能力等[②]。

③体育教学能力是在具体学科教学活动中表现出来的某种特殊能力（专业能力），它除了包含一般专业教师的教学能力之外，还有自己的职业特点。体育教师的教学能力应该包括体育教学认知能力和体育教学操作能力。体育教学认知能力主要是指体育教师对体育教学目标、学习者特点、教学方法与策略及教学情景的分析判断能力；体育教学操作能力，主要是指体育教师在实现教学目标过程中解决教学问题的能力，这种能力主要包括组织教材能力、组织教法能力、表达能力、教学管理能力、教学评价能力[③]。

④体育教师教学能力是指在体育教学活动中，教师借助身体练习这一主要手段，合理选择和运用教学内容与教学策略，有目的、有计划地指导学生积极主动地学习体育与健康知识、技能与方法，培养学生自觉锻炼的意识与习惯，促进学

① 龚坚，张新．体育教学论［M］．重庆：西南师范大学出版社，2006：106-107.

② 罗树华，李洪珍．教师能力学［M］．济南：山东教育出版社，1997.

③ 曹科枢，张建明，石勤，等．师范专科学校体育教育专业人才培养与小学体育教师教学能力发展研究［C］//《教师教学能力发展研究》科研成果集（第十一卷），2017：15-19.

生身心全面发展的一种能力[①]。

⑤《简明心理学辞典》认为：教学能力是教师在教学过程中各种能力的综合，包括掌握教学基本知识、组织实施教学活动和对学生进行评价等方面的能力。

综上所述，体育教师教学能力是指体育教师设计、组织实施、评价和改进教学活动，完成教学目标的能力。体育教学活动的复杂性和多样性要求教师具备多方面的教学能力。因此，体育教师教学能力是多项子能力的有机结合，每项子能力都是由知识和技能共同作用而形成的系统化、概括化的较为稳定的个性心理特征。

体育教师教学能力是一个比教师能力和体育教师能力拥有更加具体内涵的概念。教师能力是以教师为职业的人所具有的全部能力，在 3 个概念中它的外延最广，不仅包括教师从事教学活动应有的教学能力，还包括教师从事其他活动所必需的能力。体育教师能力是从事体育教学活动的教师所具备的全部能力，和教师能力概念一样，体育教师能力既包括教学能力，也包括与教学活动无关的其他能力，只不过能力主体的范围更加具体。因此，教师能力、体育教师能力、体育教师教学能力之间具有概念范围依次缩小的关系，如图 1–1 所示。

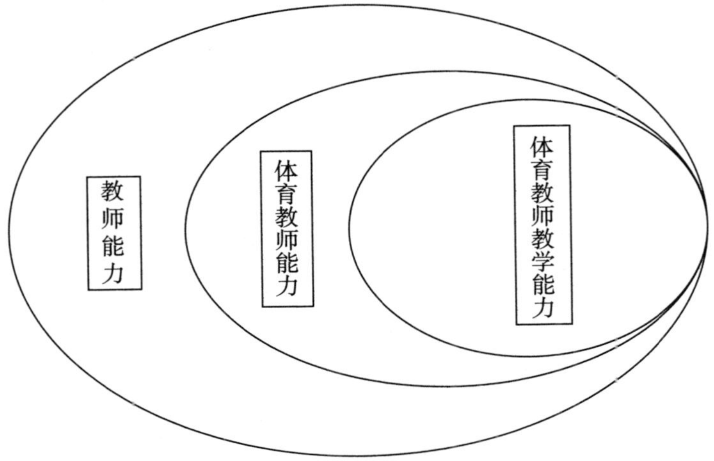


**图 1–1　教师能力、体育教师能力、体育教师教学能力关系图**

① 沈武旗．中学体育教师教学能力的构建与提升策略［J］. 体育教学，2017，37（7）：14–16.

# 第二节 体育教师教学能力体系

众所周知，体育教师教学能力是体育教师一项十分重要的能力，因此，培养和提升体育教师教学能力是教育教学改革的中心任务。要培养和提升体育教师教学能力，首先就要了解其结构组成。体育教师教学能力是一个包含多种子能力的综合能力，对其的培养往往是从各子能力开始的，最后，再综合各项子能力并系统运用到体育教学实践中。体育教师教学能力不是一成不变的，而是动态发展的。在职业发展中的不同时期和不同的社会发展阶段，体育教师具有不同的教学能力结构。尽管体育教师教学能力是发展变化的，但有些基本的能力要素是不变的，因此，本教材在前期相关研究成果的基础上，结合当下的体育教育教学政策文件和体育教育教学改革的新思想、新理念，试图构建体育教师教学能力结构体系，以期为培养和提升体育教师教学能力提供借鉴。

## 一、体育教师教学能力体系构建的理论基础

体育教师教学能力结构要素的确立，需要基于学科课程标准、教师专业标准、有效教学行为和学业质量水平之间的逻辑关系。学科课程标准主要体现对人才培养的要求，教师专业标准主要体现对教师能力的要求，有效教学行为是教师为实现教学目标采取的一系列真实有效的行为，学业质量水平是对学生学习结果的要求。

2018 年 1 月，教育部颁发《普通高中体育与健康课程标准（2017 年版）》（以下简称《标准》),《标准》中明确规定体育与健康课程的基本理念是：落实“立德树人”根本任务和“健康第一”指导思想，促进学生健康与全面发展；尊重学生的学习需求，培养学生对运动的喜爱；改革课程内容与教学方式，提高学生的综合能力和优良品格；注重学生运动专长的培养，奠定学生终身体育的基础；建立多元学习评价体系，激励学生更好地学习和发展。体育与健康课程的学习总目标为：通过课程的学习，学生喜爱运动，积极主动地参与运动；学会体育与健康学习和锻炼，增强创新精神和体育实践能力；树立健康观念，形成良好的生活方式；遵守体育的道德规范和行为准则，塑造良好的体育品格，发扬体育精神。运动能力、健康行为和体育品德三方面学科核心素养协调和全面发展，培养作为公

民在未来发展中应具备的体育与健康的关键能力、必备品质与价值观念，形成乐观开朗、积极进取、充满活力的人生态度。

教师专业标准是为专业学习设计有效方法和评估教师表现的重要工具。在幼儿园、小学和中学《教师专业标准》中均提到专业理念与师德、专业知识和专业能力三个维度，这 3 个维度从不同的方面对教师教学能力提出了要求，对于教师教学能力评价结构要素的确立具有重要的指导作用。有效教学行为是教师为实现教学目标采取的一系列真实发生的行为，是教师整体能力和素质的外化形式。可以说，体育教师有效教学行为的现实表征及水平直接反映教师教学能力水平、教学实践智慧和教学质量的高低，也直接影响学生学习行为的发生和学习效果的产生。对于教师有效教学行为的评价，可以为教师教学行为的改变、教学能力提升及教学质量提高提供重要的参考依据。学业质量水平既反映学生学习的程度和水平，也在一定程度上体现教师教学能力和水平，并且也可为教师教学与评价提供直接的指导资料。

## 二、体育教师教学能力结构体系的确立

### （一）前期相关研究

赵伟科等[①]通过“指标假设—指标修正—形成体系”的动态推进过程，运用特尔菲法，构建了含知识学习能力、体育教学实践能力、体育教学研究能力、信息技术运用能力共 4 个一级指标的高校体育教师教学能力评价指标体系，并确定了 12 个二级指标和 33 个三级指标（表 1–1）。

**表 1–1　高校体育教师教学能力评价指标**

| 一级指标 | 二级指标 | 三级指标 |
|---|---|---|
| 知识学习能力 | 知识总量 | 普通基础知识 |
| | | 体育专业知识 |
| | | 教育科学知识 |
| | 知识习得能力 | 扩充知识能力 |
| | | 知识习得速度 |

① 赵伟科，王志强 . 高校体育教师教学能力评价指标体系的建构［J］. 体育研究与教育，2018，33（6）：69–74.

续表

| 一级指标 | 二级指标 | 三级指标 |
| --- | --- | --- |
| 体育教学实践能力 | 体育教学设计能力 | 教学对象分析能力 |
| | | 教学目标设计能力 |
| | | 教学内容设计能力 |
| | | 教学策略设计能力 |
| | | 教学媒体设计能力 |
| | | 教学设计创新能力 |
| | 体育教学实施能力 | 引导学生能力 |
| | | 教学组织能力 |
| | | 教法使用能力 |
| | | 教学监控能力 |
| | 体育教学反思能力 | 教学反思内容 |
| | | 教学反思方法 |
| | | 教学反思形式 |
| 体育教学研究能力 | 体育教学研究选题能力 | 选题建构能力 |
| | | 选题表述能力 |
| | 文献资料获取能力 | 文献资料收集能力 |
| | | 资料整理与分析能力 |
| | 教学研究方法选用能力 | 教研方法选择能力 |
| | | 教研方法运用能力 |
| | 论文、报告撰写能力 | 文字表达能力 |
| | | 课题论证能力 |
| 信息技术运用能力 | 计算机操作能力 | 系统操作能力 |
| | | 软件应用能力 |
| | 网络基础能力 | 网络通信能力 |
| | | 网络信息能力 |
| | | 电子邮件运用能力 |
| | 多媒体制作能力 | 制作工具运用能力 |
| | | 媒体资料处理与使用能力 |

杨文敏[①]运用教育学、心理学的知识，采用文献资料法、专家访谈法、数理统计法、层次分析法以及逻辑分析法等方法对普通高校体育教师教学能力评价指标体系进行研究，确定了由 4 项一级指标、14 项二级指标以及 31 项三级指标构

① 杨文敏．普通高校体育教师教学能力评价指标体系研究［J］．浙江体育科学，2013，35（3）：82-85.

成的体育教师教学能力评价指标体系（表1–2）。

表1–2　高校体育教师教学能力评价指标体系

| 一级指标 | 二级指标 | 三级指标 |
| --- | --- | --- |
| 教学设计能力 | 教学目标设计 | 教学目标主题设计 |
| | | 教学目标对象设计 |
| | | 教学目标构成设计 |
| | 教学内容设计 | 教学重点设计 |
| | | 教学难点设计 |
| | 教学结构设计 | 课堂教学活动结构设计 |
| | | 学生练习密度设计 |
| 教学实施能力 | 语言表达能力 | 讲解能力 |
| | | 运用专业术语的能力 |
| | | 运用口令的能力 |
| | 动作示范能力 | 示范时机 |
| | | 示范位置 |
| | | 示范动作的规范性 |
| | 纠正错误动作的能力 | 发现错误动作的能力 |
| | | 运用纠错方式的能力 |
| | 教学组织能力 | 组织调动学生队伍的能力 |
| | | 布置体育场地器材的能力 |
| | 课堂教学管理能力 | 管理学生的能力 |
| | | 自我管理的能力 |
| | 教学应变能力 | 处理教学失误的能力 |
| | | 处理突发事件的能力 |
| 教学评价能力 | 评价学生学习效果的能力 | 对学生体育技能掌握做出评价的能力 |
| | | 对学生学习态度做出评价的能力 |
| | 课堂教学自我评价的能力 | 教学过程自我评价的能力 |
| 教学应具备的拓展能力 | 教学创新能力 | 教学模式的创新能力 |
| | | 教学方法的创新能力 |
| | | 教学组织形式的创新能力 |
| | 运用现代信息技术教学的能力 | 操作电教仪器的能力 |
| | | 编制教学课件的能力 |
| | 初步的体育科研能力 | 发表学术论文的能力 |
| | | 承担课题研究的能力 |

孙晓东[①]采用文献资料法、专家访谈法、问卷调查法、数理统计法及层次分析法等研究方法，对中小学体育教师的教学能力内涵进行研究，最终构建出了中小学体育教师教学能力评价指标体系。研究结果显示：中小学体育教师教学能力评价指标包括 6 个一级指标，以及 34 个二级指标（表 1–3）。

**表 1–3　中小学体育教师教学能力评价指标体系**

| 一级指标 | 二级指标 |
|---|---|
| 教书育人能力 | 体育教材教育因素的发掘能力 |
| | 体育教师通过自己的行为影响学生的能力 |
| | 有效抑制学生不良行为的能力 |
| | 体育教师控制自身行为的能力 |
| 体育教学设计能力 | 制订单元教学计划的能力 |
| | 编写体育教案的能力 |
| | 制订体育教学目标的能力 |
| | 精选体育教学内容的能力 |
| | 选择体育教学方法的能力 |
| | 制订体育教学组织手段的能力 |
| | 体育教学器材应用的设计能力 |
| 体育教学实施能力 | 动作示范能力 |
| | 语言表达能力 |
| | 体育课堂的组织与管理能力 |
| | 体育课堂的保护与帮助能力 |
| | 发现与纠正学生错误的能力 |
| | 处理突发事件的能力 |
| | 发挥学生体育骨干的能力 |
| | 对学生因材施教的能力 |
| | 开发与利用体育课程资源的能力 |
| | 及时了解学生反馈情况的能力 |
| 体育教学评价能力 | 对学生学习过程的评价 |
| | 对学生学习结果的评价 |
| | 对体育教学过程的评价 |
| | 对体育课教学效果的评价 |
| | 对体育评价方法的选择能力 |

① 孙晓东．中小学体育教师教学能力评价指标体系的构建研究［J］．吉林体育学院学报，2018，34（1）：98–103.

续表

| 一级指标 | 二级指标 |
|---|---|
| 体育教学研究能力 | 对体育科研项目的选题能力 |
| | 对体育科研过程的设计能力 |
| | 对体育科研方法的选择应用能力 |
| | 体育科研论文与报告的撰写能力 |
| 体育教学反思能力 | 对体育教学过程的反思能力 |
| | 对体育教学效果的反思能力 |
| | 记录反思结果的能力 |
| | 将反思结果应用于体育教学的能力 |

### （二）本书体育教师教学能力的结构体系

本书在前期研究成果的基础上，结合体育教育专业本科人才培养目标，确立了一个由3个一级指标和36个二级指标组成的基础阶段体育教师教学能力结构体系（表1–4）。

**表1–4　基础阶段体育教师教学能力结构体系**

| 一级指标 | 二级指标 |
|---|---|
| 体育教师教学认知能力 | 把握课程标准的能力 |
| | 了解教学环境的能力 |
| | 认知教学主体的能力 |
| 体育教师教学设计能力 | 制订体育教学目标的能力 |
| | 精选体育教学内容的能力 |
| | 运用体育教学方法的能力 |
| | 优化体育教学组织的能力 |
| | 设计教学过程的能力 |
| | 制订教学计划的能力 |
| 体育教师教学实施能力 | 动作示范能力 |
| | 语言表达的能力 |
| | 保护与帮助的能力 |
| | 发现与纠正学生错误动作的能力 |
| | 教学安全的能力 |
| | 教学互动的能力 |
| | 处理突发事件的能力 |

续表

| 一级指标 | 二级指标 |
| --- | --- |
| 体育教师教学管理能力 | 管理课堂秩序的能力 |
| | 管理课堂空间的能力 |
| | 管理教学时间的能力 |
| 体育教师教学评价能力 | 学生学习过程的评价能力 |
| | 学生学习结果的评价能力 |
| | 体育教学过程的评价能力 |
| | 体育教学效果的评价能力 |
| | 体育评价方法的选择能力 |
| 体育教师教学反思能力 | 体育教学过程的反思能力 |
| | 体育教学效果的反思能力 |
| | 记录反思结果的能力 |
| | 将反思结果应用于体育教学的能力 |
| 体育教师课程思政能力 | 体育课程思政元素的理解能力 |
| | 体育课程思政的发掘能力 |
| | 体育课程思政的组织能力 |
| | 体育课程思政的实施能力 |
| | 体育课程思政的评价能力 |
| 体育教师教学拓展能力 | 教学创新能力 |
| | 信息化教学能力 |
| | 体育教学研究能力 |

# 第二章 体育教师教学认知能力实训

CHAPTER 02

体育教师教学认知能力是教师对体育教学的理念、要素、过程、方法和策略等各个方面进行深层次理解和准确把握的能力。它是体育教师教学能力形成和发展的基础，属于“灵魂”的部分。对体育教学的认知不同，体育教师所使用的教学设计、教学实施、教学管理、教学评价等教学技能肯定也各不相同。在体育教学实践中，体育教师教学认知能力主要表现为把握体育与健康课程标准的能力、了解教学环境的能力和认知教学主体的能力三种具体能力。掌握促进体育教师教学认知能力的实训技能，将有助于提高未来体育教师对体育教学的认知意识与能力，刻苦钻研、严谨笃学的态度，还有助于培养其教育情怀。

## 第一节　把握体育与健康课程标准的能力

### 一、相关概念界定

#### （一）课程标准

《教育辞典》[①]认为，课程标准是由国家教育主管部门颁布的规定学校的培养目标和教学内容的指导性文件，一般分为总纲和分科课程标准（说明）两部分。总纲规定学校教育的总目标、学科的设置、各年级各学科每周教学时数和教学通则等。分科课程标准规定各科教学目标和教材纲要、教学要点、讲授内容、基本论点、教学时数的分配、教学方法及有关注意事项。课程标准是衡量教学质量的

① 张焕庭. 教育辞典［M］. 南京：江苏教育出版社，1989.

重要依据，教师有责任按教学大纲的要求教学。我国清朝末年兴办近代教育之初，各级学堂章程中的《功课教法》章列有课程门目表和课程分年表，这是课程标准的雏形。1912 年 1 月，中华民国教育部公布了《普通教育暂行课程标准》。此后，“课程标准”一词沿用至今。

《中国旅游大辞典》① 认为，课程标准是确定一定学习时段的课程水平及课程结构的纲领性文件。课程标准规定各级学校的课程目标、学科设置、各年级各学科每周的教学时数、实习、实训活动的要求和时数等，同时还有具体的学科教学目标、教材纲要、教学要点、教学时数和编订教材的基本要求等。课程标准包含三个层次，即国家层面课程标准、专业大类课程标准和学校层面课程标准，每个层次的课程标准所起的作用各不相同。

总之，课程标准规定了学生经过一段时间的学习后在划定的学习领域应达到的水平，是教学的指导性文件，反映了国家对学生学习结果的期望，是教育政策与课程改革的核心体现。

### （二）体育与健康课程标准

《教育评价辞典》② 指出，《体育教学大纲》是国家教育行政部门制定的中小学体育教学指导性文件，是国家根据其教育制度和课程设置方案制定的，是开展体育教学、考核学生体育成绩、评价体育教学成效和实施体育教学管理的基本规定，评价体育课教学的重要依据之一。陶西平认为，体育与健康课程标准是根据课程设置，以课程形式提供体育教学内容，划定课程范围、教材体系、教学内容，是编制体育教材、发展体育事业、评价教学质量和实施教学管理的基础。

总之，体育与健康课程标准规定了学生经一段时间的学习和训练后应达到的知识和技能水平，是体育课程实践的指导性文件，反映了国家对体育与健康课程的基本规范和质量要求。

## 二、体育与健康课程标准解读

下文以《普通高中体育与健康课程标准（2017 年版）》（以下简称《标准》）

① 邵琪伟．中国旅游大辞典［M］．上海：上海辞书出版社，2012.

② 陶西平．教育评价辞典［M］．北京：北京师范大学出版社，1998.

为例进行解读。

### （一）性质

在《标准》中明确指出，普通高中体育与健康课程以学生身心发展特点和学习规律为依据，以学校体育学、体育与健康课程与教学论、健康教育学为基础，同时还涉及运动解剖学、运动生理学、体育心理学、体育社会学、体育哲学、运动训练学、运动营养学、体育伦理学、体育美学和体育史学等学科知识。体育与健康课程作为高中课程中基于生命、指向生命、提升生命质量的学科，与生物学、化学、物理学、社会学、心理学、艺术学等学科有着广泛的关联性，对于促进学生身心健康、体魄强健，推进“健康中国”建设，增强中华民族的旺盛生命力，促进社会文明进步，培养德智体美劳全面发展的社会主义建设者和接班人，都具有不可替代的重要作用。

普通高中体育与健康课程是一门以身体练习为主要手段，以体育与健康知识、技能和方法为主要学习内容，以培养高中学生的体育与健康学科核心素养和增进高中学生身心健康为主要目标的课程。本课程是普通高中课程体系的重要组成部分，是面向全体高中学生的基础教育，对落实立德树人根本任务，发展素质教育和培养全面发展的人具有独特的功能和价值。本课程具有基础性、实践性、选择性和综合性的特点。

#### 1. 基础性

基础性强调在义务教育基础上进一步全面提高学生的学科核心素养，为学生终身体育锻炼和保持健康奠定坚实的基础。体育教师须重视学生知识和技能的学习，更要将学知识和技能的过程变成培养学科核心素养的过程。这样的学习是更深层次的，对学生的终身发展有着长期积极的影响。

#### 2. 实践性

实践性强调以身体练习为主要手段，促进学生通过适宜的运动负荷和方法进行体能练习和运动技能学习，积极参加课内外体育学习、锻炼、社团活动和竞赛活动。适宜的运动负荷能够提高学生体能水平和运动技能，《标准》将实践性放在选择性中进行了描述，并要求体育教师在指导体能和运动技能的学习、训练中，都要控制适宜的运动负荷。

3. 选择性

普通高中体育与健康课程十分注重学生的兴趣爱好，因此普遍让学生进行选项学习，《标准》明确指出："学生根据自身的特点和需求，在学校开设的若干运动项目中进行自主选择，较为系统地学习 1~3 个运动项目，培养运动爱好和专长，养成体育锻炼习惯。"若学生频繁地更换运动项目，将无法系统性地学好一项运动。这要求体育教师一要从健身育人的角度，引导学生热爱体育课，体验体育的乐趣与价值；二要在高中三年间指导学生系统学练 1~3 个体育项目，培养爱好和专长。

4. 综合性

综合性强调多种内容和方法的整合，以体育教育为主，融合健康教育，注重学科德育，培养学生的健康意识和行为，促进学生全面发展。体育课程涉及的学科较多，如运动解剖学、运动生理学、体育心理学、体育社会学、运动训练学、运动营养学、体育哲学、体育美学等。因此，综合性要求体育教师注重提高课程的多种功能和价值，促进学生学科核心素养的形成。

### （二）基本理念

《标准》的基本理念包括：落实立德树人根本任务和健康第一指导思想，促进学生健康与全面发展；尊重学生的学习需求，培养学生对运动的喜爱；改革课程内容与教学方式，提高学生的综合能力和优良品格；注重学生运动专长的培养，奠定学生终身体育的基础；建立多元学习评价体系，激励学生更好地学习和发展。

1. 落实立德树人根本任务和健康第一指导思想，促进学生健康与全面发展

《标准》重视学生在增进身心健康基础上的全面发展，提升了体育与健康课程在育人方面不可替代的重要作用。学校体育是学校教育的重要组成部分，体育与健康课程是高中课程体系的重要组成部分，故应该充分发挥具有体育学科特点的育人功能，应把增进学生身心健康、促进学生全面发展的体育课程目标贯穿于

整个教学中，真正做到强化体育课和课外体育锻炼，促进青少年身心健康、体魄强健。

2. 尊重学生的学习需求，培养学生对运动的喜爱

《标准》强调以学生发展为中心，遵循高中学生身心发展规律及学习兴趣，充分调动学生的学习积极性，重视在发挥教师主导作用的同时，突出学生的主体作用。为此，提倡创设师生和谐互动、形式灵活多样、气氛热烈活泼的课堂教学氛围，促进学生由被动运动向主动运动转变，喜爱体育与健康学习，乐于参与课外体育与健康活动和竞赛，养成良好的体育锻炼习惯，形成正确的体育与健康消费观，让体育与健康成为学生生活中不可或缺的重要组成部分。

3. 改革课程内容与教学方式，提高学生的综合能力和优良品格

《标准》强调要在继承中华优秀传统体育文化的基础上，与时俱进、开拓创新，努力体现课程的时代性。这一理念要求在教学内容上更注重选择中华优秀传统体育项目和新兴运动项目，更强调教学内容要与学生课外锻炼经验相联系。这有助于学生自主地锻炼，养成终身体育的习惯。在教学方式上，体育教师要改变过去单一的教学模式，提倡自主、合作和探究的多样化教学模式。需要特别注意的是，要引导学生参与对抗性的练习和比赛及展示活动，这样才能培养学生的实践能力及体育品格。

4. 注重学生运动专长的培养，奠定学生终身体育的基础

《标准》强调要培养学生的运动爱好和专长，强调学生应系统地学习、训练1~3个运动项目，积极参与日常体育锻炼、体育社团活动和体育竞赛活动，养成锻炼习惯，发展学科核心素养。这一理念要求高中体育课程关注学生的身心发展和运动爱好，促使学生自主地进行体育锻炼，进而提高所学项目的水平，培养自我认同感，为终身体育奠定基础。《标准》要求学生所学的运动项目要少而精，并追求卓越。

5. 建立多元学习评价体系，激励学生更好地学习和发展

高中体育课程重视学生达成课程目标和形成学科核心素养，注重评价的激励、

反馈和发展功能，要求构建主体多元、内容全面、方法多样的评价体系。

### （三）课程目标

1. 总目标

通过体育课程的学习，让学生喜爱运动且积极主动地参与运动；学会体育与健康学习和锻炼，增强科学精神、创新意识和体育实践能力；树立健康观念，形成健康文明的生活方式；遵守体育道德规范和行为准则，塑造良好的体育品格，发扬体育精神，增强社会责任感和规则意识。运动能力、健康行为和体育品德三个方面学科核心素养协调和全面发展，培养学生在未来发展中应具备的体育与健康的正确价值观念、必备品格与关键能力，形成乐观开朗、积极进取、充满活力的人生态度，身心健康、体魄强健，为新时代健康文明生活做好准备。

2. 分目标

运动能力：高中学生运动能力发展的重点是发展体能、运用技能和提高运动认知。通过体育课程的学习，学生能够运用所学的运动知识、技能和方法，参加与组织体育展示和比赛活动，显著提高体能与运动技能水平，掌握和运用选学运动项目的裁判知识和规则，增强发现问题、分析问题和解决问题的能力；独立或合作制订和实施体能锻炼计划，并对练习效果做出合理的评价；了解和分析国内外的重大体育赛事和重大体育事件，具有运动欣赏能力。

健康行为：高中学生健康行为养成的重点是锻炼习惯、情绪调控和适应能力。通过体育课程的学习，学生能够积极主动地参与校内外的体育锻炼，掌握科学锻炼方法，养成良好锻炼习惯，形成基本健康技能，学会自我健康管理；情绪稳定、包容豁达、乐观开朗，善于交往与合作，适应环境的能力强；关注健康，珍爱生命，热爱生活，养成健康文明生活方式，改善身心健康状况，提高生存和生活的能力。

体育品德：高中学生体育品德培养的重点是积极进取、遵守规则和社会责任感。通过体育课程的学习，学生能够自尊自强，主动克服内外困难，具有勇敢顽强、积极进取、挑战自我、追求卓越的精神；正确对待比赛的胜负，胜不骄、败不馁；胜任不同的运动角色，表现出团队合作与负责任的行为；遵守规则、文明礼貌、尊重他人，具有公平竞争的意识和行为。

### （四）学科核心素养

学科核心素养是学科育人价值的集中体现，是学生通过学科学习而逐步形成的正确价值观念、必备品格与关键能力。体育与健康学科核心素养主要包括运动能力、健康行为和体育品德。

#### 1. 运动能力

运动能力是体能、技战术能力和心理能力等在身体活动中的综合表现，是人类身体活动的基础。运动能力分为基本运动能力和专项运动能力。基本运动能力是从事生活、劳动和运动所必需的能力，专项运动能力是参与某项运动所需要的能力。运动能力的具体表现形式为体能状况、运动认知与技战术运用、体育展示与比赛。

#### 2. 健康行为

健康行为是增进身心健康和积极适应外部环境的综合表现，是提高健康意识、改善健康状况并逐渐形成健康文明生活方式的关键。健康行为包括养成良好的锻炼、饮食、作息和卫生习惯，控制体重，远离不良嗜好，预防运动损伤和疾病，消除运动疲劳，保持良好心态，适应自然和社会环境的能力等。健康行为的具体表现形式为体育锻炼的意识与习惯、健康知识的掌握与运用、情绪调控、环境适应。

#### 3. 体育品德

体育品德是指在体育运动中应当遵循的行为规范及形成的价值追求和精神风貌，对维护社会规范、树立良好的社会风尚具有积极作用。体育品德包括体育精神、体育道德和体育品格三个方面，体育精神包括自尊自信、勇敢顽强、积极进取、超越自我等，体育道德包括遵守规则、诚信自律、公平正义等，体育品格包括文明礼貌、相互尊重、团队合作、社会责任感、正确的胜负观等。

上述三个方面的学科核心素养联系密切、相互影响，在体育与健康教育教学过程中全面发展，并在解决复杂情境的实际问题过程中发挥作用。

## 三、把握体育与健康课程标准的具体方法

《标准》作为体育课的指导性文件,是一切体育教学活动的出发点与归宿点,为体育教师实施教学指明了方向。因此,体育教师应对体育与健康课程标准进行解读,把学科课程标准转化为学习目标,然后贯彻落实在课堂上。

### (一)坚定体育课程性质

课程性质即课程的基本属性和内在要求,是由一定的育人目标、特定的知识和预期的学生活动方式构成的一种动态存在。

对体育课程性质的认识是最基本的认识,能够反映出体育教师对体育课程的基本理解和其他方面的理解。只有在对体育课程的性质具备正确的理解后,才会在其他方面形成正确的理解和认识。体育教师对课程性质的认识是方向标,因此坚定体育课程性质是把握体育与健康课程标准的第一步。

### (二)贯彻落实体育课程基本理念

《标准》中提出了五条基本理念。体育教师应从以下五个方面贯彻落实体育课程基本理念。

#### 1.“立德树人”和“健康第一”同步实施

“立德树人”是党和国家对学校教育提出的根本要求,需要多门课程协同发力,更需要各门课程发挥学科独特的育人功能。“健康第一”是体育课程的指导思想,是实施本课程教学的指南。

体育教师想要在体育课上把“健康第一”落实到位,教学设计是关键,需要充分考虑三个环节,一是教材分析,二是学情分析,三是场地器材布置。不同的教材有着不同的价值,充分挖掘教材的价值,将有助于对学生健康的把握。不同的学生也有着不同的素质基础和健康需求,充分了解学生,是有效促进学生健康成长的关键。不同的场地、器材的类型和质量有不同的使用方法和注意事项。因此,体育教师应在教学设计的每个环节上秉持“健康第一”的理念,转变观念,改变原有的生理体育观,形成“生理—心理—社会”的三维体育观,明确体育教育的

目的不仅在于培养学生健康的体魄，还在于完善学生的心理和社会能力。体育与健康课程不仅仅是对学生身体和技能的教育，也能培养学生积极进取、顽强拼搏、追求卓越、团队合作、公平竞争、遵守规则等精神和品格，真正实现“立德树人”的教育理念。

2. 尊重学生需求，培养运动爱好

体育教师应尊重学生的需要，重视学生的体验和感悟，把更多的课堂时间留给学生自主学习、合作学习和探究学习。关注学生的身心发展和运动爱好，引导学生选择适合自己的运动项目，培养终身体育的习惯。

3. 改变传统教学模式，培养学科核心素养

体育与健康知识技能具有递进性和关联性特征，因此体育教师要注重学生学练结构化，知识和技能的递进性是指它们相互之间具有由简单到复杂、由易到难的递进关系，关联性是指各个知识和技能之间相互联系，相互促进。要让学生尽早体验完整的运动，不断提高完整运动的水平，同时在完整的运动中，提高单个技术水平及单个技术的运用能力。应改变教师统一指挥下的学生统一操练的单一方式和一堂课只教一个运动项目的单个运动技术的状况，改变体育课上无对抗练习和教学比赛的现象。简单的教学情境不利于培养学生的综合能力、体育精神和优良品格①。

4. 注重专长的培养，奠定终身体育的基础

体育教师应在学生现有体育兴趣的基础上，不断提升他们的体育兴趣，让体育锻炼活动逐渐发展为学生的内在需求，而这一切必须建立在提升学生体育能力的基础上。为帮助学生建立终身体育的思想，体育教师在具体的教学过程当中，还应注重学生体育想象力、理解能力的培养，通过情境教学法、趣味教学法等方式不断激发学生的思维，让学生的思维始终处于活跃状态，提高他们对体育知识、技能的掌握与记忆能力，引导他们更好地将所学体育知识运用于体育锻炼实践中。体育教师要学会合理控制体育锻炼的时间与强度，纠正学生不良的体育锻炼习惯，

① 季浏. 我国《普通高中体育与健康课程标准（2017 年版）》解读［J］. 体育科学，2018，38（2）：3-20.

培养他们的灵活调控能力及参与体育锻炼的自觉性，为他们的终身体育打下重要基础。

5. 建立明确的评价机制

学习评价不仅是对学生学习结果的评价，而且是促进学生达成课程目标和形成学科核心素养的有效保证。这一理念提出了四点要求：一是除了重视评价的激励和发展功能外，还需强调反馈功能，即通过评价让学生知道存在的问题和改进的方法，这有助于学生不断进步；二是强调评价的多元化，即以教师评价为主，引导学生进行自我评价和相互评价，这有助于学生提高自我认识；三是评价内容应主要集中在运动能力、健康行为、体育品德三个方面，这有助于培养学生的学科核心素养；四是强调多元的学习评价体系要与学业质量相联系，学业质量是指学生在完成某阶段学习后的学业成就表现，对一个学生的评价实际上就是对其学科核心素养水平的评价。

综上所述，体育教师只有认真学习体育与健康课程标准和地方体育与健康课程实施方案，制订适合本校学生的体育与健康课程实施计划，才能保证《标准》的基本理念贯彻落实到每节体育课中。

### （三）细化体育课程目标

《标准》对学生的学习结果和技能水平的描述很具体，且可测量。但《标准》毕竟着眼于整个体育教学体系，对于体育教师所教授的某个具体班级来说，还是过于笼统，针对性不强。体育教师该如何将课程标准的目标要求细化、显性化，使之可观测、可评价，并适用于本班的教学呢？学习目标表述的基本要素有四个，即主体、条件、行为和标准，如“学生（主体）在屈膝蹲地弯腰低头后（条件）能做出（行为）前滚翻成直腿起的动作（标准）”。体育与健康课程标准对学生学习目标进行了具体、可测量的描述，体育教师需要花时间和精力将其理解、分析，精准构建成更为具体的学年和学期要求，甚至每月、每周、每堂课的要求，使其形成一个整体规划，以便对学生的运动水平有连贯性的认定和评价。

### （四）培养体育学科核心素养

我国学生发展核心素养是党的教育方针的具体化、细化。相比于之前版本的体育与健康课程标准，《标准》凝练了学科核心素养，还围绕核心素养的落实，精选、重组课程内容，明确内容要求、指导教学设计、提出考试评价和教材编写建议。事实上，作为一名合格的体育教师，首先应当有扎实的理论知识，比如了解人体结构、肌肉组成、运动给身体带来的变化等；其次具有运动技能，掌握多个项目的运动技术，比如会踢足球、打篮球、跳健美操等；再次要懂教学，能够将自己的运动技术，通过一定的教学方法和组织形式，有计划、分阶段地教授给他人；最后要在“教体育中育人”，这就要求体育教师，不但要将知识与技能传授给学生，还要在此过程中，挖掘教学内容的多种教育属性，通过合理的组织、有趣的方法、善意的沟通、人格的感染等多种方式，使学生不仅学会运动技术，还能在学习的过程中，培养起坚强、友善、合作、乐观等心理与社会交往方面的素质，充分展现体育的多功能特质，以达到社会对体育学科的期望。

综上所述，体育教师在把握体育与健康课程标准时，要坚定体育课程的性质，这是定位；落实体育课程的基本理念，这是途径；细化体育课程的目标，这是目的；实现体育学科核心素养的养成，这是结果。唯有如此，才能促进学生达成课程目标，从而保证体育与健康教学真正培养学生学科核心素养。

**【案例赏析】**

某中学两位体育教师同时教授“排球正面双手垫球”，学生从未接触过排球，以下是两位教师对排球正面双手垫球学习目标的表述（表 2-1）。

**表 2-1　排球正面双手垫球学习目标的表述**

| 教学设计 | 技能目标的表述 |
|---|---|
| 教学设计 A | 通过教学，使学生初步掌握排球正面双手垫球技术 |
| 教学设计 B | 通过教学，使学生能用正确的垫球部位连续 3 次以上，将同伴从 2~3m 外抛来的排球垫回 |

从 A、B 两份教学设计学习目标的表述中可以明显看出，教学设计 A 的技

能目标表述为“初步掌握”，比较笼统模糊、难以观测。教学设计 B 的技能目标表述为“用正确的垫球部位连续 3 次以上，将同伴从 2~3m 外抛来的排球垫回”，则比较具体清晰，且趋于显性量化、便于观测、可评价。学习目标的表述中，B 是 A 学习目标的细化、具体化，即教学设计 B 表述了“如何做、做到什么程度”。有了具体的目标，更利于师生通过教学活动达成，也更利于教师评价和检测。

## 第二节　了解教学环境的能力

体育教学环境是体育教学系统的要素之一，在体育教学过程中发挥着不可忽视的作用。任何体育教学活动都是在一定的时空条件下进行的，离开了体育教学环境体育教学活动就不存在。体育教学环境作为一种特殊的环境，是体育教学活动存在、发展的前提，对体育教学产生直接或间接的影响。

### 一、体育教学环境的定义

体育教学环境的主体是体育教师和学生。因此，体育教学环境可以定义为：与体育教师、学生相对的体育教学中客体的综合。关于体育教学环境的定义有广义、狭义之分。从广义上说，体育教学环境包括社会制度、体育法律法规、科学技术、家庭条件等，这些因素是与体育教师、学生相对的客体，一定程度上影响着体育教学活动。而从狭义上看，体育教学环境是体育教学活动中与体育教师、学生相对的客体的综合。

### 二、体育教学环境的分类

学校是一个复杂庞大的系统，学校内部的一切事物：物质的和社会的、有形的和无形的，几乎都是学校体育教学环境的构成要素。但从狭义的角度看，我们认为高校体育教学环境是指学校开展体育教学活动所需要的所有条件和力量的综合，根据事物的物质性和非物质性，将体育教学环境分为了体育教学硬件环境和软件环境。硬件因素包括自然因素和体育教学设施；软件因素包括体育风气与传统、体育课堂教学气氛、教学中的人际关系、班级规模与组合形式以及体育教学管理制度等。

## （一）体育教学环境的硬件因素

### 1. 自然因素

体育教学环境的自然因素包括体育馆和各种体育场地如田径场、篮球场、排球场，以及这些场地的周围环境如阳光、空气、树木、草坪等。体育场馆的布置与建设除要考虑学校整体的布局外，其位置、方向、采光、通风、颜色、声音、温度及建筑材料等都必须符合运动和学生身心的特点及安全、卫生与审美的要求。一方面这些可以引起教师和学生生理上的不同感觉；另一方面使教师和学生在心理上产生情绪，形成情感。例如，体育馆里空气新鲜使人大脑清醒、心情舒畅，能提高教学效果；反之，则容易使人大脑昏沉、目眩恶心，大大降低教学效果。

### 2. 体育教学设施

体育教学设施是普通高校进行体育教学活动的物质基础，也是构成普通高校体育教学环境的主要物质因素。体育教学设施主要有三大类：一是教学场地设施，如体育馆、田径场、球类场地、游泳池、教师办公室、教室、图书资料室等；二是常规性设备，如课桌椅、实验仪器、图书资料、电化教学设备等；三是体育器材，如体操垫、单杠、双杠、篮球、足球、排球、健身器材、标枪、铁饼、铅球等。这些设备是开展体育教学活动的必备条件，对完成体育教学任务起着重要的作用。体育教学设施的完善程度不仅制约和影响着体育教学活动的内容和水平，还会以自身的外部特征给师生不同的刺激。体育馆建筑的不同造型、颜色，馆内外和场地内外的布置，体育器材的布置等，都会对师生的精神面貌、教学的情绪和情感、教学效果和教学质量产生影响。

## （二）体育教学环境的软件因素

### 1. 体育风气与传统

体育风气与传统是指高校在体育方面养成并流行的带有普遍性、重复出现和相对稳定的一种集体行为风尚，它是校风的有机组成部分。良好的学校体育风气与传统会对学生产生潜移默化的影响，对形成学生正确的体育态度和兴趣、爱好，养成良好的体育锻炼习惯及提高学生的体育文化素养等方面都有着非常重要的作用。普通高校体育教学实践表明如果严谨、求实、勤奋、上进的校风或班风已经形成，就会形成良好的集体心理气氛，这种良好的集体心理气氛往往是激发学生学习动机的直接诱因之一。

2. 体育课堂教学气氛

体育课堂教学气氛是指在体育教学过程中，教师与学生、学生与学生之间心理上的共振、情感上的共鸣，师生情绪趋向一致的、相对稳定的、动态的、集体的情绪状态。它包括师生的心境、态度、情绪波动、师生间的相互关系等。良好的体育课堂教学气氛标志着集体的情绪处于适度亢奋状态，学生之间在认知上相近、情感上相融、心理上互动、交往上健康、活动上积极、思维上活跃，良好的体育课堂教学气氛有利于体育教师和学生之间的信任和情感交流，最大限度地引发和调动学生学习的积极性和自觉性，并且有利于帮助学生树立克服困难的勇气和信心。师生之间的信息交流与反馈，有利于教师及时掌握学生的学习情况，从而根据具体的教学环境不断调整教学内容和教学策略，取得理想的教学效果。

3. 教学中的人际关系

人际关系是指人们在社会交往中形成的人与人之间的心理关系。体育教学中的人际关系主要包括两个方面：一是体育教师与学生之间的关系，二是学生与学生之间的关系。这些关系又构成了体育教学中的人际互动过程，直接影响着体育课堂教学的气氛、体育教学反馈以及学生的课堂参与程度和积极性，进而影响体育教学的效果。在体育教学实践中，良好的师生关系体现为，教师尊重学生、关心学生、热爱学生，学生也会给教师相应的积极情感回报，会更深沉地热爱教师。当学生的这种爱达到一定程度时，会产生情感迁移现象，进而爱他所教的学科，对他所教的学科产生兴趣，这正如《学记》所指出的“亲其师，信道理”。

4. 班级规模与组合形式

班级规模主要是指班级内学生的人数，它与教学空间的密度密切相关。在一个固定的教学空间内，增加人数意味着空间的拥挤，减少人数则可以有效增加个人占有的单位空间。据社会心理学家有关研究发现，单位空间内人口数量过多会造成空间密度过大和空间拥挤问题，而过分的拥挤又会进一步给人的生理和心理造成损害。实践教学研究表明，体育课的合理人数应该是一个班 26~30 人。

班级组合形式是指按学生的年级、性别、兴趣爱好而编班分级的教学组织形式。这样的班级组合方式有利于满足不同个体的需要，让更多的学生能根据自己的兴趣爱好选择所喜欢的项目，有利于学生身心健康发展。

#### 5. 体育教学管理制度

体育教学管理是按照体育教学规律和特点，对体育教学工作进行计划、组织、监控、监督的过程，它以不断提高教学质量为目的，实行全过程性管理。科学、完善的教学管理环境能确保体育教学活动优质、高效运行。为进一步促进教师、学生、教学情境和学习情境等协调地发挥作用，必须建立一套切实可行的学校体育规章制度。从教学管理机构来看，各学校应从体育教学、体育科研、场馆场地、学生体质检测等多个部门对体育教学进行分层管理，其中各高校应根据课程项目不同设立多个教研室。从规章制度的建设来看，体育教学规章制度应涵盖体育课教学常规，如教师看课、查课、评课制度，器材设施管理制度，教学督导制度，教师业务学习制度，体育课程安全管理制度，青年教师导师制度，等等。

## 三、体育教学环境的特性

体育教学环境不断地对体育教学活动、个体发展等产生影响。因此，良好的体育教学环境应具有以下特征。

### （一）规范性

体育教学环境通过自身作用，引导学生接受一定的价值观、行为准则，以保证他们向着社会所期望的方向发展。学校体育教学环境是依据国家的教育方针、学校的培养目标，根据促进人身心全面发展的需要，而设计、建设和组织起来的育人场所。它从一定程度上体现了社会主流文化的精神、价值取向以及国家对年轻一代成长发展的期望。学校内部的各种环境因素也体现着这些要求和期望，导引着学生的思想，规范着学生的行为，塑造着学生的个性。因此，体育教学环境建设的各个方面都应该符合标准。

### （二）陶冶性

良好的体育教学环境可以陶冶学生的情操，净化他们的心灵，培养他们高尚的道德品质、行为习惯等。个体的思想信念、道德情操和行为习惯在一定的社会环境中形成，学校体育教学环境作为青年学生生活于其中的、可知可感、具体生动的微观社会环境，对他们道德情感和道德行为的形成，有着不可替代的作用。实践证明，优雅美观、整洁文明的校园，窗明几净、生机盎然的学习环境，积极向上的班风校风，和谐良好的人际关系等，都是具有陶冶性的环境条件。

### （三）教育性

体育教学环境作为一个特殊的育人环境，教育性是其最根本的特征。普通高校体育教学对人的教育不是强行灌输的，而是寓教于生动、形象和美好的环境中的，通过有形的、无形的或物质的、精神的多种环境因素的综合作用，在潜移默化中熏陶、感化学生，从而产生一种“随风潜入夜，润物细无声”的教育效应。因此，我们应该利用好普通高校体育教学环境，进行品德教育，将高校的德育质量进行一个大的提升。

### （四）系统性

学校的教学环境是根据学校的既定目标，按照与之相适应的系统，精心设计和严密组织起来的，具有独立性和严密性，独立性为体育教学环境影响的系统性提供了前提。体育教学环境也不例外，这种独立性使体育教学环境有自己独特的形式、演化和继承的规律及自身的存在方式。体育教学环境一经创设，便具有了独特的风格，在其演进过程中逐渐成为一个独特的结构系统。

### （五）时代性

体育教学环境不是存在于真空中的，它的塑造和建设不可避免地要受到社会环境的影响，必然要打上时代的烙印。体育教学环境中的主体——体育教师的教学行为水平、教学方式，体育教师、学生主体性发挥的程度，体育教师、学生之间的互动行为等均充分反映着时代的精神，带有鲜明的时代特征。体育教学环境总是伴随着社会和时代的政治、经济、文化等发展，演化、塑造、建设自己的主题和形态。

### （六）差异性

体育教学环境的差异性表现为地域差异和不同性质学校、不同层次学校间的差异。由于构成体育教学环境的因素在各个地区、类别、性质、层次高校中不相同，因此，相互作用的结果不相同，表现也会出现差异。

### （七）凝聚性

学校体育教学环境以自身特殊性，将不同地理区域、社会阶层、家庭背景的青年学生聚在一起，在此环境中他们不断实现自我，并产生归属感和认同感。体育教学硬件环境为学生的聚集提供了物质条件，而体育教师、学生作为体育教学软件环境的主体，能够通过体育教师的行为及教学表现、学生的行为表现等使学生产生归属感，从而逐步实现体育教学环境的凝聚功能。

### （八）动态性

体育教学环境的动态性主要表现在以下几个方面：首先，体育教学环境是一个动态的开放系统，不断地与外界进行物质、能量、信息的交换；其次，体育教学环境中的各因素也发生着变化，有些发生优化，有些会由主要因素向次要因素转变，有些则会成为阻碍体育教学的因素；最后，随着时间的推移，衡量体育教学环境的价值尺度也在不断调整。

### （九）美育性

审美是人的一种高级心理活动，人与环境之间有着直接的审美联系。实践表明，在和谐良好的教学环境中，处处隐藏着丰富的审美内涵，如校园中的自然美、体育场馆的装饰美、教学中的创造美及师生的仪表美、情感美、语言美等。良好的学校体育教学环境有利于培养学生正确的审美观、审美情趣，并提高他们感受、鉴赏、创造美的能力。

（十）健康性

学校体育教学环境能对师生的身心健康产生重大的影响。良好的体育教学环境既能调动学生参与体育锻炼的积极性，提高其身体健康水平，又可以培养学生良好的心理，值得注意的是，体育教学软件环境中的人际关系，会对学生的心理健康产生明显的影响。因此对学生来说，体育教学环境是其身心健康发展的必要保障。

## 四、创设体育教学环境的原则

（一）科学性与可接受性相结合原则

体育教学环境应与体育学科的发展相适应，在创设和优化高校体育教学环境时应充分体现当前体育的新发展、新动向。体育教学环境总是以一种科学的、合理的态势来满足求知欲强的新时代学生，在注重科学性的同时，也要以人为本，遵循学生的身心发展规律和兴趣爱好，既要考虑学生个性发展的需要，也要考虑社会发展的需要，尽可能创设一种学生喜闻乐见且符合社会发展的体育环境。

（二）创新与继承相结合原则

“创新是一个民族进步的灵魂，是一个国家兴旺发达的不竭动力”，这句经典的言论同样适用于学校体育教学工作。在优化体育教学环境时，为了使体育教学环境尽可能地发挥其功效，校领导和工作在第一线的体育教师，要以一种创新的心态参与到体育教学环境的优化工作中，只有这样才能使体育环境与不断发展与更新的体育活动相匹配。然而创新并不意味着要摒弃旧的教学环境，而是要在以前的基础上创新，保留一些仍然适应时代、社会要求的物质条件。比如，以前高校体育传统多是指一些自己学校擅长的运动项目，而以“健康第一”为指导思想的新的体育传统就可以是更多元化的，如趣味性的体育交流等，同时，无须摒弃以竞技体育为主要内容的体育传统。竞技体育作为体育中最有魅力的一部分，在不违背“健康第一”的指导思想的前提下，反而会使体育活动更加有活力。

### （三）实效性与选择性相结合原则

体育教学环境作为客观存在的实体，深刻地影响着学生的体育价值观和体育行为。高校体育教学环境的内容是十分庞大的，在优化过程中很难面面俱到，难免会出现顾此失彼的情况。在面临选择时一定要把握实效性的原则，尽可能地利用学校有限的人力和物力资源，准确定位学生的需求，以满足学生需求为出发点，用最少的投入来获得最大的收益。这样不仅可以解决资金和资源的短缺问题，更是一种对资源的有效利用。学校应根据学生特点及地域、气候、场馆设施等不同情况有选择地塑造体育环境，尽可能形成"以特色带动普遍，以部分带动整体"的优化模式。

## 五、创设体育教学环境的措施

### （一）创设体育教学硬件环境的措施

体育教学硬件环境是体育教学中有形的、静态的部分，是体育教学的物质基础。在现代学校中，体育教学的硬件环境，往往发挥多方面的作用，它不仅要满足体育课程教学的需要而且要满足师生开展各种课余体育活动的需要。因此，创设体育教学硬件环境，必须从学校体育的整体需求出发，最大限度地发挥其教学、休闲、娱乐、审美等多方面的功能。创设体育教学硬件环境通常从以下几个方面着手。

第一，体育硬件环境的建设一定要以满足学生的体育需求和激发学生的体育参与为出发点。只有符合学生身心发展的特点，才能增进学生的健康。建设符合学生身心特点的体育教学硬件环境，以激发学生的运动参与热情为主要目的，应适当提高体育教学场馆和设施的种类和可参与性，让每个学生都能体会到体育的魅力。

第二，体育教学硬件环境要符合安全和健康的规范。体育教学硬件环境的安全，是体育教学顺利开展的主要保证。因此，在优化体育教学硬件环境时，要符合安全规范，以保证体育教学硬件环境价值。

第三，在选择体育教学场馆和设备时，还应考虑到社会适应的要求。这就要求在对体育教学物质环境进行选择时，要选择符合现代社会发展趋势的硬件。尽量选择一些较为新颖的物质条件，比如在选择体育信息基础设施时应尽量选择最新的设备和充分体现当前体育学科最新成果的书籍、器具。

第四，体育教学硬件环境要以实用性为基础。实用性是体育教学硬件环境主要的价值体现。如果体育教学硬件环境的实用性差，就会造成体育教育经费的浪费。

第五，体育教学硬件环境要与当地的地域特点紧密结合，既能给学校特色的发展创造条件，又能有效地利用地域资源服务体育教学。

### （二）创设体育教学软件环境的措施

体育教学软件环境是体育教学中无形的、动态的环境。文明、和谐、活泼向上的体育软件环境，对陶冶学生的情操、净化学生的心灵、培养学生的审美情趣以及养成学生高尚的道德品质和行为习惯有着重要的意义。相对于体育教学的硬件环境而言，体育教学软件环境的创设涉及的内容更多，难度更大，需花费的时间更长。创设体育教学软件环境的措施包括以下几个方面。

第一，强调社会因素的核心地位。体育教学环境的优化有助于构建特色校园文化，应将社会因素作为主要考虑因素，积极推进高校的文化建设，形成浓厚的文化氛围，以此引导学生，使学生及时树立正确的体育意识，加强对体育运动校风、班风等教学气氛的管理和监督，建立具有自身特色的体育文化。在日常教学的过程中，可以借助多媒体、校园广播、互联网等方式来宣传学校的体育文化，构建浓郁的体育学习氛围；也可以采用更多别开生面的形式，如体育游戏、体育活动。在体育游戏的过程中，学生会受到启发；在爬山、郊游等体育户外运动的过程中，学生会产生新的感悟，体会到体育学习的趣味性。

第二，关注学生的心理健康。注重高校学生的心理健康环境，促进身体健康，尊重学生的个体化差异，根据学生心理状态的不同，采取不同的措施。体育教师应制订合理有效的心理健康指导计划，及时采取有效措施，全面展开心理健康指导，促进学校体育教学活动的顺利进行，不断加大对学校体育教学模式的改革力度，更加关注学生的心理健康，让学生在学习教材体育知识的同时，形成高校学生心理健康指导体系。

第三，积极优化师生情感环境。从高校师生关系开始，逐步进行体育教学环境优化；从高校教师出发，积极提高教师的专业素养和业务能力，不断充实自己，提高自己，以更好地适应不断发展的高校体育教学工作。完善教师仪容仪表，注意教学言行，用行动来指导学生，语态文明，精神饱满，从而树立教师威信，这对高校体育教学活动的顺利进行起到了促进作用，同时强化师生之间的平等交流，情感沟通。此外，还要信任自己、尊重学生，促进学生形成完善的人格。在友好沟通的氛围中，学生会给予教师更多的理解和信任，从而构建起师生之间相互理解的情感环境。

第四，加大先进技术的应用力度。在科技高速发展的时代，高校教师须在日常教学中给学生展示现代化技术的优势，积极应用多媒体技术来展开学校体育教学，使其成为学校体育教学的重要工具，将教学内容以文字、图像、声音、视频等多种形式表现出来，带给学生更多的视觉和听觉享受、激发学生的兴趣，最大限度地调动学生的主动性，同时结合体育发展史、体育运动项目、体育赛事等相关内容来活跃课堂氛围、缓解学生的压力，让学生在良好的环境下积极学习体育知识。

第五，教学方法个性化和多样化。在教学方法上讲究个性化和多样化，并积极倡导开放式、探究式的教学方法，突出了课程对象的可接受性，要贯彻“以人为本”“为学生所用”的新理念。

第六，教学过程多边互助。教学中强调师生间、学生间、课内外、校内外的多边互助，以挖掘学生的创造性，提高学生自练、自学能力。

第七，改善体育课堂管理方式。要改善体育课堂管理方式，营造优良的课堂气氛。实践证明，民主、宽松的课堂教学管理，可以对学生产生潜移默化的影响，对体育教学心理环境的形成有积极的作用。如果体育教师能长期坚持不懈地贯彻课堂常规并以身作则，则会对学生的体育态度与行为乃至思想品德产生不可估量的影响，对学生而言，这种影响甚至会持续一生。

**【案例赏析】**

以肇庆学院游泳教学为例，肇庆学院现有 50m 标准露天游泳池一个。由于 2021 级的学生扩招，体育学院 2021 级新生全部都要进修游泳课，2020 级和 2019

级的学分制选课和专业选修课，及2020级和2021级非体育专业的游泳公体课及公选课，游泳池除游泳队训练外，还要承担50个教学班的课程，同时段最多会有6个教学班上课，出现了教学场地过于拥挤，严重影响教学效果的情况。

措施：针对这种场地条件有限的情况，只能依靠教师之间的协调，缩小练习区域或各班轮流下水练习。同时对学生多沟通、多关注、多指导，防止因为人多疏于对学生的安全管理，确保每位学生得到指导和关注。

## 第三节　认知教学主体的能力

### 一、教学主体的概念

教学主体是指在教学活动中有意识地认识和作用于客体的人，与“教育客体”相对。教育理论界对教育主体的认识有下述观点：一指教育者，主要是教师。教育者有目的、有计划地对受教育者施教，以自身的活动引起和促进受教育者的身心发展，教师在教育活动中发挥主导作用。二指受教育者，主要是学生。学生在教育过程中不是被动地接受教育，而是具有主观能动性的，教师不过是指导者、辅导者。三指教育者与受教育者。二者都是有主体意识的人，在教育教学活动中都有自己认识与作用的客体，二者都是主体，同时又都互为客体。体育教学过程中教师与学生的关系是主导与主体的关系。这两个主体在教育活动中的地位与作用不同。本书对教学主体的定义采用此观点。

### 二、体育教学的主导——体育教师

教师是教育者，在教学过程中起主导作用。教师的责任决定了其在教学过程中的导向和组织作用。这种导向、组织作用表现为教学内容、教学方法、教学过程都是由教师设计、组织和实施的。教学过程中教师要根据教学目标，向学生传授知识、技能，调动学生学习的主动性和积极性；教师要通过直接或间接的方式为学生提供帮助，指导学生学习，从而提高学生的学习效率，并对教学质量与效果全面负责。教师的主导性对应学生主体性的概念。主导性表明了教师在教学中的主要地位和主要责任。

## （一）体育教师主导性的内容

体育教师在体育教学中的主导性主要体现在以下几方面。

### 1. 贯彻体育教学指导思想

不同的时代和不同的时期有不同的体育教学指导思想。这些教学指导思想既体现在体育的教材中，更体现在体育教学过程中，体育教师的重要任务之一就是在教学过程中贯彻教学指导思想，体现在体育教学的准备阶段和实施阶段。因此，体育教师是贯彻体育教学指导思想的主导者。

### 2. 进行教学内容的选择与教材加工

由于体育的素材非常多，而且包含了正规竞技项目，与学校体育教学有别。体育教师是体育素材和学生之间的桥梁，担负着选择体育素材并将素材加工成为教材的重要任务。教师要从社会要求、学科要求和学生的需要三者之间寻找到结合点，精选符合社会要求、符合学科特点和符合青少年身心发展的教学内容，教给学生实实在在的体育知识与技能。因此，体育教师是选择和加工体育教学内容的主导者。

### 3. 选用与学生学习需要相适应的教学方法和手段

每个体育教材都有相应的教学方法和手段，不同年龄阶段的学生也对教学方法和手段的需求不同，能否正确地选择体育教学方法和手段直接影响教学效果的好坏。体育教师要根据教学目标和教学情境，巧妙地运用各种教学方法，创设各种教学情境，以帮助学生更好地掌握体育知识和技能。因此，体育教师是选择和运用体育教学方法的主导者。

### 4. 进行体育学习的评价

体育教师必须通过对学生的学习态度和效果进行评价，并给予他们应有的训练和学习反馈来不断地激励学生学习。体育教师要对学生学习进行终结性评价和形成性评价，组织学生之间的相互评价和学生的自我评价来推动体育学习的深入和发展。因此，体育教师是进行体育学习评价的主导者。

5. 创造适合学生学习的体育教学环境

与其他学科的教学相比，体育教学需要更加特殊的教学环境，这个环境应该是美观舒适的、有激励性的和安全的。教师必须组织和创设各种良好的教学情境，帮助学生掌握体育知识和技能，并让已有的体育知识和技能发生迁移，形成新技能。为学生营造宽松愉悦的学习环境是体育教师的重要工作。因此，体育教师是创造优良体育教学环境的主导者。

6. “导航”学生的体育学习方式

学生在完成了必要的知识学习以后，还要将各种零散的知识“串联”起来，形成与认识能力相连接的“知识板块”，并灵活地、有创造性地运用到体育生活实践中，而这种能力的形成以探究性和自主性的学习方式为基础。体育教师在体育教学中的另一个重要任务就是要“导航”学生的体育学习方式，使他们能够灵活地、自主地、有创造性地进行体育学习。因此，体育教师是学生良好学习方式的主导者。

## （二）发挥体育教师主导性的条件

教师主导性的发挥由三个要素构成。一是“目标”，二是“导向”，三是“被导的主体”。

1. 教师要熟知体育教学观念

所谓教师要熟知体育教学观念，是指体育教师要明确“为什么教体育”。体育教师要理解社会对体育教育的要求和期待，明白体育学科的最终目的是让学生“懂得什么”“学会什么”“体验什么”“形成什么”。体育教师要能把社会的需要和学生的学习动机通过体育教学结合起来，只有这样才能知道把体育教学导向何处。

2. 教师要熟知体育教材

所谓教师要熟知体育教材，是指体育教师要明确体育“用什么教”和“怎么教”。体育教师必须熟悉体育教材及其背后的体育学科，要对体育的文化体系和技能体系有总体了解，对体育教材中的“科学体系”有所了解。具体来说就要将本教材目标与总目标的关系、本教材的特点、重点、难点及本教材与学生之间的连点搞清楚，只有这样，体育教师才能知道“实现体育教学目标的载体和道路是什么”。

3. 教师要熟知学生

体育教师面临的学生有着统一的特征，如同一年龄阶段的身体和心理发育特征、基本相同的体育学习经验等，体育教师要通过对这些共同特征的研究与分析，了解学生共同的学习兴趣、志向和要求，了解学生可能面临的学习难点。体育教师还面临着学生各自不同的特征，如相差较大的体格特点和性格特点等，体育教师还要通过对个体差异的研究与分析，了解学生在学习兴趣、志向和要求方面的差异，了解学生各自面临的不同学习难点。只有熟知自己的学生，教师才能把客观的运动技能学习与学生主观的条件很好地结合起来，只有这样教师才能知道“怎样有针对性地把眼前的学生导向目标”。

## 三、体育学习的主体——学生

### （一）学生学习主体性的含义

学生学习主体性不是天然具有的，而是靠自觉能动活动获得的。人的主体性是个性的核心。人的主体性越明显，就越能清晰地知道自己在做什么，知道为什么而做和该怎样去做。学生的主体性，是指在体育教学活动中，作为学习主体的学生在教师的教授、指导和引导下表现出的积极态度和具有独立性的、创造性的学习行为。

### （二）学生在体育学习中主体性的内容与形式

学生在体育学习中的主体性主要为他们在体育学习过程中的选择性、自主性、能动性和创造性等。

1. 学生在体育学习过程中的选择性

学生在体育学习过程中的选择性表现在对学习内容和学习方式的选择上。学生主动参与教学内容选择是当代教学思想所提倡的，选择性是学生自主性中最活跃的因素。当然，学生选择体育教学内容是在体育课程专家根据社会和教育目标初步筛选后进行的。在一定程度上，学生对教学内容的选择有助于他们学习目标的明确，是通过学生“我想要学”的动机来调动他们积极性的。因此，让学生在教学目标的框架内参与一部分教学内容选择是让学生发挥主体性的手段。

2. 学生在体育学习过程中的自主性

学生在体育学习过程中的自主性表现在以下几个方面。

第一，学生对自己学习的方略有着独立自主的意识，这主要体现在思想意识的层面。

第二，学生对体育学习活动有着一定自我支配、自我调节和控制的可能性，这主要体现在个性化学习方式和个性化学习行为方面。

第三，学生在学习中充分发挥自身的潜力，如想象力、变化能力和创新能力等，这主要体现在学生的探究性学习活动中。

3. 学生在体育学习过程中的能动性

学生在体育学习过程中的能动性表现在他们积极地参与体育活动，并能以自己已有的体育知识经验、认知结构和情意结构去主动地同化外界的教育影响，对它们进行吸收、改造、加工或排斥，使新旧体育知识进行新的组合。学生也是“学问”者。

### （三）充分发挥学生主体性的条件

1. 教师要将教授的目标转化成学生的学习目标

教师首先要明确“为什么教体育”，要充分理解社会对体育教育的要求和期待，及让学生“懂得什么”“学会什么”“体验什么”“形成什么”的最终教学目的。

除此之外，还要将教授的目标转化成学生学习的目标，即“我要懂得什么”“我想学会什么”“我想体验什么”“我想形成什么”等。只有这样才具有“将学生导向教学目标”的可能性。教师在教学前的重要工作就是“站在学生的立场上看待目标”。

2. 教师和学生共同拥有体育教材

所谓教师和学生共同拥有体育教材，是指体育教师在明确了“用什么教”和“教什么”的同时，也要让学生明白“用什么学”和“学什么”。要使学生在学习过程中始终对所学内容的文化体系和技能体系有总体认识，要让学生了解教材目标与总目标的关系、教材的科学教程、教材的重点、教材的难点以及教材与自己身心发展之间的连点，只有这样师生才共同拥有实现体育教学目标的载体和道路。

3. 教师将教学过程设计成学生的学习过程

所谓教学过程就是“教”和“学”两个过程的统一。“教”的过程是以“传道”“授业”和“解惑”为主要特征的程序，而“学”的过程是以“探究”“发现”和“挑战”为主要特征的程序。体育教师只有将“传道”和“探究”“授业”和“发现”“解惑”和“挑战”结合起来，才能“把学生充分地有针对性地导向目标”。

4. 教师创设民主的教学情境

体育教师创设和谐的教学情境才能激发学生大胆地好奇和探索，才能引导学生提出各种各样的问题。和谐教学氛围的前提是教学的民主性，民主性体现在尊重学生的人格，理解其学习基础和包容他们在学习中的缺点与错误等方面，这样学生才会体验到富有真情实感的、有活力的体育知识与技能，学生的人格才会真正得到陶冶。相应地，当代体育课程改革提出了“如何使体育教师的教学既源于具体情境又超越具体情境”的课题。

5. 教师要重视学生的学习方式

要充分发挥学生主体性，就必须让学生拥有自己的“学习方式”。当下提倡的学习方式，是将单纯他主的、被动的学习方式转变成自主的、多样化的学习方式。

要逐渐增加体育教学中的“自主性学习”和“探究性学习”，创设一种学生自主、独立地发现问题、实验、操作、调查、收集与处理信息、表达与交流等的学习方式，培养学生自主探索的精神和创新意识。

## 四、教学主体间的关系

教与学之间是相互作用的互动关系，教学过程是教师与学生、学生与学生间多向互动的过程。教师要以尊重学生的主体性和主动精神为根本，要认识到教学过程是教师的引导作用与学生作为学习主体的结合过程，是教师引导学生主动、积极参与学习的过程。

引导学生进行积极主动的学习，要把学生看成具有主观能动性、充满活力的人，不但要认识到学生是学习活动的承担者，他们在学习活动中能够表现出主观能动性，而且要认识到学生之间存在差异，教师要尊重学生的个性差异。在教学过程中，教师不仅要把学生作为客体来看待，还要把学生作为完整的生命来看待。要认识到学生不是知识的“接受器”，而是知识的主人；学生不仅是教学活动的主体，更是具有生命的人。

**【案例赏析】**

体育课在进行跳绳教学时经常会有各种情况发生，有的学生拿着绳子站着不动，有的学生将绳子放在地上跳来跳去，有的学生练习前摇双脚跳非常吃力，有的学生原地跳得非常好，还有的学生会行进间跳绳等。面对这种现象，不同的体育教师会使用不同的教学方法与手段。有的体育教师针对这种现象，将学生按基础的不同进行分组，设置了不同的要求，9~11人为一组，共4组，设立小组长，第一组练习行进间跳绳（边跑边跳），第二组练习原地换脚跳、编花跳或两人一组“一带一跳”，第三组练习前摇双脚跳或前摇单脚跳，第四组由教师亲自带领练习原地的摇绳、起跳、停绳。各组在小组长的带领下，开动脑筋，积极创编，利用绳子做游戏，学生的练习兴趣提高了，有的学生三人一组跳长绳，有的学生指导其他学生跳绳，还有的学生利用绳子几个人前后一排模仿火车跑。体育教师在教学和学生练习的过程中进行夸奖与鼓励，如“你真行”“跳得真好”“真不错”“是不是还可以这样”“再试试看，好吗”，让学生在教师的评价中充分地体会到成功的自豪感和愉悦感，让他们的学习愉快、轻松、自信、积极。

**分析：**

第一，此案例体现了新课标所提倡的“以学生为主体”的教学理念，把学习活动的主动权交给学生，给每个学生充分的选择机会和发展空间，让他们按照自己的爱好和兴趣来确定学习内容和学习方式。面对学生之间的较大差异在教学中让学生通过自主选择学习内容和学习方式，从自己的基础练起，按基础的不同分组，设置不同的要求，是体育教学中采用最多的一种形式。学生在小组中要进行各种交流，还要相互配合进行各种活动，这实际上是社会中人与人之间交往活动的缩影。两人一组“一带一跳”、三人一组跳长绳练习就是让学生在练习中领悟到相互配合的重要性，使每个学生领悟到单靠个人力量是远远不够的，让学生充分感受自主学习与合作学习的乐趣，让学生亲自体验活动。因为成功与失败都是收获，酸甜苦辣都有营养。

第二，教师进行积极的评价，在课堂中对学生的活动进行积极而真诚的赞扬，会让学生体验到成功的乐趣。

第三，在教师引导下有目的的分组练习给学生搭建了展示才能的舞台，培养学生主动参与的意识、自我管理的能力和合作精神，使他们能充分享受学习与体育活动的乐趣。充分体现了平等、信任、双向情感互动的新型师生关系，创造了开放、民主的课堂氛围，充分地尊重学生、理解学生和信任学生，从而使学生成为教学过程中的劳动者、求索者和设计者。

# 第三章 体育教师教学设计能力实训

CHAPTER 03

《义务教育体育与健康课程标准（2022年版）》要求体育教师“能进行合理的教学设计”，即具备体育教学设计的能力。体育教学设计是体育教师基于学校体育学、教育学、运动生理学和心理学等学科理论，依据体育教学各要素的基本情况，在上课前合理运用各种教学资源对教学目标、教学内容、教学过程、教学方法和手段、教学评价等相互联系的各个环节进行系统安排和规划，最后确定一个可以具体操作的教学方案，以实现教学效果的最优化。

“凡事预则立，不预则废。”教学设计是教学行为的重要组成部分，可以减少体育教师上课的随意性，对课堂教学颇为关键，意义重大。尤其是对那些资历尚浅、教学经验不够丰富，对教什么、怎么教都不太清晰，还处于职业生涯初期阶段的新手教师而言，花费一定的时间和精力来进行详细的教学设计是非常必要的。

体育教师教学设计能力是指体育教师经过分析和研究，对每次教学进行构思并确定最佳体育教学方案的能力，具体包括制订教学目标、选择教学内容、设计教学过程和制订教学计划等能力。掌握体育教学设计能力，将有助于体育教师培养客观理性的思维特质，秉持严谨求实的工作作风，提升体育课堂教学的育人效果。

## 第一节 制订体育教学目标的能力

### 一、体育教学目标的内涵

体育教学目标是学生预期的学习结果、学习活动预期应达到的标准或在体育教学的实际情景中预期产生的学习结果。有了明确的目标，体育教学的行进方向、实施步骤和效果评判就有了基本依据。体育教学目标也被看作体育教学活动的出发点和归宿，因此，体育教师要保证体育教学取得预期效益，首先要掌握制订体育教学目标的能力，并围绕目标开展教学活动。

## 二、体育教师制订教学目标的原则

制订体育教学目标是体育教学过程的起始环节，目标制订是否清晰准确，决定了目标的作用能否正常发挥。因此，在制订体育教学目标时必须遵循一些基本原则，具体包括以下几方面。

### （一）系统性原则

体育教学目标是由若干个具体目标组成的完整系统，各层次目标之间构成了一个有机的网络，它们纵横有序，层次分明。任何体育教学目标都不是孤立的，它是体育课程与教学目标体系中的一个组成部分，和其他目标之间具有密切联系。纵向上，它要体现不同学段、不同学年、不同单元以及不同课时之间的贯穿性和衔接性；横向上，不同学习方面的目标之间应相互配合、彼此补充，这样纵横连贯地设计体育教学目标，才能保证体育教学目标的实现。

### （二）科学性原则

体育教学目标的科学性体现在五个方面：第一，要体现体育学科的特点；第二，要包括各个方面的学习内容；第三，要根据所教内容的特点，突出难点和重点；第四，体育教学目标要具体、明确，并具有可操作性；第五，体育教学目标难度要适中，应该是大部分学生经过一定的努力能够实现的。

### （三）灵活性原则

体育教学目标可以由师生根据体育教学实际情况灵活设计，其内容和水平可以有一定的弹性，留有余地，以获得最佳成效。体育教学目标的灵活性是由其复杂性决定的，同时它又为体育教师创造性地开展体育教学提供了机会。灵活性的体育教学目标可以更好地适应学生的学习特点，使其通过体育教学目标的实现更好地发展身心。

### （四）可测性原则

体育教学目标是对体育教学过程中学生身心发展状况明确、具体、恰当的描述，而这种内心发展的状态应是利用现有技术手段可以进行定性或定量测量的，这样，体育教学目标的达成才能被客观地评价，否则体育教学目标将失去现实意义。

### （五）发展性原则

体育教学的效果最终要落实并体现到学生的身上。体育教学目标的设计，既要着眼于学生现有的发展水平和学习需要，又要放眼未来，为学生下一阶段的学习打下基础，有助于他们将来走向社会和健康地成长成才，获得健康完美的生活，并有能力从事“终身体育”。

## 三、体育教师制订教学目标应考虑的因素

体育教学目标能否在学校体育中起到核心的指导作用，关键在于体育教学目标对外界的敏感性与自身的开放性，即体育教学目标能否正确反映学生的需要、社会的需要、体育学科的功能与发展。

### （一）学生的需要

学生是体育教学的对象，是体育学习的主体，学生的身心发展特点在很大程度上决定着学生能够学习什么，学生能达到什么水平。离开了学生的主体性作用，学校体育将无从谈起。从内容维度上看，学生的需要包括学生的身心发展需要和学习需要；从时间的维度上看，包括学生当前的需要和长久的需要。

### （二）社会需要

社会需要主要是指社会政治、经济、科技、文化、生产生活的发展与变化对学校体育提出的要求。 社会需要从时间维度可以分为现实需要与未来需要，从空间维度可以分为家庭、社区、民族、国家的需要。学校体育既要适应社会现状，又应超越社会的现实，走在社会发展的前沿。只有在现实与未来、个人与国

家、适应与改造之间找到切入点和结合点，学校体育目标才能更好地发挥其社会功能。另外，国家对学校体育提供的条件、师资数量与质量、场地、器材设备及教学时数、地区气候特点、经费等客观条件，也是制订学校体育目标必须考虑的因素。

### （三）体育学科的功能与发展

体育学科是学校体育知识最主要的源泉，与确定学校体育目标关系紧密。体育学科具有以下功能：增强学生的体能，提高学生的基本活动能力，提高学生对自然的适应能力，娱乐学生的身心、陶冶情操，规范学生的行为，提高学生的审美情趣，利于学生的智力的发展，提高学生的智育活动效能，提高学生的自我保护能力和人际交往能力，传承与发展体育文化。如果体育学科没有这样的功能，则学校体育就变成了无源之水，无本之木。

制订学校体育目标，不仅要考虑体育学科的功能，而且始终会受特定体育价值观的影响。体育价值观是体育价值在人们头脑中的反映，或者说是体育价值的基本观点、基本看法。表现在学校体育目标中，是指人们在制订与实施学校体育目标时的态度与选择，常常表现为强调体育的某些功能，弱化或忽视某些功能。学校体育目标是制订、设计、实施、评价学校体育者某种体育价值观的具体体现。

在制订学校体育目标时，学生、社会、学科三个因素是交互作用的，其中任何一个因素都不可能单独成为学校体育目标的来源。因此过分强调某一因素，就会导致学校体育目标失衡。

## 四、体育教师制订教学目标的建议

根据体育课堂教学目标撰写的习惯、体育学科核心素养的引领、体育课程目标的要求和不同学生水平的差异，建议体育教学目标设计为四个层次。

### （一）认知目标（健康认知与运动认知）

具体参考指标可根据不同学生水平特点与教材性质，选择相应的健康知识、运动原理、环境适应、锻炼意识及运动安全等。

### （二）运动技能目标（技战术与运用）

具体参考指标可根据不同学生水平特点与教材性质，选择组合式技战术、比赛情景的技战术等。

### （三）体能目标

具体参考指标可根据不同学生水平特点与教材性质，选择相应的身体基本活动与身体素质训练等。

### （四）体育品德目标

具体参考指标可根据不同学生水平特点与教材性质，选择勇敢顽强、遵守规则、公平公正、合作互助、正确胜负观等。

## 第二节　选择体育教学内容的能力

体育教学内容的选择与优化要以《体育与健康课程标准》为依据，符合各地各校的自身情况，考虑各项目之间的有效迁移，体现学生个体差异，且具有灵活性。《体育与健康课程标准》是根据学习目标的达成来设计的，是以学习目标达成为主线来进行教学安排的，应把教学内容理解为达成学习目标的一种手段，强调教学内容不等于教科书。教学内容不是教科书上限定的内容，而是灵活的、可选择的，只要是能达成目标的内容就是可取的。

在中小学体育与健康课程的教学实践中，由于体育教育目标的多维性，教学内容的多功能、多指向、多手段等特点，体育教学内容必须紧扣体育课程的总目标。作为体现中小学体育与健康课程中学习领域目标基本特征的实践教材，在教学内容的选择上，应体现课程目标的要求，使内容之间相互衔接、相互影响，运动项目中各种教学素材之间的实际作用相一致，这就需要体育教师对体育课程内容进行选择和优化，使教学内容既以《体育与健康课程标准》为依据，又符合学生的身体特点，充分体现学生的个性发展和身心需求。

## 一、体育教学内容的内涵

体育教学内容是依据体育教学的目标选择出来的根据学生发展需要和教学条件进行加工的，可在体育教学环境下传授给学生的体育知识原理、运动技术和比赛方法等，是体育教学实施与体育教学目标的中介。体育教学内容不仅回答了教什么，而且回答了为什么教，甚至如何教的问题。体育教学的设计、实施与评价都是围绕体育教学内容的安排展开的。

## 二、体育教师选择教学内容的原则

### （一）实效性原则

体育教学内容归根结底是为达成体育课程的基本目标服务的，体育课程内容必须反映课程目标的基本要求。内容的选择与优化应有利于培养学生对体育的兴趣爱好和从事体育运动的能力，要对增强体能、增进健康具有较强的实效性，并能为学生终身体育锻炼服务。所以新课标认为一切对学生有利的体育教学内容均可以纳入选择范围。但教师在选择教学内容时一定要注意这项内容是否简便易行，能否促进学生身心健康。若某项技术对学生要求太高，学习有较大的难度，就不具备较高的实效性。

### （二）科学性原则

体育与健康课程教学内容的科学性原则主要是指能体现体育与健康本质的运动技能类的教学内容，强调对运动技能客观规律的认识。体育教学内容的选择与优化要符合不同阶段学生的身心发展特点。在不同的水平阶段，学生的生理和心理特点决定了他们对体育活动有不同的需求。学生只有对所学的内容产生兴趣，才能全身心地投入练习，对运动的喜爱和自主锻炼的习惯才能逐渐形成。

### （三）时代性原则

体育和体育课程是随着社会的发展而不断变化的，竞技运动项目、体育娱乐方式层出不穷，具有一定的时代性和多变性。所以，体育教师在选择教学内容时也要注意“与时俱进，推陈出新”。

### （四）文化性原则

体育本身就是一种文化，具有较强的人文性。如果教学内容选择恰当，对学生的影响是积极而深远的，就能起到陶冶学生心灵的作用。例如，教会学生如何欣赏和裁判一场篮球比赛，与教会学生如何运球、传球、投篮同等重要。

### （五）趣味性原则

体验运动的乐趣是体育学习的动机和目的之一。要在具有目标统一性和可行性的备选教学内容中，挑选出具有趣味性的教材，让学生乐学、教师乐教，才能活跃课堂气氛，较好地完成教学内容。不应选择太过枯燥的教学素材。

### （六）健身性和安全性原则

体育与健康课程教学内容的健身性原则主要是指，运动技能类教学内容能有效地增进学生的身体健康，有助于培养学生的体育锻炼能力。体育课的主要目的是让学生提高身体素质，因此在教学时，首先要预测教学内容的强度。体育与健康课程教学内容的安全性原则主要是指，在体育教学环境和条件下实施教学时必须保证学生的安全。无论教学内容是怎样的，学生的安全一定要排在第一位。

## 三、体育教师选择教学内容应考虑的因素

### （一）紧扣体育教学目标

在课程标准中有“目标统领内容”的要求，但目标统领内容并不是下一级目标统领上一级教学内容，如课堂教学目标不能统领单元或学期教学目标，由于课堂所选择的教材依据了单元或学期教学目标，并不依据课堂教学目标进行选择，因此课堂目标只能作为课堂教学活动内容的依据。每个学段目标不同，教学内容的选择也不同。制订不同层次体育教学内容要依据不同阶段的教学目标，即目标统领内容。

### （二）符合各地各校的自身情况

体育教学内容和方法受地域和气候条件的影响很大，能够在某个地方实施的教学内容和方法，不一定适合在另一个地区实施；体育运动需要一定的场地器材条件做保证，某个学校能够实施的教学内容和方法，另一个学校不一定能够实施。体育教学内容和方法的选择还受到教师队伍素质、学生的兴趣爱好、体能和运动技能基础等的制约。所以在选择体育教学内容和方法时，一定要以目标为指导，充分考虑地域文化的特点、场地器材的可能性、体育教师队伍专项分布情况及学生的兴趣爱好、体能和运动技能基础。

### （三）考虑各项目之间的有效迁移

各个体育项目之间有着内在联系，有的相互促进，有的相互制约，即所谓正迁移和负迁移。教师选择教学内容，安排教学顺序，制订学期教学进度计划、单元教学计划和课时计划时，都要考虑各项目之间的有效迁移，使学生更快更好地学习掌握体育技能，少走弯路。

### （四）体现学生个体差异

在中小学体育教学中要因材施教，注重学生的个体差异和不同年龄学生的需要，从学生的运动兴趣和健康的角度出发进行体育教学内容的选择。在教学内容的选择上要考虑学生身心发展的客观规律，保证每个学生都能在体育教学中有所收获。因此，体育教师要从学生的具体情况出发，了解学生对体育运动的需求和学生自身的身体情况，从而根据实际情况进行教学内容的选择和编排。

### （五）灵活选择教学内容

教学内容的选择安排要有一定的灵活性。无论是学期教学计划还是单元和课时计划，教师在具体实施过程中都不能教条死板，需要根据学生的实际、天气变化和场地情况进行调整，灵活掌握。

## 四、体育教师选择教学内容的建议

### （一）利用课程资源

体育教学追求的终极目标是健身，因此教学内容应筛选与提取。应当树立起这样的体育价值观，即奥运健儿或亚运会、全运会冠军只是凤毛麟角，体育课既要为奥运会、亚运会、全运会培养人才，又要为健身打下良好的基础，而后者在教学中显得尤为重要。因此，对一些竞技性强的体育训练，体育教师可对教材进行适当的调整或取舍，即简化规则，以降低难度，让学生达到健身的目的。

### （二）开发生活资源

生活的内容五花八门，体育教学应从生活中开发出跟运动有关的内容作为体育训练的内容。例如，农村孩子爱好爬山，教师就引导他们去爬山。冬季，山区有宰杀家禽的习惯，因此制作毽子的原材料十分丰富，可以布置作业让学生用漂亮的公鸡毛制作毽子。学生们把自己亲手制作的毽子一个个拿来，可跟随教师示范的踢毽子基本要领和动作学习。踢毽子虽然未列入奥运会、亚运会和全运会的比赛项目，但学生通过踢毽子锻炼了自己的身体，增强了自己的体质，同时通过踢毽子比赛激发了学生对体育活动的兴趣，进而达到体育教学追求的终极目标——健身。

### （三）挖掘校本资源

校本教材的开发和利用，是新一轮课程体系中课标规定的重要内容。因此体育教师应该根据这一核心理念，就校本教材的开发和利用进行探索性的尝试。学校在选用校本课程内容时应全面分析学校的体育课程资源，遵循简便易行的原则。例如，经济发达地区的学校可以把街舞、轮滑、网球、跆拳道、棒球、橄榄球等新兴项目作为体育校本课程的内容，经济欠发达地区要选用这些课程内容则不太现实，但偏远山区可以利用学校周围独特的地理环境，让学生置身于山林、置身于田野、置身于大自然中，在不断地探索、考察与反思中逐渐形成活动板块以及与之相适应的活动内容。

# 第三节　运用体育教学方法的能力

体育教学方法是向学生传授知识、技能所运用的演示、器材、身体的活动形式及手段、途径等，旨在提高学生的综合素质。在现代体育教学中，为了获得理想的教学效果、强化学生身体素质、培养学生体育意识，须格外重视教学方法的选用。如何科学合理地选择教学方法是广大基层教师需要考虑的重要问题，它直接关系着教学实践所能取得的效果。

## 一、体育教学方法的内涵

体育教学过程中，体育教学方法也指教师与学生为实现体育教学目标和完成体育教学任务而有计划地采用的、可以产生教与学相互作用的、具有技术性的教学活动。在长期的体育教学中，形成了几种比较普遍的教学方法，这些方法被广泛应用于体育教学实践中，具体内容如下。

### （一）以语言传递信息为主的体育教学方法

以语言传递信息为主的体育教学方法是指通过教师运用口头语言向学生传授体育知识和运动技能的教学方法。在体育教学过程中，常用的以语言传递信息的方法有讲解法、问答法和讨论法。在实际教学中教师讲解的方法影响着信息传递的效果，如传统教学方法中枯燥乏味的知识讲解很容易使学生产生厌倦心理，进而影响到教学效果。将知识生动形象地讲述出来对于多数体育教师来讲是一个不小的挑战，因此应特意选择一些小技巧，如提问题设置悬念、引导学生思考等。

### （二）以直接感知为主的体育教学方法

以直接感知为主的体育教学方法是指教师通过实物或教具的演示，使学生利用各种感官直接感知客观事物或现象而获得知识的方法。以直接感知为主的方法有动作示范法、演示法、纠正错误动作法、保护与帮助法等。教师采用该方法时，一定要将体育动作技术的关键点和难点清楚地展现出来，帮助学生更好地掌握要领，同时避免错误的发生。在新时期下，运动技能展现的方式变得更加丰富，如通过多媒体设备播放预先录制的视频，其优势在于可以反复播放，帮助学生纠正练习的误区，加深学生的理解认知。此外，该方法对于一些难以短时间掌握的复杂动作的教学同样具有优势，学生可以反复观摩直至掌握为止。

### （三）以身体练习为主的体育教学方法

以身体练习为主的体育教学方法是指那些通过身体练习和技能学习使学生掌握和巩固运动技能、进行身体锻炼的方法。在体育教学实践中，以身体练习为主的体育教学方法有分解练习、完整练习和重复练习等多种形式。此方法旨在帮助学生牢固掌握体育动作技能。其中，分解练习是指将一套完整的动作分解为多个小节，通过练习熟练掌握各小节的动作，再将其合并为一整套动作，这样可以降低练习难度。完整练习则与之相反，是将整套技术动作从开始到结束进行完整的练习。相较而言，分解练习虽然效率更高，但是应该注意各节段动作的衔接时可能会出现的问题。

### （四）以情景和竞赛活动为主的体育教学方法

以情景和竞赛活动为主的体育教学方法是指教师在教学中创设一定的情景和比赛活动，使学生通过更生动的运动实践，陶冶性情、提高运动能力、提高运动参与兴趣的教学方法。以情景和竞赛活动为主的体育教学方法有运动游戏法、运动竞赛法、情景教学法等。基于情境或竞赛活动等形式的体育教学方法可以有效激发学生的情感投入，使其感受到体育运动的趣味和魅力，在培养学生运动兴趣、调动学生学习积极性方面具有显著的优势。在实际教学活动中以游戏为载体开展教学活动是最常见的形式，丰富有趣的游戏活动可以使学生的主观能动性得到充分发挥，促进教学目标的达成。除此之外，竞赛法也是常用的形式之一，这种方法可以激发学生的求胜欲，使学生的潜力在比赛规则内得到最大程度的挖掘，同时在实战中使学生的运动技能得到充分锻炼。但需注意的是，由于竞赛法运动强度较高，对学生运动技能的熟练度有一定的要求，且容易造成损伤。因此，选用该方法时应综合评判学生的具体情况。此外教学载体的选择也要灵活合理，充分满足学生的需求。

### （五）以探究活动为主的体育教学方法

以探究活动为主的体育教学方法有发现法、小群体教学法。

发现法，又称探索法、研究法，是指在学生面对体育的概念和原理学习时，教师只提供一些事例和问题，让学生自己通过观察、验证性活动、思考和讨论等途径去独立地探究学习，自行发现并掌握相应的原理和结论的方法。发现法的指导思想是以学生为主体，通过积极自主的活动，使学生在掌握、认识和解决问题的同时，培养起自觉主动探究学习的态度和能力，通过探究的步骤，学习研究客观事物的过程，从而提高发现事物发展的起因和事物内在联系的能力。

小群体教学法，也称"小集团教学模式"等，是指通过体育教学中的集体因素、学生间交流的社会性作用和学生的互帮互学来提高学生的学习主动性、学习的质量，并培养学生社会性的一种教学方法。小群体教学法形式多样，一般在教学单元的开始都有一个分组和形成集体的过程，这个过程要使各小组形成一定的凝聚力并明确各自的学习目标。

## 二、体育教师运用教学方法的原则

在体育教学实践过程中，要想取得最佳的体育教学效果，就要周密思考、精确选择、优化组合，以达到教学方法的最佳运用，具体应该遵循下列基本原则。

### （一）针对性原则

针对性是体育教学方法运用的首要原则。针对性地运用体育教学方法，不仅要针对体育教学内容、体育教学对象水平等实际情况，而且要遵循动作技能形成规律，能恰到好处地运用体育教学方法。针对性地运用体育教学方法不仅能较好地完成体育教学任务，而且能刺激学生学习的意愿，使学生更加主动积极。注重针对性，能够使学习气氛活跃，学习进程加快，找到最佳的体育教学方法，花费最少的精力，而且获得最大的体育教学效果。

### （二）实用性原则

体育教学方法的实用性原则是指采用的教学方法要切合学生的实际情况。遵循体育教学方法的实用性原则，需要全面掌握和辩证分析教学对象的年龄、性别、身体素质、心理素质、教学条件等各种情况，选择或创新出能适合教学对象及现有的教学条件等的体育教学方法，由此体现出实用性。

### （三）时效性原则

体育教学过程是一个动态的渐进的过程，从动作技能形成规律看，可划分为泛化、分化、巩固和自动化四个阶段，即使一个简单的技术动作也有一套完整的教学过程。在体育教学过程中，考虑体育教学方法运用的时效性，即需要考虑每种体育教学方法运用的时间跟效果的关系，随时关注体育教学方法运用的时间跟效果的变化，并及时更换体育教学方法，始终保持运用的体育教学方法处于最有效的状态之中，从而花费最少的教学时间获得最大的体育教学效果。

### （四）灵活性原则

体育教学方法必须具有灵活性。体育教师只有根据学生的各种变化、体育教学环境及条件的变化，灵活地运用各种体育教学方法，使体育教学方法在学生身心取向上始终如一地充分发挥体育教学的作用，才能达到体育教学效果。灵活地运用体育教学方法的根本在于体育教师如何根据学生的实际情况及学习进展，恰如其分地运用体育教学方法并及时更换体育教学方法，始终保持良好的体育教学效果。这基于体育教师运用体育教学方法的灵活性原则，同时也基于全面、大量地掌握的体育教学方法，熟练运用各种体育教学方法的前提。

### （五）科学性原则

体育教师运用体育教学方法时必须讲究科学性原则，应该选择运用符合客观实际情况的针对、先进、高效、快捷的体育教学方法。我们应该从各种体育教学方法中辩证审视其教学功能、其优势及其劣势等，才能客观地、科学地运用各种体育教学方法。

### （六）经济性原则

体育教学方法，遵循经济性原则是为了缩短学生体育学习过程的时间，节省体力并收获好的教学效果，促进体育教学向最佳化发展。从经济性原则出发，对各种体育教学方法进行比较与鉴别，从而采用准确、省时、省力的体育教学方法，以使教学效果最优化。

## 三、体育教师运用教学方法须考虑的因素

体育教师只有科学、综合地考虑体育教学的各有关因素，选择适当的教学方法，并合理加以组合，才有可能取得良好的教学效果。选择体育教学方法主要应考虑以下几个方面。

### （一）体育教学目标

单元的、课时的教学目标对体育教学方法的选择起直接作用，因为不同的体育教学目标的实现需要不同的教学方法。

### （二）教材内容的特点

体育教学内容与体育教学方法有着非常密切的关系。不同性质的体育教学内容，应采取不同的教学方法。体育教学方法的选择必须根据体育教材的性质和特点。

### （三）学生的实际情况

教师的“教”是为了学生的“学”，体育教学方法要适应学生的实际情况。学生的实际情况主要是指年龄、性别及身心发展等特征，教师还应了解学生对体育知识技能的掌握程度，使教学方法的选择更具针对性和有效性。

### （四）教师的条件

选择体育教学方法，应考虑体育教师自身的专业素养、教学水平和个性特点，选择能展示教师教学水平的教学方法。

## 四、体育教师运用教学方法的建议

合理运用教学方法可以促进体育教学效率和质量的提升，在学生掌握体

育知识和运动技能的基础上，培养其对体育锻炼的兴趣，逐渐使其形成终身体育意识。在教学改革的背景下，教师所采用的教学方法应与时俱进，和教学发展趋势以及广大学生的需求相适应，更好地作用于体育教学，促进学生综合素质的发展。

### （一）以学生兴趣为导向开展体育教学

对于学生而言，兴趣是推动其参与学习的重要动力之一，良好的兴趣有利于学生自主学习意识的发挥，激发其创造力。对应到体育教学中，教师应该以更加丰富的内容和形式激发学生对体育的兴趣。例如，在教学过程中设置游戏、借助多媒体进行教学演示、引入专业的体育器材等，这样可以使学生保持对体育的新鲜感，营造良好的学习氛围，引导学生积极参与体育课程学习。

### （二）推动教学方法的多元化发展

在现代体育教学中，单一的教学方法所发挥的作用十分有限，教师可以对多种教学方法进行多元组合，这样做可以使教学方法的应用更加符合教学活动的需求。比较常见的形式有身体练习方法和游戏教学法的融合、分解练习与完整练习的结合、反复练习法和竞赛教学法的结合等。上述多种方法在融合过程中可以起到相互促进，消除单一方法的劣势，同时将其存在的优势最大限度地发挥出来的作用。

### （三）推动理论教学和实践教学的有机融合

长期以来，我国体育教学都存在理论、实践相互脱离的问题，以至于学生往往不具备对体育学科的明确的概念认知。对于这种情况，在教学中必须将理论和实践进行有效衔接，促进学生体育素养的提升。在具体教学的过程中，教师可以在运动技能传授时适当地插入一些理论性知识或注意事项，为运动技能搭建翔实稳固的理论基础，促使学生将理论知识落实到实践中，为体育锻炼的正确开展提供依据。

### （四）引入现代化信息技术

在现代体育教学中，信息技术在许多方面均可发挥出显著作用。例如，在动作讲解过程中，可以采用多媒体视频展示的方式替代传统的教师讲解，这样可以对一些重点、难点内容进行反复播放展示或进行慢动作分解，帮助学生更好地掌握。再如，体育教学中可以利用一些信息化器材对学生的身体状况进行监测，帮助学生制订科学合理的体育训练计划。

**【案例赏析】**

**教学内容：**前滚翻。

**教学对象：**从未见过面的异地小学一年级学生。

**教学内容：**

做好了有趣的准备活动后，王老师说："我们先做个游戏吧！"（学生们暗暗诧异：老师想要玩什么游戏呢？）

王老师说："我们一起做个"看天"的游戏。"（学生们都更加不解：上体育课看什么天呀？）

王老师说："我们要低着头看天。"（学生为难了：这低着头怎么看天呢？）

王老师说："你们自己想想办法，怎么能低头看天？"

于是学生们纷纷尝试，不一会儿一个聪明的学生找到方法，于是学生们纷纷模仿，大家都蹲在地上从两腿之间看天。

其实，王老师已经在游戏中让学生自己做出了前滚翻的预备动作。

王老师又说："我们再做第二个游戏！"（学生们想：又是什么好玩的游戏呢？）

王老师："游戏是'看谁坐得快'，老师会叫出一个同学比赛。我们两人站在垫子后面，听到口令后看谁先坐在垫子上。"结果学生跑到垫子上坐下，而王老师做了个前滚翻坐下，当然是王老师坐得快，王老师怕学生不服气，又比赛了一次，结果还是一样。

做完两个游戏后，王老师说："我们现在把两个游戏一块儿做一遍，先'看天'，再做'看谁坐得快'。"

学生在两个游戏中不知不觉地学会了前滚翻之后，王老师才告诉学生们："今天我们学会了一个动作，叫作'前滚翻'。"

乍看，这是简单的游戏，可细想，又不是一般的游戏。这两个游戏中，隐含着前滚翻的要领（低头、团身），这两个游戏中浓缩了王老师的教学智慧。在平时教学中，教师普遍以语言（术语）的形式动作要领呈现给学生，如果语言生动形象尚可，如果是毫无生气的体育术语，那么对于小学一年级的同学来说如同听“天书”，更不可能学会动作。王老师，迎合了孩子们爱玩游戏的特点，把教学寓于游戏中，使孩子们在两个游戏中不知不觉地学会了前滚翻。

## 第四节　优化体育教学组织的能力

体育教学组织能力是体育教师必须具备的“基本功”。体育教学基本功的诸多方面涉及体育教学的组织工作，教师运用“教学基本功”能力强、掌握体育教学组织的能力是成为一名合格体育教师的关键。

### 一、优化体育教学组织能力的术语

#### （一）体育教学组织

体育教学组织是指在体育教学过程中，为提高教学效果而采取的一系列组织形式的总称，即在体育教学过程中，教师和学生围绕体育教学内容，在一定时空环境中相互作用的方式、程序与结果，它主要包含了体育教学活动中教师与学生的组合方式、教学活动的组织程序及结构形式等方面。为了达到体育教学目标，怎样把教学内容教给学生、怎样组织好课堂、怎样有效地利用教学时间和空间、怎样发挥教学器材与设备的作用，等等，都是体育教学组织应解决的基本问题。

#### （二）体育教学组织内容

体育教学组织工作的内容主要包括课堂常规、队列、分组教学、组织练习、安排保护、队伍调换、场地器材的布置以及体育委员的培养等。

#### （三）体育教学组织能力

体育教学组织能力是指教师在体育教学中根据体育教学特点、体育教学对象、体育教学目标、体育教材内容、场地、器材条件等，运用制订计划、场地布置、常规教学、讲解、口令等手段，合理安排并采取多种方法与手段的综合能力。

## 二、优化体育教学组织能力的特点

### （一）多样性

体育教学组织的发展过程，是从简单到复杂，由单一向多样的。采用的流程一般为：个别教学—班级教学—分组教学—班级教学。但这种发展并不意味着后一种形式是对前一种的否定，而是意味着对前一种形式进行了补充与结合。在体育教学中应充分考虑学生本身情况、教师个人专业与能力、课时计划、教学目标、场地器材、时间要求等因素，要以多种组织形式完成体育教学活动。

### （二）寓教于学

教师在体育教学组织中，应设计有利于发挥学生自主锻炼的体育教学环境与条件。在上课时教师应让学生独立自主地练习，采用分组锻炼、兴趣锻炼来进行辅导，进而增强学生自主学习的能力。同时把体育锻炼的常识、原则等内容传授给学生，启发学生终身体育锻炼的思想。

### （三）人文关怀

在体育教学中要以人为本，维护学生的尊严，关注学生在体育学习中的地位，运用理解、参与、体验等手段，总体把握体育教学，充分体现体育教育构建学生的精神世界和培养学生健康体魄的重要作用，在体育教学过程中做到因材施教。

## 三、优化体育教学组织的原则

### （一）合理安排运动负荷

合理安排运动负荷是指在体育教学中必须体现身体活动性的特点，对学生施加合理、有效的运动负荷，以满足学生体育锻炼和掌握运动技能的要求。该原则要求从以下四点着手：运动负荷量的安排要服从体育教学目标；要根据学生的身体条件与发展状况合理安排运动负荷；安排运动负荷时，应参考科学的教材和教法；逐步提高学生自主控制运动量、自主运动的能力。

### （二）注重体验运动乐趣

注重体验运动乐趣是指在体育教学中，让学生在掌握运动技能和进行身体锻炼的同时，体验到运动的乐趣，使其喜爱运动并养成参加运动的习惯。该原则要求从以下五点着手：要正确理解运动中的乐趣，注重学生的立场，让每个学生都体验到成功习得技能或知识的成就感，处理好运动乐趣与运动技能的关系，开发多种能够激发学生体验的教学方法与手段。

### （三）促进运动技能不断提高

促进运动技能不断提高是指在体育教学中要不断提高学生的运动技能，提高学生的运动能力，实现高质量的体育教学。该原则应从以下三点开展：正确认识运动技能提高在体育学习中的作用；采用多方法让学生有层次地掌握运动技能；钻研教材与教法，针对性提高体育教学质量。

### （四）在集体活动中进行教育

在集体活动中进行教育是指在体育教学中要发挥集体的作用，特别是要在小群体的自主性活动中对学生进行教育，培养学生正确的集体意识与集体行为。此原则应从以下四点开展：分析和挖掘体育活动中的集体要素，设立体育教学中集体学习的场景，开发有助于集体学习的教学方法与手段，处理好集体学习与学生个性发展之间的关系。

### （五）因材施教

因材施教是指在体育教学中教师根据学生的具体表现，进行不相同的、有针对性的体育教育，使学生的运动技能、身心健康得到充分的发展。该原则的要求做到以下四点：深入了解学生，知晓每位学生的优缺点；正确对待个体的差异，做到有针对性的对待；通过各种体育教学组织形式设定针对性授课的环境与条件；采用多种体育教学方法与手段。

### （六）安全运动和安全教育

安全运动与安全教育是指教师要使学生在体育教学中安全地从事体育运动的同时，对其进行安全运动的教育。此原则的要求有以下三点：提前预测体育课堂的危险源，体育教师在上课前必须逐一地进行思考，排除体育课堂上的运动风险，做到提前规避；建立体育运动安全的相关制度与应急措施、预案；在体育教学中安排负责人，如体育委员，提醒学生在课堂中要相互保护。

## 四、提升体育教学组织能力的路径

### （一）加强基本功训练

体育教师基本功是体育教师基本的能力，包括正确示范动作、精练语言和组织教学的能力。提高体育教学基本功水平是一个长期的过程，体育教师应积极参与体育教学竞赛活动，汲取新知识，学习新方法，并在日常体育教学活动中发现问题。学校要给体育教师创造条件，对体育教师进行定期培训，让体育教师能够相互交流、互帮互学，进而促进其基本功水平的提高。

### （二）加强业务学习

第一，新的理论、新的方法、新的科研成果会随着社会的发展不断涌现，这就需要体育教师及时接受、更新自己的知识，否则将会落后，导致体育教师的教学墨守成规。体育教师要进行再学习，要储备相关的专业知识，积极参加学术会议、经验交流、公开课，主动吸收同行在体育教学实践中的宝贵经验，及时补充短板。第二，提高体育课教学效果是教师的立身之本，体育教师要善于抓住学生兴趣、把握课程节奏、提高学生参与课堂的积极性。在教法上要不断探索创新，对旧方法要进行改良，使学生在学习中有趣味地体验，进而提高学生积极性。

### （三）提高教师德育水平

第一，体育教师的本职工作是用体育手段来育人，其最终目的是通过体育课堂来增强学生体质、促进学生身心全面发展。体育教师是让学生掌握运动知识、技能，学会体育锻炼方法与手段的教育者，是培养学生吃苦耐劳、乐观向上精神的引导者。为此，体育教师要有扎实的专业思想，有强烈的事业心和责任感。第二，体育教师在形象管理方面，要简单、大方、得体，服装打扮要符合运动项目的要求。第三，体育教师在教育工作中应自觉做到以理服人，切忌简单粗暴，时刻呵护学生心理。第四，在个人生活作风、行为习惯方面也要严于律己、为人师表。

总之，组织体育教学能力属于体育教师的基本能力，体育教师的教学仪态和一言一行，对学生的学习都有着深远的影响。一名优秀的体育教师，应具有较强的业务能力与知识，这样才能高质量地完成教学工作。在体育教学中，不能片面地固执于一种形式，还应采用多种方法与手段，如将现代信息化手段与方法植入课堂，从而有效提高体育教学的效果。在选择体育教学组织的形式时，应充分考虑该体育课堂的目标、内容及展开教学时的特殊条件、场地器材，选用适宜的组织形式开展教学，将体育教学效益发挥至最佳，使学生的学习兴趣、能力、特长、个性得到良好发展。

## 第五节　设计体育教学过程的能力

在体育教学过程中，教师、学生、教材三者相互作用，使体育教学成为一个动态的统一过程。体育教师应采取一定的组织教学形式来完成体育教学任务，从而实现体育教师的“教”和学生的“学”的目的。然而“教无定法，贵在得法”，体育教学方法和组织形式都是根据特定的教学内容和教学对象而变化的。因此，设计体育教学过程至关重要。

### 一、设计体育教学过程能力的术语

体育教学过程是实现体育教学目标的基本途径，是认识和把握体育教学本质和内在规律的前提条件，是体育教学中最核心的因素。具体来说，设计体育教学过程的能力，就是体育教师与学生为达成体育教学目标而进行的体育教学活动的程序，是在体育教师与学生之间展开运动技术教学活动的基本能力。

## 二、设计体育教学过程能力的特点

### （一）根据体育课特点组织教学

在体育教学中，体育课堂包括身体的各种练习，具有让学生的体力活动与思维活动结合，让学生掌握体育知识、技能的特点，从而有效地组织体育教学。第一，体育教师要严格认真，抓好体育课堂常规的组织教学，抓好授课过程中集合整队、服装、精神状态、礼貌行为、组织纪律、场地器材的布置与整理等常规流程。在体育教学中，体育教师要严格要求，反复训练，培养学生自觉行动的能力，以保证体育课的顺利进行。第二，体育教师要抓好开始、基本、结束三个阶段的组织教学过程。体育教师要灵活地组织教学，充分调动学生的积极性，切忌出现先紧后松、头重脚轻、重难点不分的现象。课前，体育教师要提前安排学生布置场地与器材。开始阶段体育教师应进行课的导入，带领学生做好充分的准备活动，宣布本堂课的内容及要求。基本阶段体育教师应力求做到精讲多练，示范到位，采用多种练习方法与手段，组织不同形式的分组练习，进而提高学生学习兴趣。结束阶段学生的情绪极易松懈，体育教师应采用一些调节情绪和恢复体力的放松性练习，保持学生学习兴趣并做好课堂的总结。

### （二）根据体育教材特点组织教学

在体育教学过程中，同一教材在不同课时中练习的要求是不一致的。如一年级投掷教材第一课时的要求是让学生了解投掷方法，第二课时则要求学生初步掌握投掷方法。对此，如果体育教师在体育教学中对同一教材的重复练习都采用相同的组织教学方法，那么学生参与训练的积极性就会大打折扣，降低教学质量。因此，面对同一教材的重复使用，体育教师要在实践教学中灵活调整，逐步提高动作难度，采用多种体育教学方法与手段，激发学生的学习兴趣。中小学体育有田径、球类、技巧、武术、体操等多种教材，不同的体育教材在授课过程中的要求也不尽相同，体育教师在教学中要善于把握教材的特点，将体育教学与教材特点有机结合，改变单一的组织教学形式，将学生被动地接受轻变为主动地参与学习，充分发挥学生的主动性、创造性，提高体育教学效果。

### （三）根据青少年生理和心理特点组织教学

青少年的生理和心理特点主要表现为有意注意时间短，受兴奋过程和无意注意影响大，以及好奇、好动、好模仿、好竞争等。体育教学中，体育教师要充分利用青少年生理和心理特点组织教学，合理安排教学内容。因青少年有意注意时间短，从一堂课的时间上看，大部分学生的注意力在课的后半部分就不会集中，体育教师在组织教学时应把新教材安排在课的前半部分，让学生集中注意力对新教材进行学习与掌握。在课的后半部分则应安排一些竞争性、游戏性较强的内容，激发学生兴趣，抓住主教材与辅助教材的内在联系进行组织教学。同时，根据青少年生理和心理特点，体育教师的组织教学要尽量体现出“新、奇、活”的特征，采用能够引起学生强烈兴趣和具有新鲜感的体育组织形式，增强体育教学的吸引力，激发学生的学习兴趣和热情。体育教师在教学中要充分发挥“手势、眼神、语言”的作用，即用“手势指挥，眼神暗示，语言激励”的组织方法。手势、眼神是无声的语言，在日常体育教学实践中常被教师采用；而语言则是最有效的教学策略，体育教师的语言激励要以表扬性、勉励性的语言为主，不断激发学生的学习兴趣。体育教师在体育教学过程中要根据学生具体情况，灵活运用体育教学组织方法与形式，保证体育教学的顺利进行，从而实现高质量的体育教学。

## 三、设计体育教学过程的原则

充分发挥学生的主体作用和教师的主导作用，倡导开放式、探究式教学，努力拓展体育课程的时间和空间，在体育教师指导下，让学生积极主动地学习体育知识、技能。

### （一）学生主体性原则

学生主体性原则是指在体育教学过程中，学生始终是教学活动的主体，教学活动应以学生为中心，一切教学活动应围绕学生的身心健康发展而展开。体育教学过程是师生交流互动的过程，我们必须重视师生之间的互动，体现“以学生为主体”的理念。体育教师是学习过程的设计者、组织者、引导者与评价者。体育教师的责任是引导学生在学习过程中发现问题、解决问题，培养学生学会独立思考的能力。

### （二）循序渐进原则

循序渐进原则是指在体育教学中，对体育教学内容、教学方法和运动负荷等的安排，应由易到难、由简到繁，使学生系统地把握体育与健康知识、技能和锻炼方法。因为学生的生长发育与机能水平是一个渐进的过程，体育教学应该遵循学生发展规律，做到循序渐进。

### （三）有效利用资源原则

体育教学场地是开展体育教学活动的必要空间条件，体育器材是师生互动的中介和传递教学信息的媒介。因此，如何合理利用资源是提高体育教学效果的重要因素，也是优化体育教学的一个重要方面。体育教师在课前应该充分考虑课程内容与场地器材的连接性，充分考虑课程内容与场地器材的安排的合理性与多样性。

### （四）针对性教学原则

中小学生处在身心发展的关键时期，其生理、心理上存在明显个体差异。在确定体育教学课程时，教师要考虑学生在身体条件、兴趣爱好和运动技能等各方面的差异，做到因材施教。针对各年级的体育教学任务与要求，针对男女性别授课差异，针对不同教材的要求，采用多种方法与手段满足体育课程多样性的需要。

### （五）直观性原则

直观性原则是指在体育教学中，利用多种直观易懂的手段调动学生的学习积极性，通过直接经验和感性认识，启发学生积极思维，促进其对体育知识技能学习的兴趣。在体育教学中要引导学生运用各种身体的感觉器官，通过本体感觉来感知完成动作时肌肉用力的程度、方法及空间关系等，体育教师要充分运用动作示范、语言表述等手段，配合各种现代化体育教学方法，启发学生积极思维，以达到让学生更加直观地理解体育运动技能的目的。

### （六）整合性原则

由于每一种体育教学组织形式都各有利弊，不存在某种万能的模式，因而体育教师要注意对各种体育教学组织形式进行综合性的运用，根据教学大纲、课时、教学重点、教学班级等多个方面，将教学分组和集体、个别指导进行有机整合，以小组为单位，整合各种教学形式与内容，强化各层次小组的体育教学组织建设，并落实到每位学生，提高学生个体的学习质量。

## 四、提升设计体育教学过程能力的路径

体育教师教学过程是多方面的，包括学生掌握运动技能基本能力、提高运动素质的过程，学生学习知识和形成运动认知的过程，以及学生体验运动乐趣的过程，教师想要提升设计体育教学过程的能力应从以下四个方面思考。

### （一）体育课堂设计能力

为提高体育教学效率，体育教师在授课前要做好体育教学设计工作。更重要的是，体育教师要编写、制订严谨切实的授课教案。这个过程中应考虑诸多方面，包括一节好课如何开头，用何种形式引出课堂主题，如何导入新课，如何执行体育教学目标任务，如何做到突出教材重点、难点，何时讲解与示范，如何纠正错误动作并给出解决方法，运用什么手段调动学生的学习积极性，怎样做好课后反思与课程效果评价等。授课前，体育教师必须认真思考这些问题，科学周密设计具体方案，使体育课堂教学井井有条、环环相扣，为良好的体育课堂教学打下坚实的基础。

### （二）体育课堂教学能力

上好课是体育教师组织好体育课堂教学的根本，也是体育教师的基本功。经

体育教师精心设计的教学计划是上好课的前提，而上好课的关键在于体育教师的授课实施能力，该能力的养成应先从口头表达、讲解与示范、师德师风、个人形象、及时纠错与反馈、组织管理等课堂基本功入手。扎实深厚的体育教学基本功体现着体育教师的素质和魅力，能集中、有效调动学生的注意力和积极性，产生高质量的教学效果。

### （三）体育课堂控制能力

组织体育教学贯穿体育课堂的全过程，要求体育教师有效控制课堂教学各个环节，能够及时把控体育课堂的可变因素。要做到全方面控制体育课堂，关键在于体育教师在授课时应按照教学常规进行，善于管理学生，严格整顿课堂纪律，防止不良现象，建立良好的课堂秩序。此外，控制体育课堂要注意纠正两种错误倾向：一是追求体育课堂的表面“平静”。有的体育教师会采取严厉的高压手段，迫使学生就范，被迫服从体育教师主观意志，这种情况非但达不到预期的体育教学效果，反而使学生处于思维呆滞的被动状态，极大降低教学质量。二是过度追求体育课堂的表面“繁荣”，过分注重体育的课堂表面，将体育课堂做得热热闹闹，满足于“教师一呼，学生齐应”的形式，此方法常会向体育教师传递虚假的反馈信息，对课程教学质量也有较大影响，让体育教师无法把握学生的学习进展。

### （四）体育教师应变能力

体育课堂上有时会出现“突发事件”，这往往会干扰课前的体育教学设想，打乱原来制订的体育教学计划，使体育教师无法完全按照课前计划进行授课，这就要求体育教师学会随机应变，能够根据具体“突发事件”，如天气原因、场地限制等立刻做出调整，果断、妥善处置“突发事件”，并让体育教学计划正常进行。

## 第六节　制订体育教学计划的能力

体育教学计划是学校为实现人才培养目标而制订的总体计划和实施方案，是组织和管理体育教学过程、实施体育教学质量监控和评价的主要依据，是体育教学思想和理念的集中体现，反映了体育教学在人才培养工作上的指导思想和整体思路，对人才培养质量的提高具有重要导向作用，是有效进行体育教学的必备工作。所以制订体育教学计划是作为一名体育教师必备的能力。

## 一、制订体育教学计划能力的术语

体育教学计划是指体育教师在进行体育教学前，针对学生的整体情况及预期教学目标，制订的阶段时间内的教学方法和教学内容。体育教学计划包括总体教学方向、学期教学方向、时段教学方向等内容。体育教师在制订好体育教学目标与方向后，应及时设定不同教学内容，根据不同的考核标准对学生的学习结果进行相应的评价。

## 二、制订体育教学计划的内容

### （一）体育教学目标的确立

体育教学目标是指在体育教学活动中所期待得到的学生的学习结果。在体育教学过程中，体育教学目标起着十分重要的作用，体育教学活动以目标为导向，且始终围绕实现体育教学目标而进行。体育教学目标可以分为三个层次，一是体育课程目标，二是体育课堂教学目标，三是体育育人目标，这也是体育教学的最终目标。体育教师通过体育与健康课程标准、体育教材分析、学情分析明确学生“需要学什么”与“怎么学”的问题，以此来确定适应体育课程的教学目标。

### （二）教学内容与课时安排

体育教师应根据学校的相关规定以及体育教研组的总体安排、本学期可用课时数、学生情况、教师能力、场地器材等对体育教学内容作出合理的安排与设计，根据教材分析、学情分析、教学内容分析以及可用课时数，合理进行课时安排。

### （三）教学方法的选用

在进行体育教学设计时，体育教学方法的选用尤为重用。不同的体育教学方法会有不一样的教学效果。多种体育教学方法可以有机组合、相互融合、相互渗透。体育教师合理地选择体育教学方法，则有利于提高体育课的教学质量，促进学生运动技能的提升与体质健康的发展。

### （四）评价方法的选择

在完成体育教学计划的设计和课时分配后，应通过有效的评价方法来评价学生的学习效果，以达到激励的目的。学生体育学习评价的内容应涉及多方面，包括健康体适能的评价、运动知识与技能的评价、学生学习态度与效果的评价、学生规则意识和团队互助精神的评价及学生体育锻炼意识的评价，同时，评价的内容应与学生的运动能力、健康行为、体育品德密切相关。在选择评价方式时可以采用定量与定性的方法同时进行，将运动成绩作为定量评价标准，将学生参与体育学习及体育锻炼的态度作为定性评价标准。

## 三、制订体育教学计划的原则

体育教学计划设计需要遵循一些原则，而体育教师需要从适合性、实效性、学科性等角度对相关原则进行考察，为学生提供更多实践体验的机会。体育与健康课程教学活动设计也同样需要遵循一定的原则，而科学性原则、教育性原则、艺术性原则都对体育教学活动设计形成一定的制约。体育教师需要围绕相关原则要求展开体育教学设计活动，让更多学生能够顺利参与到活动中，进而促使学生提升身心健康。

### （一）科学性原则

科学性是体育教学计划的基础与核心。第一，体育教育要树立“健康第一”的理念，在制订教学计划时要把健康教育放在首要的位置，通过体育健康教育、体育实践，使学生的身心健康得到良好发展，对学习、生活和未来充满信心，乐观豁达，具有顽强拼搏、迎难而上的精神。第二，体育教学计划设计应注意内容的全面性、系统性、可行性。因为不同的教学内容对体育健康具有不同的作用，在制订体育教学计划时要重视教学内容之间的衔接与沟通，体育教学内容的难易程度要根据学生的接受能力和身体发育水平确定，既要有掌握运动技术的教学内容，又要有发展身体素质的教学内容；既要有行进间运动的教学内容，也要有原地运动的教学内容。第三，体育教学计划设计的教学内容要充实，教学任务要明确，教学目的要清晰，教学中的重点与难点要突出，专项技术与技能要有机地结合，教学内容要遵循由浅入深、由简到繁、由易到难的原则。

### （二）教育性原则

体育教学计划制订得是否科学合理，只有通过体育教学实践才能验证。教学具有教育性，体育教学计划与体育教学是一个不可分割的统一体，体育教学计划的教育性是通过体育教学实践体现出来的，特性应从以下三个方面体现：第一，用刺激反应刺激学生体育教育实践，体育教师大多采用口头讲解示范或者让学生直接感受的方式进行体育教育，这一过程潜移默化地提高了学生对外界刺激反应的敏锐性，提升了学生的注意力与规则意识。第二，用类比辨别引导学生，在体育教学中有不少表象相似但本质不相同的内容，这类教学内容需要在教学中多采用类比的方法。例如，排球运动中的“扣球”和“上手发球”技术，它们表面上有相似的部分，但在体育教学中有本质的不同（如击球部位不同：扣球的击球位置是球的后上部，上手发球是球的后中部）。在体育教学中遇到此类内容，多采用类比辨别进行教学。第三，将归纳式教学引入体育课堂，体育教师要善于从特定的事例中得出一般性的规则或总结出特定模式。例如，田径教学中的“跳远”内容，就需要采用归纳式教学。跳远技术可以分成助跑、起跳、腾空、落地四部分内容，体育教师先采用分解教学法要求学生先学习助跑、起跳、腾空和落地技术，最后运用完整法将助跑、起跳、腾空、落地四个环节归纳起来进行练习。对于体育教师来说，归纳分析能力的培养与训练是十分重要的，体育教师应在归纳中发现并掌握体育教学规律，从而提升教学质量。

### （三）艺术性原则

体育教学任务与目的是靠严谨的体育课堂组织、灵活的体育教学方法、合理的体育教学节奏来实现的。体育教学中的艺术性是进行科学教育的有效方法，可以使体育教学取得最佳效果。在体育教学中，要结合教学计划中的内容，选择教学方法，组织教学活动，不但要让学生了解每个动作的结构原理，还要使学生真正掌握每项技术动作的要领。第一，应多采用直观式教学法进行授课，其特点是以体育教师为中心，体育教师精心设计体育教学计划并有计划、有步骤地对其进行讲解与示范，从而达到预期的教学目标。第二，多采用直观法让学生通过自己的感官直接实践来获得知识与技能，但直观的体育教学方法不能孤立于语言的教学方法之外，它应伴随体育教学的讲解和分析进行。例如，在学习“鱼跃前滚翻”时，体育教师首先讲解此动作的要领，“半蹲开始，两臂前摆，同时两脚用力蹬地向前上方跃起，当手撑地后，缓冲屈臂、低头着地做向前滚翻后站立”，讲解后进行动作示范，让学生通过自己的感官，直接感受知识与技能。第三，采用启发式教学法让学生不断进行思考。在组织体育教学时，体育教师应在讲解技术动作要领前，先让学生对一些简单且重复的动作来自行总结要领，然后教师再进行归纳总结。对一些比较复杂的技术动作，体育教师应采用提示的方式让学生开展思考与讨论。例如，“背向滑步推铅球”的教学中，体育教师可先提出问题“如何才可以将铅球推得远”以启发学生独立思考，然后挑出部分学生代表发表观点，最后体育教师再来讲解与示范，以使学生在练习中逐渐理解“背向滑步推铅球”的技术原理。

## 四、体育教学计划的基本步骤

### （一）体育教学目标

制订体育教学计划首先要依据单元教学目标来确定体育课程教学目标。体育教学目标应针对本课教材所要解决的主要问题进行全面、明确的检验。因此，应从认知目标、技能目标、情感目标角度进行体育教学设计，力求让学生了解体育课程技术的理论与方法，掌握运动技能，培养学生的体育品德与体育精神。

### （二）体育教学内容

安排教学内容时，应根据基本部分的教材、课程标准，安排适宜的运动负荷。在设计与安排时应先易后难、先简后繁、先负荷小后负荷大、先局部后全身，根据内容的重点与难点合理安排。先确定基本部分内容，再考虑准备部分的内容和结束部分的内容，并让这 3 部分内容环环相扣、紧密结合、相互铺垫。

### （三）体育组织教法

设定好体育教学内容以后，应根据体育教学内容重点、难点考虑体育组织教法，如何进行讲解与示范、如何进行提问、怎么样讨论等，一般要考虑以下几个问题。

1. 体育教法的选用及运用顺序

安排什么体育教法？如何安排体育教法的先后顺序？

2. 场地与器材的利用

需不需要体育场地与器材？需要什么样的场地与器材？如何利用体育场地与器材？如何使学生获得较多的练习次数？

3. 分组教学的方法

按什么分组？将班级分几组？需不需要交换场地？如何交换场地？

4. 学生的队伍调动

如何在最短时间内完成学生队伍调动？何种队形效果最佳？

5. 学生自主练习的时间与形式

何时安排学生自主练习？安排多少时间？以什么形式练习？教师如何进行指导？如何集中学生？

6. 交流与反馈

如何进行纠错？采用什么方法进行纠错？如何与学生进行情感交流？如何进行过程中的评价？用什么样的态度和语言进行评价？

7. 集体性活动安排

如何安排比赛和游戏？如何组织游戏与比赛？

8. 安全措施

各教学环节有哪些安全隐患？如何消除安全隐患？应急预案如何做？

9. 体育委员

是否需要体育委员的辅助？如何选择体育委员？是否应对其进行课前的培训？

## （四）设计教学内容、时间和练习的次数

1. 设计“课的阶段”时间

课一般分为 3 个部分，包括准备活动部分、基本部分、结束部分。各个部分的时间分配主要是由各环节教学内容在整个课程中所起的作用来决定的，如一节典型的小学体育课（40 分钟）应按准备活动部分 10 分钟，基本部分 25 分钟，结束部分 5 分钟分配时间。

2. 设计“各项教学内容”的时间

各项教学内容时间的总和应小于或等于课的总时间。

3. 计算“练习次数”的大致时间

练习次数是每项练习内容中每个学生的练习次数。练习次数应根据各项内容的教学时数和相应的组织时间来确定，要做到合理、适宜。

## （五）设计课程的生理负荷和练习密度

体育教师应以授课班上大部分学生的水平为依据，根据教学内容、场地器材条件、气候条件等，设计适宜的运动负荷，运动负荷不能安排过大，也不能安排过小。体育教师应预测学生在授课过程中的最高心率、平均心率，还应根据教学人数和场地器材情况设计练习密度，以保证体育练习密度与练习负荷达到体育与健康课程标准的基本要求。

### （六）计划本课所需要的场地器材和用具

体育教师在安排场地时要相对集中以便于指导，要尽可能充分地利用学校现有的体育器材以增加学生的练习量，应在“场地器材”一栏内填上本课所需的场地器材和用具的名称、数量、规格，以便进行课前准备，做到合理利用场地、器材，将其功能最大化，保证体育课程的多样性。

### （七）课后小结

课后小结是体育教师要完成的基本工作，也是教学设计的组成部分。体育教师应在课后及时将本次课教学目标的完成情况、主要优缺点及待改进的方面等简要地写在“课后小结”的栏目中，以便体育教师反思个人存在的教学问题，为体育教师今后的备课和教学检查提供参考。

**【案例赏析】**

通过课堂实践，体育教师发现在小学二年级“技巧前滚翻”教学中，学生出现准备姿势不正确的问题，包括后脑没有准备着垫，两脚蹬地不一致，两臂屈肘时力量的不均衡导致偏向一侧翻滚，团身不紧等。结合二年级学生的生理心理情况和自身的能力，体育教师想在一节课上解决上述问题是不太现实的。教师应在教学中根据二年级学生喜欢模仿、善于想象的特点，通过趣味化教学对前滚翻动作进行分解教学，使学生在“玩”的过程中体会动作要领，将分解动作串联成整体，建立正确的前滚翻动作表象。在放松部分，教师可采用散点式队列且在音乐伴奏下带领学生一起进行放松与拉伸，达到放松与愉悦身心的效果。

# 第四章　体育教师教学实施能力实训

CHAPTEF 04

课堂教学是体育教师将教学设计付诸实施的过程。如果说教学设计能力是“纸上谈兵”的能力，那么课堂教学能力则是体育教师在课堂上“真刀真枪进行实战”的能力。因此，它是体育教师必须具备的核心能力。一位合格的体育教师，不仅能合理设计一堂体育课，更能成功上好一堂体育课。根据体育教学的特点，我们可以将体育教师教学实施能力分为动作示范能力、语言表达能力、保护与帮助的能力、发现与纠正学生错误动作的能力、保障教学安全的能力、教学互动的能力和处理突发事件的能力，共 7 种具体的教学技能。掌握体育教师教学实施能力，将有助于理解生命的意义和人生的价值，培养安全意识与自我保护能力，拥有客观理性的思维方式，更好地实现体育教育教学目标。

## 第一节　动作示范能力

### 一、动作示范的定义

动作示范是体育教学中最常用的一种直观教学法，是教师通过具体的动作示范，使学生在头脑中建立起所学动作的表象，以了解所学动作的结构、要领的方法。动作示范是体育教学、运动训练中动作技能教学的重要环节。动作示范要严格按照动作技术的规格来完成，要保证学生能够建立清晰而完整的动作形象、动作结构、动作轨迹、动作要领。

## 二、动作示范的类型

### （一）根据示范动作完成的进程和量分类

1. 完整示范

完整示范是将动作从开始到结束，不分部分和段落，完整、连续地进行示范的方法。完整示范可以使学生建立整体性的动作形象、动作结构和动作概念。

2. 分解示范

分解示范是将完整的动作分成几部分，逐段进行体育教学示范的方法。有利于学生了解动作细节，准确掌握动作。

3. 重复示范

重复示范是对于同一个动作再一次或反复进行示范。

### （二）根据示范动作的速度分类

1. 匀速示范

匀速示范是根据教材内容、任务、教学步骤而采取速度保持不变的动作示范。

2. 快速示范

快速示范是根据教材内容、任务、教学步骤而采取较快速度完成示范动作。

3. 慢速示范

慢速示范是指延缓动作的时间特征，或者说，放慢动作过程的动作示范。使动作在学生的视觉中缓慢而更加清晰地反映出来，以利于学生的观察和理解，加深动作的表象。

4. 变速示范

变速示范是根据教材内容、任务、教学步骤及不同时机的要求而采取不同的速度进行教学示范的方法。

## （三）根据示范动作的示范面分类

1. 镜面示范

镜面示范是指面对练习者做相反水平方向的动作。一般用于显示左右方向、路线简单的动作，如广播体操等。这种示范既便于学生模仿练习，又便于教师观察学生完成动作的情况。

2. 侧面示范

侧面示范是指身体侧对练习者做动作。一般用于显示前后方向、路线较简单的动作，如腹背运动、前踢腿运动等。

3. 背面示范

背面示范是指背对练习者做相同方向的动作。一般用于方向、路线与身体各部位配合较复杂的动作，便于学生观察和模仿练习，如武术套路等。

## （四）根据示范动作的正确性和重要性分类

1. 重点示范

重点示范是指对动作的关键及难点部分、突出的部分进行示范，以增加其鲜明感，从而加强学生对该部分的注意和理解。

2. 错误示范

错误示范是指针对明确的错误动作进行示范，有利于学生明确并纠正错误动作。

3. 对比示范

对比示范是指用正确的示范动作与错误动作相对比，引导学生对正误动作作出比较和鉴别，强化对正确动作的理解，有利于强化或改进动作。

## 三、动作示范的作用

### （一）强化学生对动作的认知

体育课的动作示范是最简单、最常用、最有效的直观教学手段之一。教师以具体动作为范例，将动作速度、动作幅度、动作方向、动作部位等诸多信息，通过肢体语言传达给学生，使学生感知动作的形象、结构、要领和方法，在大脑中形成一个初步的概念。在学习过程中教师通过正误动作的对比示范，及时纠正学生的错误动作，强化学生对动作形成过程的认知，最终习得正确的技术动作。

### （二）激发学生的学习兴趣

兴趣是个人力求接近、探索某种事物和从事某种活动的态度和倾向，兴趣在人的心理行为中具有重要作用。体育课教师做出准确、优美、流畅、完整的示范动作时，学生就有可能会为教师独具美感的示范动作所吸引，从而根据示范动作进行独立思考，激发学生浓厚的学习兴趣和课堂练习的积极性，全身心地投入学习中。

### （三）具有激励促进作用

体育课堂教学时，可以由学生协助或完全替代教师来示范。通过让学生示范的方式，促进学习的积极性，培养学生的自信心；通过学生示范树立优秀典范，发挥其榜样作用，创造学生间“你追我赶”的学习氛围。由此可以在教学过程中，营造一种合适、良好的教育环境，在适当时机给予学生鼓励与肯定，可以激发学生的主观能动性和内在潜能。学生示范发挥激励作用，可以更好地帮助教学任务的完成。

## 四、动作示范的基本要求

动作示范是体育教学中的重要方法之一，是实现高效课堂的重要途径。动作示范可以激发学生的学习兴趣，快速形成鲜明的动作概念，增强学生学习的自信心，有助于学生对动作技术的理解和掌握。在选择动作示范教学时，应注意以下几个方面。

### （一）示范要有目的性

体育教师要全面掌握课程的教学大纲和教学计划，根据教材合理地安排教学内容，针对每单元的教学任务要充分做好准备。全面了解每位学生的身体状况，针对不同学生的身体素质水平，合理安排对应的教学内容和动作技术难度——身体素质好的同学，可以适当增加难度系数；素质相对较差的同学则应有所降低，对其多些鼓励。教师示范前须明确所要达成的目标，示范什么、怎样示范要有明确要求。教师要根据教材的重点和难点进行重点示范，动作和关键环节应尽量放慢示范速度，对规范完成动作的学生给予表扬，增强他们的自信心，从而提高学生课堂学习的积极性。

### （二）示范动作要正确

体育课堂教学不同于其他学科的教学，在教学过程中，准确的示范动作胜于理论上的讲解。动作技能学习是条件反射建立与巩固的过程。如果教师的示范动作不正确，会导致学生对动作概念产生错误理解，在练习的过程中形成错误的动作，影响体育运动的整体美感，降低学生学习体育的兴趣；反之，正确示范会给学生留下深刻的印象，激发学习的兴趣，调动学习的积极性。

### （三）示范要与讲解相结合

教师正确示范，能够给学生直观的、形象的感性认识。动作示范与讲解相结合，可以将形象思维与抽象思维紧密地结合起来，使学生对技术动作建立起完整、正确的概念，帮助学生进一步理解动作要领与技术原理。体育教师在教学过程中，应根据实际情况正确运用示范，使学生既有直观感受又有理性思考，从而产生良好的效果，提高教学质量。如武术套路练习，教师在示范的同时进行讲解，学生跟随示范一起模仿练习。采用这种学习方式，学生更容易理解并掌握教师所传授的动作技能内容，更易达到教学的目的。

### （四）示范的位置和方向

体育教学过程中的动作示范主要是为了让学生观察，进而模仿、学习，所以示范的位置和方向直接影响教学效果。一般来说，示范位置的选择要根据队列队形、教学内容、动作性质和安全要求而定，要尽可能让学生都能看清楚。示范前，还应注意分析动作的结构和要求，选择不同的示范“面”。显示前后方向动作的可采用侧面示范，如向前踢腿，要求上体正直，支撑腿和摆动腿都要伸直，这时运用侧面示范，学生就看得更清楚；显示左右方向动作的可用正面示范，如篮球的左右滑步移动教学内容。

### （五）示范的次数应适当

教师示范动作的次数要根据教学内容的难易而定，一般来说，技术难度不大的动作示范次数要少些，而动作技术复杂或单次示范某个动作不能完全展示它的全部过程时，则可以适当增加示范次数。如学生进行“原地跳起投篮”动作技术学习时，在空中不能很好地完成伸臂压腕拨指动作，此时，教师可以连续多次跳起投篮，并配合讲解，让学生看清楚教师的动作，以便于学生对动作技术的学习。

### （六）示范要正误对比

正确示范是严格按动作技术的规格要求完成的，以保证学生建立正确的动作表象；错误示范则针对出现的错误动作进行演示，让学生明白动作错误的外部特征。体育教学过程中进行动作正误对比，可引导学生对正误动作作出比较和鉴别，强化对正确动作的理解，有利于强化或改进动作。例如，学习武术“弓步冲拳”的动作时，由于学生对技术概念理解不正确，容易出现砸拳、拳面不平、握拳不紧、耸肩、斜身、弓背等错误，此时，教师可以采用分解练习法分别演示冲拳的正误动作，提醒学生注意可能会出现错误的动作，在自己完成动作时注意留心观察、提醒自己。

**【案例赏析】**

某中学教师按教学大纲要求，给初中一年级的学生讲授“三步上篮（行进间投篮）”动作内容时，先做了两个正确的三步上篮动作示范，轻松准确地将篮球送进了篮筐，赢得了同学们一阵掌声。示范后，教师并没有对三步上篮动作进行讲解，而是问学生：“哪位同学能把老师刚才的动作做一次？”其中一位同学站出来说：“老师，我可以！”教师让这位同学出来示范，该生双手抱球向前冲了三步后将球向上扔去，球没有进。教师鼓励同学说，“没关系，老师再做示范动作时，你仔细观察”。于是，教师首先做了一个“一小、二大、三前冲”错误的三步上篮动作，做完后，教师提示学生仔细观看下一个动作，接着教师做了一个明显的“一大、二小、三高跳”的动作。教师发问：“同学们，大家比较下刚才老师示范的两个三步上篮动作，哪个动作更有利于投篮？”大部分同学说是第二个动作，也有个别学生说是第一个动作。此时，教师对这两个动作进行分析比较，最后明确地告诉学生三步上篮的动作要领是“一大、二小、三高跳”。讲解后，教师又进行了一次正确的动作示范，同学们这时理解了动作要领，纷纷跃跃欲试，开始了正确的三步上篮练习。

上述案例中，教师教学过程中将正确和错误的三步上篮分别进行了演示，很好地运用了对比示范，教学效果明显。通过对比示范教学，教师准确、熟练、轻快、优美、大方的三步上篮动作，激发了学生学习体育技术动作的兴趣。同时可以让学生直观清晰地认识到错误动作与规范动作的差异，有效地避免了错误的动作，提高了学生分析问题、解决问题的能力，使其能够更快地学会并掌握动作技术，顺利达成教学目标。

## 第二节 语言表达能力

### 一、语言表达能力的内涵

语言表达能力是指在口头语言及书面语言的过程中运用字、词、句、段的能力，二者均以语言为基础媒介。语言表达能力具体指用词准确，语意明白，结构妥帖，语句简洁，文理贯通，语言平实，合乎规范，能把客观概念表述得清晰、准确、连贯、得体，没有语病。

## 二、体育教学语言表达能力的概念

体育教学语言表达能力是指在体育教学的过程中，体育教师运用语言向学生传递信息的表现形式。体育教学语言表达能力是沟通能力的体现，语言表达能力对于体育课堂的作用是直接的。体育教学过程中向学生传授动作名称、作用、要领、做法及要求都是以语言为基础的。同时教师要完成教学任务、实现教学目标，教学语言也是一个重要手段，语言流畅是体育教师最基本的素质，体育教师准确的教学语言是顺利完成教学任务的关键。体育教学语言应通过朴素、简练、易懂、明快、严谨的语言，清楚地将教学内容表达出来。体育教学过程中明确清晰地讲解、指示动作，对于启发学生的思维、加速学生对于技术动作的掌握及达成教学目标有着重要的作用。

## 三、体育教学语言的分类

体育教学中的语言是一种特殊的交际语言，对教学效果具有重要的意义。体育教师的教学语言包括专业术语、口头语言、肢体语言、口哨语言等语言形式。

### （一）专业术语

体育课是一门使学生掌握体育与健康基础知识、基本技术和技能，具有很强专业性的课程。每项运动项目都有定义、原理和技战术，不同的运动项目之间有技术的差异。运动项目的专业术语体现了这个运动项目的特征，譬如田径项目中的起跑、助跑、加速、踏跳、腾空等术语，球类项目中的运球、射门、垫球、发球、投篮等术语，武术项目中的冲拳、贯拳、劈掌等术语，技巧项目中的团身、滚动、转体等术语。

### （二）口头语言

口头语言是指由音和义结合而成，以说和听为传播方式的有声语言，包括教师的讲解、口令、提示等。通过有声语言向学生传递信息，是教学中应用最广泛的一种形式。一般而言，体育教学传授动作技能时，口头语言表达应简明扼要。

在练习动作技能的过程中，教师需要多使用鼓励性的语言来提高学生学习的积极性。

### （三）肢体语言

肢体语言又称身体语言，是指经由身体的各种动作，代替语言达到表情达意的沟通目的。广义上，肢体语言也包括面部表情；狭义上，肢体语言只包括身体与四肢所表达的意义。肢体语言是体育教师教学时运用较多的一种传递信息的形式。教师通过各种手势、动作示范、面部表情、眼神等肢体语言来传递信息，让学生建立直观、清晰、明确的动作方式和路径，通过模仿形成动作的表象，形成正确的动作概念。教师正确的动作示范将理论知识转化为动作实践，这种肢体语言达到的教学效果是任何口头语言讲解都无法达到的。它不仅用身体动作形象直观地达到了讲解、分析动作的教学目的，而且可以吸引学生的注意力，激发学生的学习兴趣，对提高教学质量起着重要作用。

### （四）口哨语言

口哨是符号传播工具，是一种特殊的语言形式，体育教学中的口哨语言借助工具——哨子完成，是体育教学所使用的专业性语言，口哨声音的高低、音量、音节的变换形成了特殊的声音信号，同样可以传达教师的指令，一般和口头语言配合使用，在某些情况下，还可以代替口头语言。体育课的运动场地空间很大，口头语言可能听不见，肢体动作可能看不清，而口哨声音却能传递得很远。所以，体育课中教师合理运用口哨语言，可以更好地发挥教师的主导作用，调动学生课堂的积极性、主动性，增强学生对各种信息的条件反射，提高学生的注意力，加快组织教学进程，提高教学效果，减轻教师的声带发音负担，降低教师工作强度。

## 四、体育教师使用教学语言的原则

### （一）规范性原则

语言规范是指使用某种语言的人所应共同遵守的语音、词汇、语法、书写等方面的标准和典范。体育课堂教学语言的表达一定要规范，要树立规范语言的意识。教学语言的不规范会容易导致学生误解，影响教学质量，增加教学的风险。体育教师的教学语言应该使用普通话，应该用词严谨、生动形象、言简意赅、干净利落，使用体育专业术语要规范。

### （二）科学性原则

体育课程有明确的教学目的，而教学目的的实现很大程度上依赖教师讲授的科学性和逻辑性。体育教师的语言必须具有严密的科学性，语言的使用要准确，不允许使用违背科学的语句。体育教师应认真思考传授技术项目时的语言表达，教学过程中对于技术要领要充分地设计，确保在运动技术教学过程中语言的科学性。在讲解动作要领时，要抓住体育动作的关键，以层层深入地讲解达到教学目的。进行体育动作分解教学和完整教学的时候应该以肢体语言为主，配以口头语言讲解，使学生能够受到感染并积极互动，体会动作的要领。

### （三）教育性原则

教育的目的是教书育人，在课堂教学中，体育教师教学语言应该具有教育性。学生在进行运作技能练习的过程中，教师应该对学生练习的动作进行指导和纠错，对学生完成的动作进行评价，指出“好”与“不好”之处，同时对出现错误的动作进行纠正，引导学生改正错误，规范动作。

### （四）引导性原则

引导性原则是指在教学活动中，体育教师应以各种方式引导学生自主探究、自主发现，引导学生实现学习方式的转变，改变被动接受的习惯。在运动技能实践教学过程中，通过观察、分析和思考，让学生自己发现、自己总结。在互动环节，教师可以对动作要领进行启发性引导，比如提问“原地单手肩上投篮技术动作要领应该是准备动作，然后……”让学生加深对动作的印象，巩固所学知识。

### （五）激励性原则

体育教师在课堂上要善于运用科学、恰当、富有情感的激励性语言来鼓励学生，增强学生的学习动力，帮助学生树立勇于向前的信心和决心。教师要多使用鼓励性和建设性的话语，少用批评性的话语，不用讽刺性的话语。体育教师用洪亮、浑厚的声音，雄壮有力、富于激情地运用鼓励性语言，容易引起学生的注意力，从而增强学生学习的内在驱动力，促进学生对知识和运动技能的掌握，提高他们的自信心和进取心。

### （六）针对性原则

体育教师应该针对不同学生的能力、兴趣、性格等方面的差异，使用不同的教学语言。因此，教师在指导学生技能练习时，要有针对性地用不同教学语言进行教学。对于技能掌握得好的学生，应该对其提出更高的要求，稍差的学生应该给予鼓励，从而达到教学目标。此外，男女生之间具有不同的生理、心理特点，教师必须根据学生的实际情况，选择合适的表达方式。一般来说，对于男生的语言应该简洁、严谨，对于女生则应多一些鼓励和耐心。

### （七）直观性原则

体育教学过程中，体育教师主要用肢体示范语言完成教学任务，直观性是体育教学的一条重要原则。直观性教学引导学生直接感知事物，使学生获得感性认识和直接经验，形成生动的表象，从而掌握科学的体育知识、技能。体育教师正确的肢体动作、示范语言将运动技术的理论转化为运动实践，促使抽象概念与具体形象结合，这种形象、直观的肢体语言形式，有助于学生掌握运动技术动作，缩短教学进程，更易达到教学效果。所以，肢体示范语言是一名合格体育教师的基本要求。

### （八）果断性原则

体育教师是体育教学活动的设计者、主导者。体育口令有别于其他学科的教学语言，简练的口令是保证体育课堂高效、高质量的重要手段。体育课场地空旷，设备器材多，存在安全隐患。在发出开始或结束动作练习、动作的练习顺序和运动注意事项指令时，体育教师的口令必须果断、精准、清晰、简洁、洪亮，再配以相应的哨音，使学生听到口令时马上执行相应指令。如果口令模棱两可、犹豫不决，或者学生不听从指挥，则有可能发生体育运动安全事故。所以，体育教学过程中使用果断的语言是一种保证教学安全、提高效率与质量的重要手段。

### （九）艺术性原则

体育教学语言要讲究艺术性，具有艺术性的体育教学可以让学生面对练习难度大的运动技能时不畏难、不退缩。体育教学过程中，有些动作难度较大、较复杂，如果教师的言语丰富幽默，选用贴切、有趣的比喻，用艺术语言，化抽象为具体，让学生置身于生动活泼的语言环境和氛围之中，给学生联想和启示，学生就会心情愉悦，从而提高学习兴趣，更容易掌握运动技能。教学过程中的语言艺术性，是对体育教师的进阶要求，需要教师不断提高自身的文化修养才能做到。

## 五、体育教师提高教学语言表达能力的路径

### （一）提高体育教师的肢体示范语言认知能力

体育教学的肢体示范语言是有别于其他学科的语言，体育教师的肢体语言应树立科学指导观。体育教师要扎实掌握体育专业知识，保持良好的身体素质。在体育教学设计和实践过程中，体育教师要因时空不同、对象不同灵活选择适合教学风格的肢体示范语言。因此，体育教师需要提升自身的肢体示范语言认知能力。

### （二）强化体育教师的专业知识水平与语言素养

体育教师在体育课堂中的语言表达跟自身的知识水平与语言素养有很大的关系。教师各类课程培训中，较少涉及体育教师语言培训的内容。因此，体育教师入职前后都有必要参加体育教师身体语言培训课程。体育教师不仅要阅读与体育专业有关的书籍，还要扩充自己的知识面，多阅读锻炼口才的方法类书籍，从而

提高自身的专业知识水平与语言素养，更好地在课堂教学中把自身具备的专业知识水平表达出来，让学生能够更好地接受所学内容。

### （三）注重体育教学语言的反思与积累

体育教师应该对每堂体育课都进行一个系统的回顾，思考这堂课在体育教学语言中的不足之处。思考应该用什么教学语言去解决教学过程中的不足，在思考的过程中，加深对教学语言的理解，积累经验，从而提高教学语言水平。

### （四）学校与教育部门要重视体育教学语言

体育教学语言作为体育课堂教学的重点在一定程度上影响着学生的体育学习，所以，体育教师在重视体育教学语言使用的同时，学校与教育部门要制定相关的体育教学语言规范，在体育教学评价中，明确语言运用的评价指标，实现以评促教，从而增强体育教师教学语言运用意识。

**【案例赏析】**

（一）激励性的语言

乒乓球，被称为中国的“国球”，是一种世界流行的球类体育项目，上乒乓球课时，教师对学生讲述“乒乓外交”的故事：

“乒乓球是体育运动球类项目中最小的球，我们敬爱的周恩来总理曾经评价它“小球转动地球”。1971 年 4 月，“小球推动大球”的“乒乓外交”开启了中美关系正常化的历史进程。这样的外交佳话，展示了体育无穷的魅力，奠定了乒乓球作为我国国球的基础。乒乓球是我国国际赛场上一颗最灿烂的明珠。乒乓球运动是一项集健身、竞技和娱乐于一体的运动，从今天起我们开始上乒乓球课。

这样的课前语言能够激发学生的兴趣，从而提高学生的课堂积极性。

（二）简洁、形象的语言

“鱼跃前滚翻”练习可以提高协调性、灵敏度、柔韧性，促进学生身体素质全面发展。“鱼跃前滚翻”从半蹲开始，两腿用力蹬地，两臂前摆身体向前跃起，身体腾空，接着两臂撑垫顺势屈臂，低头做团身前滚翻起立。讲解“鱼跃前滚翻”技术要领时，可以用口诀：一蹬二撑三低头，团身滚动像皮球。这样的教学语言既能促进学生的思维，又简明扼要，生动形象，便于学生更好地学习和掌握，培养学生发现、分析、解决问题的自学能力。

（三）规范性的语言

体育教学中使用的口令应内容明确、语言简练，同时必须具有规范性，不可自行杜撰、改编。例如，做广播体操运动时，每个人都要有足够的空间来伸展，体育教师发布口令："前排两臂侧平举，后排两臂前平举，向前看齐！""两臂侧平举"和"两臂前平举"不能喊成"两手侧平举，两手前平举"。所以，在体育教学中要注意口令的规范性。

## 第三节　保护与帮助的能力

体育教学过程是身心一元、身心统一的实践过程，包括身体活动、心理活动和认识活动。体育教学是在活动中进行的，以身体练习为主要手段，促进学生身心健康。体育教学过程中带有一定的危险性，有时难免会发生一些伤害事故。完成体育教学的基本前提是安全，减少、避免体育教学中伤害事故的发生，是教师、学生都应该注意的问题。教学过程中的保护与帮助则是确保学生运动安全的强有力措施。提高体育教师的保护与帮助技能，可以减少伤害事故发生，有效地保护与帮助体育教学的顺利进行。

### 一、体育教学保护与帮助技能的定义

体育教师的保护与帮助包含两个方面内容：其一是体育教师的保护技能，该技能又包含体育教师的保护技能、学生之间的保护技能和学生自我保护技能。因此，保护与帮助技能是体育教师传授学生利用外物对自我或他人进行保护，教师利用各种手段对学生进行帮助，在确保安全的情况下顺利完成动作的过程中表现出来的一种较为熟练教学行为方式。

### 二、体育教学保护与帮助的常见种类

保护是指教师在教学过程中保护好学生的人身安全，防止练习中出现意外事故而采取的安全措施。帮助是给予练习者助力、信号或放置标志物和限制物等，使其

更快地建立正确的动作概念，更好地掌握动作要领，改进和提高动作技术的措施。保护与帮助是相辅相成的，同时作用于练习者，保护中有帮助，帮助中有保护。

### （一）保护的分类

保护可分为自我保护、他人保护、利用外物保护和利用环境保护，共四类。

#### 1. 自我保护

自我保护是指练习者为防止由于技术不正确或意外而发生危险，自行运用特定的技巧摆脱危险的运动保护。自我保护是人的本能行为，自我保护主要体现在练习者自我的意识控制上。练习者运用自我保护时要保持思维敏捷冷静，采取行动要迅速。

#### 2. 他人保护

他人保护是指辅助人员在练习者因动作不熟悉或其他原因而可能出现危险而及时采用的安全措施，维护练习者安全的一种方法。他人保护首先是教师的保护，其次是同伴之间的保护。保护者应根据项目的特点和动作的结构，处于合适的位置，自始至终仔细地观察练习者完成动作的情况，做好保护的准备。他人保护的方法很多，如接、拉、抱、挡、拨等。其目的是改变练习者的动作方向与受力程度。他人保护对于提高练习者技术水平以及减轻心理压力有重要作用。

#### 3. 利用外物保护

利用外物保护是指练习者在练习中充分利用外部资源进行保护。如运用海绵垫、海绵包、草包、沙坑及护掌、护腕套带、护腰带等专门护具对练习者进行有效保护。其主要的目的是依靠外物缓冲外力对身体的冲击，并消除畏惧心理，防止伤害事故发生。

#### 4. 利用环境保护

教师有意识地给练习者营造舒适的练习环境，在一定程度上帮助其更好地完成教学任务的方法叫作环境保护。教师要营造积极的练习气氛，对场地的灯光、亮度、场地设备、器械进行合理布局，减少不必要的安全隐患。加强师生之间和同学之间的信任感，形成团结互助的氛围，确保课堂教学安全顺利进行。

### （二）帮助的分类

帮助可分为直接帮助、间接帮助、利用外物帮助三类。

#### 1. 直接帮助

直接帮助是指帮助者直接助力于练习者，运用托、按、接、推、扶、挡、顶、拉等手法，帮助练习者完成动作。其主要目的是给予练习者在练习过程中身体某些部位力量，帮助他们完成动作。直接帮助是一种最基本、最简便、最常用的帮助方法。在实际运用中要注意其专业性、针对性、特殊性，不宜盲目地运用帮助手法，否则会适得其反。

#### 2. 间接帮助

间接帮助是指帮助者不直接给予练习者助力，而是通过信号、标志物和限制物等手段提醒练习者而给予帮助，是使练习者尽快地学会动作和提高动作质量的一种措施。有效的间接帮助，可以使练习者在训练中增强自信心，提高完成动作的质量。

信号包括语言、呼声和击掌，用于提示发力的时机、动作的节奏，利于练习者建立正确的时间概念。如帮助者发出“用力”“伸”“压”，或通过数数等信号，帮助练习者掌握用力时机和动作节奏。

标志物和限制物包括绳、旗、杆、球、手帕和其他醒目的物品，用于指明运动的方向、标志动作的幅度、限制动作的范围，利于练习者建立正确的空间概念。如进行俯卧式跳高时，在助跑的前上方吊标志物，以示摆动腿摆动、起跳腿用力蹬伸、跳离地面的时机。

#### 3. 利用外物帮助

利用外物帮助是指利用一些辅助器械或器具给予帮助，如利用护掌、护腕套带、护腰带、滑车及各式的桌凳和高台等。这些器械或器具可以最大限度地消除练习者的恐惧心理，增强完成动作的信心，减轻身体及精神上的负担，减少教学时间，提高教学质量，确保教学过程安全、可靠。需要注意的是，保护器材在使用前必须经过严格、细致的检查，在操作中，保护者要全神贯注。

## 三、体育教学保护与帮助的正确运用

保护与帮助是体育教学中经常运用的一种教学手段。其目的是在体育教学中保障练习者的人身安全，防止伤害事故发生，加快动作的学习过程，促进改进技术、提高教学质量和实现教学目标。因此，在体育教学过程中必须掌握保护与帮助的正确运用方法。

### （一）合理选择保护与帮助的站位

站位对于实施保护与帮助尤其重要，不同的站位会产生不一样的保护与帮助的效果。站位是指保护帮助者所站的位置。一般而言，站位应选择容易发生伤害或便于实施保护与帮助的位置附近，具体站位要参考练习项目的特点及具体动作。在进行器械体操项目的练习中，练习者的握点或支撑点最容易因握力或支撑力量不足而松脱，因此，保护帮助者应站在练习者的侧方或侧后方；在进行撑杆跳高项目练习时，练习者容易因起跳力量或支撑力量不足而无法完成动作，或落地时身体失去平衡摔倒，此时保护者应站在起跳点和落地点的侧方，帮助练习者顺利完成动作并安全落地；在进行技巧项目滚翻、手翻等动作练习时，一般来说，做向前动作时，保护者应站于练习者前侧方；做向后动作时，保护者应站于练习者后侧方。

### （二）合理选择保护与帮助的时机

在实施保护与帮助的过程中，掌握好保护与帮助的时机，是保护与帮助获得实效的关键，也是保护与帮助的技巧所在。时机恰当才能充分起到保护与帮助作用，如果时机不恰当，过早或过晚的助力不但没有效果，而且会影响练习者完成动作，导致动作失误，甚至造成人为的运动损伤。因此，保护与帮助的助力时机必须适合动作技术的要求及练习者对动作的掌握程度，以便练习者形成正确的动作概念。所以，只有保护与帮助者掌握恰到好处的助力时机，才能充分发挥保护与帮助的作用。

### （三）保护与帮助的部位要正确

保护与帮助的部位是指保护帮助者助力于练习者身体上的作用点。正确的保护与帮助应助力于最能发挥助力效应的位置，此位置应根据项目特点及具体动作的结构而确定。一般而言，主要的助力作用点均在人体总重心附近或运动轴两侧的身体重心附近。保护与帮助的重点是身体的要害部位和最易受伤的部位，如头颈部和腰背部，要避免头部直接着地和直臂手撑地。

### （四）保护与帮助的力量要适度

保护与帮助的力量是指助力的大小。在教学过程中，助力的大小必须根据学习的内容、动作难度及练习者的技术水平、身体素质而定。一般情况下，在初学阶段的助力应大些，随着练习者动作技能的提高，逐渐减小助力，直至最后独立、安全完成动作。对于技术水平较差、身体素质较弱者、体重相对较重的练习者的助力要相应加大。总之，助力要根据实际情况而定，帮助练习者掌握动作技术。

## 四、体育教学对保护与帮助者的要求

为维护练习者的身心健康，提高学习效率，高质量地独立完成所授动作，保护与帮助者在实践中还应注意以下几点。

### （一）掌握各种保护与帮助的方法

每个体育项目都有各自的特点，同一项目不同的教学阶段内容也不一样，因此，相对应的保护与帮助各不相同。体育教师不仅要熟悉体育运动项目的保护与帮助的方法，也要针对不同的教学阶段、教学内容，掌握不同的保护与帮助方法。保护与帮助是一种体育教学的基本技能，培养保护与帮助的能力也要坚持实践与总结相结合，从不会到会，从生疏到熟练的学习原则，只有这样才能使保护与帮助真正地运用到体育教学中。

### （二）具有高度的责任感

保护与帮助不仅是体育教学中有效的教学手段，还是维护练习者身心健康和预防运动损伤的有力措施。因此，保护帮助者对体育教学中的保护与帮助要有正确的认识。在保护与帮助实践工作中，要树立强烈的责任感和掌握过硬的保护知识，在体育教学中时刻保持高度的思想集中、耐心细致、任劳任怨的工作作风。时刻注意练习者的动作完成情况，一旦出现危险，保护帮助者应全力以赴给予练习者及时的救护，确保练习者的人身安全。

### （三）了解练习者的特点，做到针对性保护

了解练习者的具体情况是进行针对性保护与帮助的前提。在运用保护与帮助时，保护与帮助者要根据练习者的身体素质和动作练习时的不同特点，采用不同情况不同对待的方法。保护与帮助者要了解练习者的动作技术掌握水平；要了解练习者的性别、年龄、体质、身体状况、心理和思想状态等情况，予以针对性保护，灵活运用保护方法。保护与帮助者要做到与练习者之间的密切配合，只有这样才能真正提高保护与帮助的效果，避免伤害事故的发生。不同的保护与帮助对练习者产生的影响是不一样的，在教学过程中要不断总结与反思各种保护与帮助措施、手段、方式的实施经验与教训，提高保护与帮助水平，最大限度减少运动损伤。

### （四）熟悉动作技术

保护与帮助者要熟悉每个动作技术特点及技术要求，抓住重点环节，只有这样才能确定保护与帮助的站位、部位、时机、助力的大小和方向等。只有熟悉动作技术和掌握其一般规律，时刻做到心中有数，才能及时发现练习者的异常情况，并及时给予保护与帮助，确保练习者的人身安全。

### （五）掌握相关科学基础理论知识

保护与帮助者要掌握一定的运动解剖学、运动生理学和体育保健学等学科的基础理论知识并应用于实践中，要始终保持勇敢、冷静、担当的品质，当出现意

外情况时尽量做到从容应对，采用正确的措施及时帮助练习者脱离危险。教会练习者掌握互相帮助和自我保护的方法，培养其团结协作的精神。

## 五、体育教学培养保护与帮助技能的意义

### （一）提高体育教师的教学安全意识

保护与帮助作为体育教师进行体育教学与训练的基本技能之一，也是对练习者进行安全教育的重要内容。练习者在学习某一运动技能的过程中，尤其是学习难度大的动作内容时，特别需要教师的保护与帮助。保护与帮助的目的在于确保练习的安全性及给予练习者助力，由此消除因困难带来的心理紧张感。在教师的保护与帮助下，练习者更易顺利完成各个动作练习。所以，体育教师的保护与帮助是十分必要的。

### （二）增强练习者运动安全防范意识

练习者在学习初期较多地依赖教师的保护与帮助，但随着逐步掌握练习内容，会逐渐减少对教师保护与帮助的需求，最终独立完成运动练习，因此，练习者在练习运动技能的过程中，要把外在的教师保护转变成内在的自我保护，尽快掌握保护与帮助的方法，并将自我保护运用到教育实践课堂中，保护与帮助其他练习者，加强练习者运动过程中的安全意识，避免运动伤害的发生。

### （三）有利于提高练习的效率

练习者在运动学习的初期，对所学运动技能的理解不够、动作要领不熟，容易动作不协调，甚至是做出错误的动作。在此情况下，教师如果没有给予指导与保护帮助，那么学习效果就会不明显；相反，如果教师给予学生及时、正确的指导、保护与帮助，便能够促进他们体会动作要领，提高练习者的动作完成质量，帮助练习者建立属于个人的基础动作概念体系，从而提高练习的效果。通过保护与帮助消除练习过程的紧张心理以及给予练习者技术的力量，能缩短教学进程，顺利完成教学任务，提高练习者练习的效率。

### （四）有利于培养团结互助的品质

在体育教学过程中练习者之间的相互保护，不仅能够培养帮助与保护的技能，更重要的是培养团队精神。在保护与帮助的实践课堂过程中，练习者提高了观察能力、分析能力和纠正错误的能力，同时增进彼此的信任和团结精神，也培养了自己的责任感。保护与帮助有助于培养练习者之间相互关心、相互帮助、团结友爱的良好作风与品质，增强练习者的集体主义精神。

**【案例赏析】**

“跳上成正撑——前翻下动作”是小学高年级体育课低单杠的教学内容，该动作以发展学生悬垂和支撑能力的练习为基础，提高学生身体灵敏度、协调性和身体平衡控制能力。培养学生团结协作的精神、认真负责的态度和勇于挑战自我的意志品质。此教学内容应在掌握了低单杠简单动作和技巧前滚翻动作基础上学习，整套动作包括各种上法、摆动、屈伸、转体、腾越和下法等。由于翻转使身体处于倒置体位，不易控制身体平衡，需要学生有一定的力量素质，学生完成此动作有一定的难度，同时也有一定的危险性。因此，有的学校体育课会避开此项内容的教学。

**分析：**

站位：站立于杠前学生侧面。

作用点：学生的肩背部、腰腿部。

手法：托、扶。

用力：顺势借惯性用力。

方法：练习者进行前翻时，保护与帮助者一只手掌托练习者肩背部，翻转至接近垂直面时，另一只手托练习者腰部或者腿部，帮助其下落。助力的大小要适当，要避免头部直接着地和直臂手撑地。

效果：学生进行练习，在保护与帮助下完成“跳上成正撑——前翻下动作”的动作技术。由于单杠的支撑面窄，杠面滑，做前翻转体下杠时有恐惧心理，所以必须加强保护与帮助，确保学生安全。通过保护帮助学生消除恐惧感，使其克服困难，增强信心，增强练习的效率，达成教学目标。

# 第四节　发现与纠正学生错误动作的能力

运动实践是体育课程教学的重要组成部分，也是培养学生运动能力的前提。在体育教学过程中，特别是运动技术教学过程中，学生在学习动作技能时难免会产生错误动作，教师必须及时发现，分析其产生的原因，采取有效的方法纠正和预防学生的错误动作，否则容易形成错误的动力定型，错误动作一旦形成，纠正起来往往比学习新技术动作还困难，会直接影响正确技术的掌握与技能的提高，甚至造成运动损伤。

错误动作是一种表面现象，对于不同的学生，即使是同一错误动作现象，其原因可能是不同的；同一原因，其现象也可能是不同的。因此，对待教学过程中学生出现的错误动作，教师应认真正确分析原因，在关注学生体育运动能力差异的基础上，要根据学生的年龄特点、认知水平差异针对性教学，根据不同的原因采用不同的纠错方法，从而有效提高教学效果。

## 一、发现与纠正学生错误动作能力的含义

发现与纠正学生错误动作能力是指教师发现学生练习中产生错误的原因，针对性地选择有效的手段预防或及时纠正错误的能力。发现与纠正错误动作能力包含两个方面的内容：一是动作诊断技能，二是纠正错误动作技能。这两个方面的技能具有一定关联性，前者是基础，只有准确判断，才能对症下药；后者是关键，诊断准确但没有方法与手段也难以达到预期的教学效果。动作诊断及纠错辅导是反映体育教师专业化水平的一个重要指标。

## 二、提高发现与纠正学生错误动作能力的途径

### （一）加深对教材的分析理解

根据教学内容的特点，有计划、有目的地进行指导设计，并适时主动进行指导，要明确“什么时候指导，指导什么”。也就是说，要有意识地关注学生动作技能的掌握情况，对学生可能出现的错误动作预判。教师对教材中的技术结构、

动作重难点等了解得越充分，指导学生就越得心应手，要深入细致地研学教材，正确全面地把握技术动作结构，把对技术动作的感性认识提升到正确的科学认识。在实践中针对学生不同的错误动作，从形成的根源多分析、常纠正，不断促进教师纠正学生错误动作能力的提高。

### （二）提高自身的运动技术水平

进行诊断的基础是个人对该动作清楚的认识和丰富的运动体会。自身的运动经验越丰富，就越能设身处地地感知初学者的学习感受，在学习的不同阶段，给出具体的指导意见。教师在传授新技术动作时，必须讲清要领，能采用各种方法来提示动作步骤和要领，启发学生，使学生清楚概念和做法。伴以教师正确而清楚的示范，进行正误动作的对比，学生通过一定次数的练习后，才能掌握正确的技术动作。如果教师自身就对技术动作概念不清楚，示范不到位，学生就很难理解好、模仿好，难以形成正确的动作概念。所以，即将走入工作岗位的体育教师要加强自身运动技能的专业化发展，达到“一专多能”。

### （三）研究学情

学生不同的运动基础、身体素质、认知水平等都会影响技术的学习与掌握，有些错误动作的出现可能是因学生对技术要领（如用力顺序、方向、参与的环节等）认识不清，有些是由于某项身体素质的欠缺，还有些可能是所学的技术和所用的方法超出了该年龄段学生所能接受的范围，如要求一年级的学生学会运球，学生可能在拍球。错误动作的背后，隐含着许多原因，教师需要分析“病因”才能对症下药。

## 三、学生错误动作产生的原因

为了有效地预防和纠正错误，首先要分析产生错误的原因。通常情况下错误动作产生的原因是多种多样的，概括起来主要有以下几个方面。

### （一）对技术动作概念认知不清楚

学生在学习动作技术的过程中，因对一些技术细节、技术环节没有建立正确的认知，或片面地理解技术动作，会使练习时在技术细节上出现失误，从而造成错误动作的产生。全面掌握动作过程不同时间、空间的状态，身体或身体某一部分的用力方向、用力大小、用力顺序及强弱的相互配合，是迅速掌握动作技术的基础。如果对动作过程中动作顺序、身体用力部位、用力方法及控制等缺乏明确的概念，那么这个动作的学习就无法顺利完成，会出现错误动作。具体表现为用力顺序和方向不对、动作顺序颠倒、身体重心所处的位置及移动的路线错误等现象。学生因为概念不清楚而产生错误，只要及时发现和纠正，就能很快习得正确的动作技能。

### （二）学生身体素质基础不好

掌握体育技能，要求学生具有全面且良好的身体素质。如果学生身体素质较差，即便知道技术动作应该怎样做，也无法达到要求，在练习中会暴露出各种各样的错误。身体素质较差的学生，在练习中虽然出现的错误动作较多，但总体来说大多属于动作程度上的错误，即有动作的外形，却表现不出动作的实质，他们对概念有正确理解，知道应当怎样做，并且也尽力那样去做，一直达不到技术要求的程度，可能会使学生产生厌倦心理或畏惧心理而放弃练习。此类学生产生错误时，教师如果一味按照一般学生的标准教学和要求他们，是难以达到目的的。身体素质无法在某一项目的有限课时中迅速提高，所以纠错效果较缓慢。对待这类学生，可以使用增减小难度法。

### （三）学生心理障碍

在教学中，学生对某一些运动项目产生紧张或恐惧心理，也会导致错误动作的产生。这种心理产生的原因是多方面的，既有学生自身的原因，也有教师的教学方法不当的问题，还受到教学环境的影响。教师的言行、课堂组织、客观条件不当，学生曾经有过受伤经历或见到过同伴受伤等，都可能会引起学生紧张或恐惧，导致在练习中产生错误动作。如教师过分夸大技术动作的复杂性及危险性，教师示范动作失误，场地器材检查不细，从而产生伤害事故等，都会使学生产生紧张和恐惧心理，在这种情况下，学生即便概念清楚，身体素质较好，也会因害怕伤害事故发生，而在练习中产生错误动作。有的学生在练习时，为了避免滑、绊、碰，从而不能正确完成技术动作；有的学生已经掌握了的动作，但在遭受了伤害后突然做不出正确的动作；还有的学生是看到同学在练习时出现过伤害事故，为避免受伤也随之出现错误动作；等等。在教学中要尽量消除学生的紧张心理和恐惧心理，创建愉悦的教学环境，营造宽松、愉快、和谐的课堂气氛，同时也要严格课堂纪律，做好安全保护措施，仔细检查场地器材。

## 四、发现与纠正学生错误动作的有效方法

学生在学习运动技能的过程中往往会出现多余的或错误的动作，教师要认真观察和分析错误动作产生的原因，结合学生已经掌握的体育基本知识，用理论进行分析，指出存在的错误，然后进行纠正。总之，错误动作在学校体育教学中是不可避免的，教师应该做好充分准备，将有效纠错视为体育教学的艺术。以下各种纠错方法是相互联系、相辅相成的，教师要认真钻研，善于观察发现学生的错误，循循善诱，根据教学需求，灵活地搭配使用，做到对症下药，以期收获良好的效果。

### （一）讲解法

在动作学习的初期阶段，学生常在练习中遗忘或不清楚动作方法，此时教师可以采用语言提示动作要点来引导学生，用生动而准确的描述性语言和手势帮助学生明确动作的顺序、要领，不断使学生建立正确的动作概念，帮助与指导学生顺利完成动作。教师对动作的讲解要抓住重点，语言要简洁、准确，使学生清楚地了解动作的结构、规格、要领、动作过程和完成的方法。若能运用口诀教学则效果更好，例如在篮球项目行进间上篮的动作学习中，学生出现错误的脚步动作时，教师利用口诀“一大、二小、三起跳”来提示要领，并进行重点环节的强化练习，这样的纠错就会变得游刃有余。

### （二）示范法

示范是运动技术教学中最常用的直观教学法。当学生在练习过程中出现错误时，教师可采用示范法，将准确、规范、优美的动作示范出来，给学生建立直观的概念，帮助学生分析出现错误的原因，使学生自觉模仿教师的示范动作，进行

自我纠错。正确的示范不但可以帮助学生建立正确的动作表象，还能激发学生的学习热情，产生尝试的冲动，起到激励的作用。

### （三）对比法

学生因不理解动作性质和作用而出现错误时，教师可以通过正误动作示范对比的方法，让学生清楚正误动作的不同之处，通过观察比较正确与错误动作间的区别与联系，促使学生及时纠错。正确动作与错误动作的区分是条件反射的分化过程，教师示范正确动作可以起强化作用，示范错误动作可以分化正确与错误，从而抑制错误动作的产生，加速分化作用，形成正确的技能动作。例如，在投掷动作学习中，最后用力阶段如果没有左侧支撑（髋部挺不出去），就会降低球出手的高度与远度。教师可以采用示范错误动作的方法，帮助学生认识自己的错误，再通过正确与错误动作对比分析达到纠正错误的目的。

### （四）难度增减法

对于身体素质较差的学生，可在不改变动作结构的情况下，降低器械的难度或动作要求，让学生在有效的运动过程中深化理解感悟，在保护与帮助等学习环境、练习条件下体会完整动作，以纠正错误动作。如练习前滚翻时，针对学生不能抱紧团身的问题，教师可有意识地设置一定坡度的斜坡，让学生借助斜坡向上翻滚促使正确团身动作的形成；在跳高时可通过降低横杆的高度和改变助跑形式，最大限度地开发学生的潜能，增强学生的学习信心，同时在容易犯错误的地方降低难度并反复训练，从而提高运动技术水平。

### （五）自我暗示法

针对易出现错误的技术动作，要求学生在做动作前默念整个动作过程、某个部分的要点或某些指示性的字句，此时学生虽然没有进行实际的练习，但从生理角度讲，这样做同样可以使这一动作技能的暂时联系接通，即接受了一次强化，可以促进动作技能的学习和巩固。如投篮时心里默念：抬肘，屈腕，手指拨球。这样做可以使学生加深对动作的理解，加强对动作的控制，纠正错误的动作。

### （六）图示法

在学生学习运动技术动作的过程中，教师的直观示范必不可少，但往往一些较为复杂的、连续的、快速的技术动作的直观效果不佳。面对这种情况，可利用多媒体设备，通过分解动作慢镜头、停镜、特写、重放等方式呈现，清晰地模拟演示出技术动作细节，让学生仔细地看清每个动作环节和肢体每处的运动轨迹与方式，增加学生对技术动作的直观体验，便于学生理解动作效用和含义。同时，还可将学生练习的视频或定格照片在大屏幕上播放，让学生回顾观看自己完成的技术动作是否准确，增强学生自主评价意识。

### （七）针对性教学法

教师要根据学生的年龄、性别、出现错误动作的性质与特点，采用具有针对性的纠错方法。为了节约时间，提高教学效果，对待共性的错误教师应采用集体纠正的方法；对待个别的、特殊的错误，教师应采用单独、逐一纠正的方法；而面对几个错误动作并存时，为防止学生无所适从，要逐一地进行纠正。

### （八）鼓励法

针对学生在学习动作时由于学习目的不明确、学习热情不高、积极性调动不起来，导致技术动作出现的错误，教师要善于发现学生的闪光点，及时给予表扬与鼓励，充分调动学生的学习热情，培养学生的学习兴趣，提高学生的学习积极性。学生由于怕危险而做不好动作时，教师可采用一些保护与帮助的方法来消除他们的心理障碍，让学生放心地体会动作要领，逐步纠正错误动作。

### （九）变换法

学生在学习难度较大的动作时，往往容易出现错误的动作，可以通过改变和简化动作，让学生将注意力集中到重点上来。如三级跳远中学生的第二跳腾不起来，教师应帮助学生分析产生错误的原因，抓住症结，使学生明确造成错误的原因是第一跳跳得过高，先要纠正第一跳的错误，也可以采用让学生“从跳箱上跨步跳下后向上跳起”的方法来纠正错误。

### （十）模仿法

当学生要学习的技术动作在时间和空间上变化较大，学生的身体基础较差时，可采用模仿动作的方法，让学生通过肌肉感受正确的动作要领。

## 五、发现与纠正学生错误动作时的注意事项

### （一）分析原因，以点带面

学习动作时，有部分学生会在各技术环节都出现错误动作，但是程度有轻有重。在纠正错误动作时，教师不能只看到动作表象，还必须认真分析错误动作产生的主要原因，找出原因后必须以最突出的错误为重点，并以此为突破口。解决了重点错误动作，其他与之有关的错误动作也可随之而改正。

### （二）抓住时机，针对特点

在学生学习动作技能的初期，大多数学生都有或多或少的错误动作。这个阶段纠正错误动作时，应尽量以集体形式进行，不要过多地单个或点名纠正，否则易打击学生学习的信心，使学生产生自卑消极情绪。

### （三）注意语言，激发想象

纠正错误动作应注意语言的运用，不能只简单地说出“这里不对，那里错了”，要根据学生的学习阶段，在适当的场合，用准确、形象的语言指出错误动作，起到提示学生的作用。实践证明，生动形象的语言能激发学生的想象，活跃思维，有助于错误动作的纠正。

### （四）针对个性，因材施教

在纠正学生错误时，要针对不同类型的学生、不同的心理特点，选择恰当的对话方式，往往能对学生改正错误起到很好的效果。如针对优等生的自信心理可采用提醒；针对傲慢学生的自傲心理可采用警示；针对后进生的自卑心理采用鼓励等方式。

**【案例赏析 1】**

**错误动作：**

学生跳绳时两肘关节过直，摇绳时甩臂的幅度过大。

**产生错误动作的原因分析：**

低年级学生的身体素质达不到跳绳的要求，手臂不灵活、手臂力量差是最主要的原因，同时不清楚摇绳用力部位。

**纠正错误动作的方法：**

体侧、体前练习：让学生在身体侧面、前面挥动折叠的绳子，进行训练，锻炼手腕力量，促进他们掌握正确的甩绳动作。

腋下夹纸练习：让学生在跳绳时在两侧腋下各夹一张纸，以防手臂挥动幅度过大，也可采用其他限制方法，如皮筋限制屈臂等。

语言提醒：学生对着同伴或者对着镜子进行摇绳练习，同伴或教师在旁及时提醒该学生的手臂幅度是否过大或过小，同时加以辅导。

**【案例赏析 2】**

**错误动作：**

乒乓球反手攻球时架肘、击球无力。

**产生错误动作的原因分析：**

初学者对反手攻球的动作要领理解不到位，不清楚发力部位，导致在反手攻球挥拍过程中，架肘击球，前臂被肘部吊起，力量无法释放，出现初学者常见的感受是“用力很大，但没有效果”。

**纠正错误动作的方法：**

在教师指导下，先进行徒手挥拍练习。要求肩膀放松，上臂自然下垂，前臂与上臂呈 90° 左右，手位于腹部前方，肘要位于前臂下方，高度不能超过前臂，然后手部向前上方甩出，反复练习动作。完成挥拍练习后，等整个手臂都处于放松状态，练习熟练后再拿拍进行击球练习。

# 第五节 保障教学安全的能力

## 一、学校体育教学安全的概念

安全是使人的身心健康免受外界因素影响的状态。学校体育教学安全是指在学校体育教学过程中人的身心免受外界（不利）因素影响的存在状态及其相关保障条件。可以从两个层次理解其含义：第一，学校体育教学安全的主体是人，要使人免受不安全因素的影响，保证人的身体健康、心理健康；第二，使人不受外界（不利）因素影响的保障条件及其存在状态，保障条件是保证人的身心健康的必要条件，只有具备良好的保障条件，人的身心健康才能得到保证。

学校体育教学安全能力是指在学校体育教学过程中，为了确保师生免受伤害，减少体育意外事故发生而必备的一种能力。保障学校体育教学安全的目的是在体育教学中努力控制不安全因素，使人的身心及其保障条件免受不安全因素的影响和干扰，促进人的身体健康、心理健康，保证保障条件，使学校体育教学顺利完成。学校体育教学安全状态是不断变化的，安全状态在一定条件下可以转化为不安全状态。如在某一时期内学校体育教学处于安全状态，但随着时间、环境的变化，学校体育教学的安全状态可转变为不安全状态。

## 二、学校体育教学安全的结构

学校体育教学安全包括人的安全状态、物的安全状态和管理的安全状态。

人的安全状态是指学校体育教学过程中人的身心免受外界不利因素影响的存在状态，也指人自身所具有的能够保证自身安全、他人安全、合理利用保障条件以及保证保障条件安全的能力，是学校体育教学安全中最高级的保障条件。人的安全状态主要包括安全认知、安全知识、安全情感、安全意志、安全行为和安全能力。

物的安全状态是指使人的身心免受外界不利因素影响的物质保障条件及其存在状态，物的安全状态是学校体育教学安全的物质基础，物的安全状态可以影响体育教学的进程，主要包括场地器材的安全状态、单位班级人数、同时上课班级、学生单位活动面积的状况等。

管理的安全状态是指使人的身心免受外界不利因素影响的管理保障条件及其存在状态，包括管理保障条件存在与否和管理保障条件的状态。管理的安全状态主要包括安全管理组织、安全制度建设、安全事故处理方法、安全教育培训、安全监督检查等。

人的安全状态、物的安全状态和管理的安全状态三者构成了学校体育教学安全，它们之间是相辅相成、缺一不可。人的安全状态是主体，是学校体育教学安全中人的因素，是学校体育教学安全的组织者、执行者和管理者。物和管理的安全是学校体育教学安全中非人的因素，只有物和管理安全才能保障人的安全。

## 三、学校体育教学安全的分类

### （一）按学校体育教学安全结构分类

按学校体育教学安全结构分类，其可分为人的安全、物的安全、管理的安全。

### （二）按体育课进程分类

按体育课进程分类，学校体育教学安全可分为课前安全、课中安全和课后安全。课前安全主要包括教师上课前的备课、学生预习等课前的准备。课中安全包括教学过程中，教师的指导、保护、纠正、组织及学生的练习等。课后安全包括课堂结束后进行放松、伤病治疗、营养、疲劳恢复等。

### （三）按事故的发展分类

按事故的发展分类，学校体育教学安全可分为预防性安全和处理性安全。预防性安全是指在教学全安事故发生以前，对有可能引发事故的因素进行分析、控制，尽可能避免事故的发生，保证学校体育教学安全进行。处理性安全是指安全事故发生后对伤病恢复采用的各种措施，如按摩、理疗、水疗、热敷、药物治疗等。

## 四、学校体育教学安全的影响因素

### （一）身体素质差

身体素质是人体在活动中所表现出来的力量、速度、耐力、灵敏、柔韧等机能。身体素质是一个人体质强弱的外在表现。身体素质的强弱与人体的运动能力、运动安全有密切关系。学生身体素质差、运动能力弱是影响学校体育教学安全的重要因素。体育运动需要具有一定的身体素质，而如果身体不能够承受体育运动的负荷，导致运动伤害，发生安全事故，就会影响学生的身心健康和学校体育教学的安全。

### （二）缺乏运动安全防护意识

体育运动的安全意识和自我防范保护能力对于确保体育教学安全有着决定性的作用。运动安全防护意识淡薄，主要表现为缺乏运动安全知识和自我保护意识不足，如不做准备活动、不观察周围的环境等。运动安全防护意识淡薄，是造成体育教学安全事故的根本原因，严重威胁着体育锻炼者的身心健康。

### （三）运动安全教育不到位

运动安全教育是影响学校体育教学安全的重要因素。运动安全教育，包括学习和掌握体育运动安全知识，了解体育运动的基本原理、作用和预防安全事故的方法，建立正确的体育课安全观。如果运动安全教育不到位，学生没有建立对体育课的正确认识，没有养成良好的体育运动习惯，就更易引起体育运动伤害。目前，运动安全教育不到位已经成了学校体育教学中的重要问题，严重威胁着学生的身心健康和学校体育教学的安全。

### （四）体育教学安排不当

体育教师是体育教学活动的组织者、领导者。课堂教学组织能力是教师最基本的能力之一，是体育教师出色完成教学任务的重要保障。新课程标准的核心理念是教育以人为本，即“一切为了每位学生的身心健康发展”。体育课的合理安排在学校体育教学过程中有着非常重要的作用，体现在体育教学过程组织严密，教学内容分布合理，根据上课的班级人数、性别、年龄、运动能力等有针对性地安排运动负荷，上课时动作示范正确、规范。合理的体育课安排还要考虑同一块场地同时上课班级的数量、上课班级之间是否存在干扰等。如果安排时没有考虑这些因素，出现教学安排不当的情况，势必对学校体育教学安全产生影响。合理的体育课能够促进学生更好地掌握运动知识、运动技术和技能，顺利开展体育教学工作，保证实现教学目标、完成教学任务。

### （五）体育教师工作态度不端正

体育教学活动的开展都是以学生为主体，在体育教师指导、组织下进行的，体育教师是学校体育教学工作中的主导因素。因此，体育教师的工作态度和责任心对学校体育教学安全尤为重要。体育教师的工作态度和责任意识与体育教学安全有直接关系。教师只有具备强烈的责任心、钻研教材教法、关心学生、认真备课、课后总结、检查场地设施，才能及时发现体育教学过程中潜在的不安全因素，对体育教学安全事故及时做出准确的预判和妥当的处理，保证体育教学活动安全有序地进行。

### （六）场地器材存在安全隐患

体育场地设施是保证体育教学正常进行的必不可少的物质条件。体育场地设施的安全状态有利于体育教师根据教学目标设计教学内容，从而完成教学任务。体育场地设施的安全状态同时也影响着学生的身心健康。如果体育场地不平整、器材设施陈旧、短缺，体育教学活动的物质基础得不到保障，则势必影响体育教学活动的顺利进行，产生场地器材的安全隐患，增加体育教学安全事故发生的可能性。

### （七）学校体育师资力量不足

体育教师是学校体育教学活动的组织者、实施者和主导者。体育教师的足额配备、教学水平以及教学态度是一个学校体育课质量的基石，学校体育教学安全效果如何，很大程度上取决于体育教师。体育师资力量不足会造成体育教师所教班级过多，增大体育教师工作量；体育教师身兼多职，也不利于正常的体育教学，会给体育教学安全带来隐患。

### （八）学校安全管理不完善

安全管理是对学校体育教学及对影响学校体育教学开展的各种因素进行管理，体育安全管理制度是体育教学活动安全进行的制度保障。完善的体育安全管理制度能够保证学校体育教学工作计划的顺利开展、教学目标的实现、教学任务的完成，促进学生的身心健康，同时还能确保体育场地设施安全使用，有效地控制不安全因素，避免体育教学安全事故的发生，从而保证学校体育教学的安全。

### （九）服装不符合要求及气候不良

运动时的服装和鞋袜不符合运动卫生安全要求。气温过高或过低、天气潮湿、天气恶劣等，都容易造成体育教学安全问题。

## 五、学校体育教学安全的预防措施

### （一）提高身体素质，养成体育锻炼的习惯

学生良好的身体素质是保证学校体育教学安全的必要条件，是防范体育伤害事故的有效手段之一。体育教师要根据学生年龄、性别、身体状况、生理功能水平等，合理组织体育活动和安排运动负荷，促进学生身体素质全面发展，同时在教学过程中要传授正确的技术动作，使学生掌握正确的锻炼方法，养成良好的锻炼习惯，为终身体育打下坚实的基础。

### （二）转变观念，形成正确体育观

长期以来，学校体育教学没有受到社会足够的关注，学校体育教学没有真正树立“健康第一”的教育理念。学校体育教学是学校教学的重要组成部分，二者关系密切，学生只有具备良好的体质，才能更好地学习。健康的身体是人们一切活动的物质保障，而学校体育教学是人们拥有健康体魄的重要渠道。学校体育要

培养学生树立现代体育观念，加强引导体育锻炼的主体价值，由健身价值向德育、智育、美育的综合价值转变，培养终身体育的意识。只有彻底转变传统的体育观念，才能使人们正确认识学校体育教学的重要性，在思想上为学校体育教学安全提供有力的保障。

### （三）加强体育课程安排的合理性

学校体育作为学校教育的重要组成部分，有其独特的规律和特点。进行学校体育教学时，要根据学生年龄、性别、生理机能水平、身体素质情况等选择符合课程标准的教学内容，采取灵活多变的教学方法，充分发挥学生的主体地位，让学生积极参与到体育活动中。鼓励学生主动学习体育安全知识，提高学生安全实践技能水平。

### （四）端正工作态度，增强责任心

体育教师是学校体育教学工作的组织者和实施者，体育教师的体育安全意识、知识和技能对体育教学安全起着十分重要的作用。体育教师的工作态度深刻影响着体育教学活动的完成质量。体育教师要深刻认识到体育工作的重要性，提高自身的职业修养，对学生认真负责。严格要求自己，做到工作态度认真、积极备课、教学过程组织严密、教学纪律严明、动作示范正确规范，能够依据教学目的和教材难易程度等预估课堂教学存在的安全风险，并给予正确的保护与帮助。

### （五）完善场地器材设施，消除安全隐患

运动场地器材是保证体育教学、课外体育活动顺利进行的物质条件，是学校体育教学安全的有力保障，是落实“健康第一”指导思想的物质基础。运动场地器材、设施完善，可以营造良好的体育教学环境，有利于体育教师开展体育教学，加快学生掌握运动技能，避免伤害事故的发生。定期检查、维护体育场地与器材，消除安全隐患，合理使用场地器材，确保体育场地器材的安全性，对学校体育教学安全具有非常重要的作用。

### （六）加强师资力量建设，提高安全意识、知识和技能

体育教师是学校体育教学的设计者、实施者，对学校体育教学安全具有重要意义。体育师资力量决定着学校体育工作完成的质量，良好的师资力量能够为学校体育教学安全奠定基础。体育教师具备良好的体育安全意识、知识和技能对体育教学安全起着重要的作用。掌握体育安全知识和技能可以及时发现并消除体育教学中存在的安全隐患，避免发生体育教学安全事故。因此，学校应加强体育师资队伍建设，提高体育教师的体育安全意识、知识和技能。

### （七）加强安全管理

学校管理层应重视学校体育教学和体育安全的管理工作。管理层要认识到学校体育教学安全的重要性，形成正确的体育教育观，树立“健康第一”的教育理念；加大体育安全管理力度，健全体育教学安全管理制度，完善保障学校体育教学安全的条件；建立体育课课堂常规，规范体育教学的秩序，消除潜在的不安全因素。健全体育教学安全评价机制，加强对体育安全相关制度的落实和监督。

### （八）加强安全教育、宣传，提高安全意识

安全教育伴随着学校体育教学的全过程。应对领导、教师、学生进行安全教育、宣传，使其在思想上认识安全教育对预防体育伤害事故的重要性。学校应丰富体育安全教育的内容，开展相应的体育安全教学讲座，带领师生学习安全知识和增强安全意识，加强对体育教学安全的科普，促进师生掌握体育安全知识，加大体育安全教育的宣传力度，保证学校体育教学工作的顺利开展。

# 第六节　教学互动的能力

## 一、教学互动的概念和含义

互动是一种基于符号和语言的相互作用过程。教学互动是指在教学过程中，

师生处于平等的环境下进行课程学习，教师改变传统的灌输式教学方法，充分发挥学生的主体性，使学生在良好的互动交流环境中积极踊跃地进行思考的教学方法。这种教学方法有助于提高教学效率，提高学生的技能及综合素质。体育课堂互动是指在体育课堂的特定情境下，师生、学生之间为了实现体育课堂教学目标，遵循体育课堂教学规律，以语言和非语言符号为媒介，发生各种形式的、积极性的相互作用和影响。体育课堂互动旨在实现预期课堂教学目标，促进学生在体育与健康知识、运动技能、运动参与、身心健康、社会适应能力等方面全面发展，最终实现教学相长。

教学互动包含教师行为和学生行为两方面。教师行为是指课堂互动中教师采取一定手段实现教学目标的过程中所进行的各种活动，主要由目标导向和任务驱动两种行为构成；学生行为是指课堂互动中学生在教师的引导或指导下通过一定手段实现教学目标的过程中进行的各种活动，其行为属于受教师行为的影响而产生的学习行为。双方在问题解决的活动过程中不断调适各自的行为方式，以达到“教师行为由教学任务驱动，学生的行为自主发出”的理想结果。当教师行为没有明确的目标导向时，教学双方的互动行为会出现低效或无效的情况。

## 二、体育教学互动的原则

体育教学互动的原则就是体育课堂教学中师生间、学生间进行有效互动并促进学生在原有程度上得到发展所依据的准则。它反映了发展性和主体性体育教学目标对体育课堂互动教学过程的基本要求，对体育教学互动起到制约和规范的作用。

### （一）主体性原则

现代教学论要求师生要共同构建课堂教学活动的主体。主体性原则一方面要求发挥教师的主导作用，教师应积极开发符合学生需要的体育课程资源，全面了解学生的认知能力、运动技能基础和情感、态度、价值观等情况，准备好科学、全面、可行的互动设计，创设有利于体育课堂互动的教学情境及其他教学环节，制订有效的互动策略；另一方面，在课堂互动过程中，教师要促使学生由过去的被动接受转变为主动探究，培养他们的主体意识，突出学生的主体地位，充分发挥学生的学习主体作用，引导学生自觉、积极、主动地参与到体育课堂互动。

### （二）民主平等性原则

体育课堂互动中民主平等的师生关系，是让课堂充满生机的必不可少的条件之一。在民主平等性原则下的体育课堂互动教学中，师生、学生之间是一种平等、和谐、融洽的伙伴关系，双方之间有一种“信任感”，从而使学生“亲其师，信其道”。教师是带领学生开展学习、探究体育知识和运动技能的组织者、引导者和参与者。互动方式应多采用集体探究、自由讨论、平等对话等方式，打破传统的垄断式、支配式的教学方式，尽量让所有学生都有参与互动的机会，保证互动机会平等。师生间、学生间在一种民主、平等的氛围中才能实现课堂的有效互动。

### （三）有效性原则

互动设计应根据学生已有的体育知识经验、运动技能基础，紧紧围绕学生的学习领域目标展开，进行弹性预设，使预设性与生成性统一起来，从而使互动设计更加全面、更加有效。教学中应积极创设互动环境，合理选择互动内容，提高互动效率，达成互动目标，使学生发展得更加全面。

### （四）差异性原则

体育课堂有效互动秉承“尊重差异、追求个性、宽容另类”的教育理念。关注和尊重学生的差异，既包括了体育与健康知识、运动技能认知上的差异，也包括情感、态度以及价值观等非智力因素的差异。差异性原则要求互动目标设计上体现多样性和层次性，为每个学生提供参与探究学习、交往互动的条件与机会，不能“一刀切”。互动过程中针对学生不同特点，从学生的实际情况出发，采取不同的互动策略，真正地做到“因材施教”。

### （五）情感性原则

在体育课堂互动教学中，教师唯有加强自身情感的投入，对学生给以充分的情感激励才能最大限度地调动起学生学习的积极性。体育课堂互动教学情感性体现为教师在互动中伴随着真挚的情感，恰当运用眼神、手势、表情、声调等非言语符号进行互动，并辅之以风趣幽默的语言，做到晓之以理，动之以情，并以“乐教”的形式来感染和鼓励学生的“乐学”，创造出融洽而和谐的体育课堂互动氛围，从而提高学生学习、互动中的积极性和主动性，真正做到情感的交融，真正促进师生、学生之间的有效互动。

### （六）生成性原则

在体育课堂互动中，师生、学生间的言语对话和非言语交流并不是事先预演好的，而是教师根据互动的情景，实时选择互动的类型和手段，根据学生的学习情况或教学中出现的意外情况，及时调整课堂互动的过程。教师要“应学生而动，应情况而变”，把握好稍纵即逝的教育契机，使学生始终保持探究体育与健康知识和运动技能的积极性，实现对体育与健康知识和运动技能的建构，实现情感的升华，使体育课堂在有效互动中焕发生机。

## 三、体育课堂互动的基本模式

### （一）双向互动模式

不同的互动方式会对学生的心理产生不同效应。体育课堂双向互动的特征是教师直接与全班或小组形成双向互动，而不是单向向学生灌输知识，换言之，教师和学生分别既可以是体育课堂互动信息的发送者，也可以是体育课堂互动信息的接受者，这种双向互动可以不断循环，直到学生掌握了体育知识与技能为止。具体表现为体育教师综合利用语言和非语言符号向学生讲述体育知识、技术技能，随时注意学生对教学的反映或要求。该模式的优点是传递的信息量大，反馈及时且速度快，教师能够及时发现学生的错误和教学过程中存在的问题。缺点是只注重了教师与学生之间的双边活动和沟通，而忽视了多数学生之间的沟通与影响，不适用于团体项目的教学，多用于个人项目的教学，如武术、健美操、游泳等。

### （二）多向互动模式

多向互动模式表现为教师与学生之间的互动是双向的，同学之间的互动也是双向的，是一种师生互动与学生互动相结合的沟通模式。与一般科目课堂互动不同，体育课课堂互动具有鲜明的体育学科特征，开放式的体育课堂不仅教学空间大、练习的小组多，而且学生的活动自由度也大，这种课堂形式给予了师生、学生之间更多面对面交流与互动的机会。因此体育课堂互动通常采用多向互动模式。多向互动模式主要优点是课堂互动气氛好，突出学生主体地位，为每个人都提供了互动的机会，也为每个人的发展提供可能，以便学生畅所欲言、集思广益、取长补短。但多向互动模式对教师的能力要求很高，不适合新教师的课堂教学。多向互动模式在强调师生互动作用的基础上，更加重视了学生互动的作用，这也符合目前学校体育课堂教学改革的理念。此方式尤其适用于团体项目的教学，如足球、篮球、排球等。

## 四、体育课堂有效互动的影响因素

### （一）体育教师是影响课堂互动的关键因素

新型教学观认为教学过程是师生积极交往和互动、共同发展的过程。基于新型教学观的要求，体育教师在课堂教学中应积极创设平等、民主的课堂互动氛围，注重与学生进行体育知识与技能的交流、心灵的沟通以及情感的交融，努力实现课堂有效互动，使学生在体育知识与技能、身心、社会适应等方面都得到全面发展，并培养其独立思考能力、探索精神和创新能力。教师人格魅力也会对教学互动产生影响，教师在工作中表现出的求真务实、认真负责的工作态度，以及渊博的知识和阅历，能够在组织教学和动作示范中，折射出体育教师特有的人格魅力，从而产生对学生的向心力和人格的感召力，让互动自然发生。

### （二）学生是有效互动的核心要素

学生的学习兴趣、学习态度、参与程度、学习行为、发展程度等直接决定了体育课堂有效互动的水平，因此学生是体育课堂有效互动的核心要素。学生现有的体育与健康知识和运动技能水平越高，越容易接受和理解互动的内容信息，越容易实现体育课堂有效互动。如果学生对教师教学的评价和感受符合其心理预期，就容易形成有效互动，增强互动学习效果。如在健美操教学中，学生非常喜欢所学的新动作，便会使其互动学习动机强烈，课堂师生或学生互动异常活跃，有利于形成有效互动。

### （三）场地器材是构成互动的重要因素

充足完备的场地器材是体育课堂互动的重要保障条件之一，是体育课堂师生、学生间赖以进行互动的物质基础。良好的场地器材不仅直接促进体育课堂互动教学活动的开展，而且其美观洁净的外部特征会给互动主体带来刺激和美好的感受。课前教师要根据体育课堂互动内容需要和要求，合理规划体育课上课场地，把场地布置得美观大方，器材排放得整齐有序，并尽量使旧器材焕发新的生命力。当体育场地、器材完备且安全保护器械齐全时，体育教师和学生才有安全感，体育课堂互动才不受影响，课堂互动效果才更加理想。

## 五、提高课堂互动能力的策略

### （一）设计策略

#### 1. 研究教材，分析学生

教师要充分挖掘体育教材，把握教材的重点和难点，注重体育教材的整体性和变化性，准确把握体育教材内容与体育课堂教学要求，明白“互动什么”“怎么互动”，使体育教材更好地为体育课堂互动服务。同时，教师要了解学生体育与健康知识的储备、运动技能的水平、心理和思维的特征及互动的态度和动机等，分析师生、学生间互动中可能遇到的困难，为互动目标的制订、互动内容的选取、互动方法和手段的选择以及互动过程的安排等提供依据，使课堂互动真正做到有的放矢，从而提高互动的有效性。

### 2. 制订目标，合理谋划

目标统领互动过程。明确具体的互动目标有利于教师选择课堂互动内容和选择合适的互动策略。互动目标既要符合学生的认知规律，又要符合学生的情感规律，还要符合学生运动技能掌握的规律；既要有学生运动参与发展方面的要求，又要有运动技能发展方面的要求，还要有心理健康与社会适应能力发展方面的要求。避免出现“提高运动技能”等模糊不清的表述，要使课堂互动目标“跳一跳，够得着”。

### 3. 精选内容，整合资源

体育课堂互动内容的选择必须符合学生的认知基础、运动技能基础以及学生的兴趣，符合学校场地器材条件，而且必须服务于学生的全面发展，同时与课堂教学目标相匹配，确保学生通过互动理解和接受教学内容，促进其全面发展。尽量使互动内容生活化，贴近学生的日常生活，从学生平时喜欢的游戏中提取素材，选择具有本校特点的互动内容资源或将部分竞技性较强的教学内容改造为学生易于接受、易于实施的内容。如将加速跑改为接力跑游戏，以此提高学生参与互动和练习的兴趣。

## （二）实施策略

### 1. 建立师生关系，构建互动氛围

古人云：“亲其师，信其道。”学生对体育教师的喜爱可以激发学生对体育课的热爱，激发学生学习和互动的积极性，有利于形成热烈的课堂互动氛围。教师要相信学生的学习和互动能力，转变自己的角色，把自己当成学生学习和互动的引导者、合作者和参与者，平等对待每个学生，让学生消除对教师的畏惧心理和师生间的隔阂，使师生关系走向平等、和谐。同时，教师应对学生的空间位置进行合理布局，教学过程中与学生保持合理的空间距离，逐渐形成互动氛围，形成师生学习共同体。

2. 创设互动情境，激发学习动机

教师要综合利用语言、动作、姿势、视频、图片及实物创设相关的互动情境、场地器材和情境互动氛围，激发学生互动的动机，唤起学生互动行为并进行正确的引导，提高学生互动学习兴趣。互动情境是体育课堂互动教学的基本要素，创设有价值的体育课堂互动情境是体育课有效互动的重要追求。教师在课堂互动中要打破传统的“教师教，学生接受”的思维定式，善于创设适当的问题情境，鼓励学生讨论、思考和发问，培养学生的质疑精神和创造性思维，并在进一步的互动中，不断引导和启发，促进学生进行深层次的讨论和思索，引发学生探究的热情。如在学习快速跑内容时，教师可改变直接讲解、示范的教学模式，创设“怎样跑才是最快的”的问题情境，先让学生分组讨论，启发学生思维，然后让学生各自尝试，再共同探讨，最后总结点评学生的答案。

3. 巧妙运用技巧，确保互动效率

教师的互动技巧决定了体育课堂有效互动的实现。在互动实施过程中，教师应从六个方面巧妙运用互动技巧。第一，根据体育教学的实际情况选择合适的互动时机；第二，根据不同的互动情境合理选择互动类型；第三，根据体育课的类型或教材特点灵活运用言语与非言语手段；第四，根据互动目标的难易程度合理规划互动时间的长短；第五，根据体育课的类型或教材特点合理选择互动的频率；第六，根据学生实际情况合理选择互动的量。教师想提高互动效率，首先要通过优美规范的动作技能示范和生动的动作要领讲解，调动学生学习和互动的兴趣，当学生注意力下降时，教师可通过提问让学生提高注意力，促进学生积极思考；当学生遇到困难时，教师要给予学生鼓励并积极指导。

**【案例赏析 1】**

**排球——准备姿势与移动**

**课前教学设计：**设定好场地位置与器材用量，依据教学内容设计每个教学环节的组织形式，将思考、联想、情景导入等引入教学内容，采用启发式、互动式等教学方法，并贯穿教学全过程。

**实施课堂教学：** 采取“抛球喊号”游戏引申出技术动作的学习，做游戏前设定思考题，引导学生游戏时寻找答案，游戏后让学生回答，教师结合学生的回答情况进行点评。

**互动练习场景设计：** 在学习准备姿势与移动技术时，教师先示范，不讲解，让学生在反复观察后进行模仿试做，建立动作表象。根据学生模仿时出现的错误，教师再进行技术动作的讲解示范。安排配对练习，发挥学生的主观能动性。让学生之间相互观察，及时评价提醒，让练习者在同伴的语言提示和示范纠错中反复练习，抑制错误动作，建立正确的动作形态。

**【案例赏析 2】**

小学体育课各种跳跃教学，需要学生掌握各种跳跃的技术动作。这对学生下肢力量和身体协调性有较高要求。各种方式跳跃技术动作较复杂，难度较大，有一些学生不能顺利完成，动作要领掌握不充分。为了帮助学生开展练习，领会跳跃技巧，教师可进行有趣的肢体示范，模仿青蛙跳和袋鼠跳，吸引学生注意。随后，教师在原地模仿青蛙跳，双脚前脚掌用力蹬地，手臂协调摆动，向前上方跃起，并体现出单腿起跳双腿落地动作；模仿袋鼠跳时两腿用力蹬地起跳，两臂用力向前上方摆动，上下肢配合动作要有力、协调，强调双腿起跳双腿落地。教师肢体示范两种不同形式跳跃时，学生深受鼓舞，认真领会教师用意，想亲自体验这两种跳跃的不同。这时教师组织学生分组进行“青蛙跳过荷叶”和“袋鼠跳”的游戏，学生运动热情高涨，运动氛围被点燃。

## 第七节　处理突发事件的能力

### 一、体育课堂突发事件的概念

突发事件，是指突然发生、形成危机的、出乎意料事件的总称。如自然灾害、事故灾难、公共卫生事件和社会安全事件等，通常造成或可能造成社会危害，需要采取应急措施予以应对。突发事件具有独特性、偶然性、随机性和不确定性，难以预测和预防。

在体育课教学中，突发事件不同程度、不可避免地存在着，如何处理这些突发事件关系着体育课的进行，也反映着体育教师的教学艺术和管理能力。

体育课堂突发事件是指在课堂教学过程中出乎意料的事情，如练习者擦伤、关节损伤、肌肉痉挛、拉伤，甚至骨折、呼吸紊乱、严重休克、丧失生命。这些事件往往不同程度地影响体育课堂教学的顺利进行，必须及时采取有效的方法来处理。事件不同于一般的问题行为，超出了教师的预先设定的事情范围，一定程度上扰乱课堂秩序。教师对突发事件的处理能力，往往会影响课堂教学成效的走向。处理突发事件的能力是指在课堂教学过程中，针对出乎意料的事情，体育教师采取正确措施的能力。所以，教师在对突发事件的处理上，要合情合理，确保教学过程顺利进行，从而提高教学管理水平。

## 二、体育课堂突发事件的类型

### （一）技能学习受伤型

体育课通过学生的身心活动，掌握教师传授的体育知识、技术和技能，锻炼学生的身体，达到增强体质的目的。教师在传授技术动作示范时，应规范、到位、准确，以强化学生正确的动作表象。体育教学目的之一在于促进学生有效掌握运动技术和技能，因此，课堂上可能出现受伤事件。受伤情况包含两方面：一是因教师在示范技术动作时出错或者没有做好准备活动而受伤；二是因学生在进行技能练习时注意力不集中、准备活动不充分、技术动作不正确而受伤。

### （二）环境因素干扰型

体育课由于上课地点的特殊性，易受环境因素的影响，对课堂影响较大。课堂教学过程中常因外界环境的物或人突然介入、噪声干扰及天气变化而引起突发事件,需要教师做出相应处理。如上课班级之间的相互干扰、器材设施故障、天气骤变、雷声暴雨等容易引起学生骚动，左右教师授课情绪，影响教师授课水平的正常发挥。

### （三）人为因素影响型

在体育课堂教学中，互助合作练习的情况比较常见。当合作中的一方对有关教学内容的理解、认识上有疑问或困惑，出现理解不一致、意见不统一时，则会出现由同学之间互相争吵、不配合而引发的课堂异常事件。

## 三、体育课堂突发事件的应变措施

### （一）技能学习受伤突发事件应变措施

#### 1. 擦伤

擦伤多为体表皮肤擦伤。处理方法是立即止血，由于血有自行凝结的能力，因此轻度皮肤擦伤时的渗出性出血在数分钟内即可自行停止。如果条件允许，可以用清水配合棉签清洗伤口表面的污垢，待伤口清洗干净后，用碘伏喷雾喷在伤口处，然后用医药纱布简单包扎，防止细菌感染。如果擦伤面积较大，现场可用绷带包扎法或指压法止血，然后送到医院处理。

#### 2. 肌肉拉伤

肌肉拉伤是指肌纤维撕裂导致的损伤。主要由运动过度或热身不足造成，临床表现为局部疼痛、肿胀、压痛、功能障碍等。针对肌纤维部分撕裂者，现场处理方法应采用 RICE 原则，即休息、冷敷、加压包扎、抬高伤肢；对于肌纤维完全断裂者，必须尽早送至医院进行手术治疗。

#### 3. 挫伤

挫伤是指身体局部受到钝器打击而引起的组织损伤。临床表现为局部疼痛、肿胀、淤血、功能障碍。轻度挫伤无须特殊处理，经冷敷、包扎固定处理，受伤 24 小时后可用活血化瘀药物治疗；较重的挫伤除按照轻度损伤的方法处理外，还可以进行理疗、按摩、外用药酒及外敷中草药。

4. 关节韧带扭伤

关节韧带扭伤主要由间接外力所致，即在外力作用下关节活动超出生理活动范围。轻者韧带部分纤维断裂，重者则韧带纤维完全断裂，引起关节半脱位或完全脱位。临床表现为疼痛、肿胀、皮肤青紫和关节活动障碍。现场急救处理方式为冷敷、加压包扎和临时固定，重者须送至医院处理。

5. 运动型中暑

运动型中暑通常在长时间在高温、高湿和通风不良的环境中进行运动的情况下发生。临床表现为皮肤发热、面部潮红、头晕、无力、恶心、虚脱，甚至昏迷。现场急救处理方式为，迅速将患者转移至阴凉通风处，松开衣领，用物理方法降温，有条件的可给予含盐清凉饮料或“十滴水”，轻度中暑者经过现场处理可恢复正常，严重中暑者经现场处理后，应迅速转送医院治疗，及时通知班主任和家长，并第一时间上报学校安全领导小组。

6. 肌肉痉挛

肌肉痉挛俗称抽筋，是指肌肉自发的强直性收缩。常发生在小腿三头肌和足趾肌，发病时肌肉出现剧烈挛缩，患者疼痛难忍，痉挛肌肉所涉及的关节伸屈功能会出现障碍，可持续几秒到数分钟之久。现场处理方法为用相反方向的力拉伸痉挛的肌肉，一般可以使肌肉痉挛缓解。牵拉时注意不要用力过猛，要均匀用力，动作缓慢，以免造成肌肉拉伤。同时可以按摩痉挛肌肉，加强局部的血液循环。

7. 关节脱位

关节脱位俗称脱臼，是指相连的两骨之间失去正常的连接关系，主要由间接暴力作用所致，以肩关节、肘关节及手指关节最易发生。关节脱位后，一般症状为疼痛、肿胀、失去正常功能，特殊体征为关节畸形。一旦发生脱位，应嘱患者保持安静、不要活动，更不可揉搓脱位部位。现场处理方法是，用绷带或三角巾固定患者受伤的位置，不宜随意移动患处，同时要及时通知班主任与学生家长，第一时间上报学校安全领导小组，并安排好其余学生的活动，然后送学生去附近的医院处理。

8. 骨折

骨折是指骨结构的连续性完全或部分断裂。骨折以后，可出现三大特殊体征：畸形、骨擦音和异常活动。其一般症状主要是骨折部位的疼痛、肿胀、皮肤瘀斑、骨折部位的活动功能受限等。如果伴随神经损伤，则会有肢体麻木的表现。骨折现场处理原则是先止血，后包扎，再固定。就地取材对骨折部位进行临时固定，夹板长短、宽窄应与肢体相适宜，骨突起部位要加垫棉花。先缚扎骨折处的上、下两端，后固定骨折处上下两个关节，松紧度应适中。若四肢骨折应露出指（趾）尖，以便观察血液循环，随时调节固定物的松紧度。如果怀疑胸腰椎骨折，应尽量避免移动骨折处，以免脊髓受压迫而损伤。将硬板或门板置于患者体侧，采用“三人同侧搬运法”，将伤者以仰卧位轻轻转移到硬板或门板上。若只有软质担架，则令伤员采取俯卧位，保持脊柱伸直，禁止屈曲。如果怀疑颈椎骨折，务必使伤员头部固定于伤后位置，数人合作将伤员抬至木板上，在头颈两侧放置沙袋或卷起的衣服垫好固定颈部，救护者也可以用双手扶持患者头颈部，避免在转运途中发生晃动，若搬运不当，可引起伤者脊髓压迫受伤。如现场人员无能力处理，须迅速拨打120电话，同时要及时通知班主任与学生家长，第一时间上报学校安全领导小组。现场无夹板时，可就地取材用木板、纸板、树枝、竹片等作为临时固定材料，如无任何物品，可将伤肢固定于伤员躯干或健侧肢体上。

9. 晕厥

晕厥是指因一过性脑供血不足引起的意识障碍。患者突然感到头昏、恍惚、两眼发黑、四肢无力，随之意识丧失，摔倒在地，数秒钟至数分钟内即恢复如常。急救处理方法为，将患者置于平卧位，头部偏向一侧并稍放低，然后解开衣领口、衣服，使其呼吸通畅。如有心跳停止，应立即采取心肺复苏术进行急救。救助也可从患者下肢开始做向心性按摩，促使血液流向脑部，同时可按按压患者的人中、百会、涌泉或合谷等穴位，促使其苏醒。现场处理的同时要及时拨打120电话，并通知班主任与学生家长，第一时间上报学校安全领导小组。

## （二）环境因素突发事件应变措施

### 1. 体育场地器材设施损坏导致突发事件与应变措施

体育教学过程中，要使用各种体育器材设备。有些场地器材设施由于使用年限较长，平时维护保养不当，或场地设施器械不符合国家或有关部门的安全标准，再加之使用不当，则很容易导致教学过程中发生突发事件。如遇此状况，教师应保持冷静，安抚学生，调整课堂气氛，稳定学生情绪。课前教师应加强对场地器材的安全检查，消除安全隐患，平时要坚持实施落实体育教师岗位职责，学校安全小组定期检查，培养学生正确使用体育器械的习惯。

①在进行单、双杠活动时，要检查器械是否完好、是否松动。器械下面要放置符合要求的体操保护垫。

②在进行跳马等跳跃活动时，器械前要放置起跳板，器械后面要铺设海绵垫，同时教师要在器械旁站立保护。在学生未掌握动作时，不要在教师不在场或器械周围缺乏保护设施时进行跳跃练习。

③进行投掷项目时，如投铅球、实心球、标枪、垒球等，一定要按教师的口令进行练习，严格遵守安全区和投掷区。

④进行跳高、跳远时，必须严格遵守教师传授的技术要领。跳跃前必须掘松沙坑并耙平，防止拉伤肌肉或关节扭伤。背越式跳高时，要放置好厚度、宽度与长度符合要求的海绵包，防止落地时受伤。

### 2. 外界环境因素引发突发事件与应变措施

体育课堂教学地点主要在室外，主要影响教学的因素有运动场地上其他班级学生上课的干扰、校园内外噪声干扰、天气变化等因素。

①如果同一场地、同一时间有几个班级上体育课，在这种复杂的外部环境中，互相干扰在所难免。此时教师要在上课前做好充分准备，教师在集合整队时可适当拉开班与班之间的距离，让学生改变站位方向，使学生的学练免受干扰，将对教学课堂的影响降到最低。

②天气变化会引发突发事件。体育课教学的主场地是在室外。由于天气的变化，教师要根据温度、湿度的高低随时调整活动场所或运动负荷。如果教师不能及时调整或考虑不周，可能引发突发事件。如在教学过程中突遇大雨，教师一定要及时做好组织疏散工作，转移上课场地，让学生迅速、有序地离开操场，同时要防止踩踏事故发生。

### （三）人为因素突发事件与应变措施

#### 1. 来自学生的突发事件与应变措施

体育教学过程中，学生可能会因关系紧张发生矛盾冲突事件。此时，教师要先了解其发生冲突的原因，最好是每个当事人都对事件经过进行描述，让矛盾双方各自找出错误之处。了解情况之后，教师再根据具体情况作针对性处理，这样有利于事情更好地解决，而不是一味抱怨，导致矛盾扩大化。教师应制定好课堂规则预防课堂矛盾冲突，约束好学生的行为，要认真履行好教师的职责，教育学生之间互帮互助。

#### 2. 来自教师的突发事件与应变措施

教师由于课前的准备不充分，对本次教学内容不熟悉，对动作技术的生疏或自身体能、能力下降等都可能导致教师出现动作讲解错误、示范动作不协调而引发课堂异动。此时教师应对学生坦率说明动作错误，及时采取补救措施，教师也可以再一次进行正确的示范，让学生在两次示范中找出不同之处。然后，教师再次把动作要领复述一遍，这样既消除了尴尬的局面，又能让学生加深对课堂所学动作技术的理解和掌握。

### （四）造成突发事件的其他因素与应变措施

①教学过程中，处于青春期的青少年学生既活泼好动，又具有较强的好奇心。学生可能会突然提出奇怪问题，教师有一时答不上来的可能性。此时教师应坦率地告诉学生自己不知道如何处理。如果这个问题一时讲不清楚，也可以告诉学生待课后一起讨论。

②在“以学生发展为本”的新课程改革理念下，学生在体育课中可能会提出各种新要求。此时，如果学生的要求合理又有条件满足，教师要尽可能给予；要求合理但一时无条件满足的，教师要诚恳讲明原因；对于学生提出的不合理要求，教师可以从实际情况出发，对学生加以正面引导教育。

③如果教师因批评个别学生违纪而引发学生顶撞事件，由于教师批评教育方法不当，或学生的情绪和心理受其他因素影响导致突发事件。此时，如果学生有道理，教师应虚心接受，给学生肯定，并向学生道歉，缓和学生的过激情绪；如果学生无理，教师要冷静对待，可以在课后进行耐心教育，或协同班主任共同教育。

## 四、体育课堂突发事件的处理原则

### （一）互相尊重原则

尊重是人际沟通中最基本的美德，是友谊赖以维持的条件，更是建立良好人际关系的基础。在教学过程中，学生最希望获得教师的重视，所以教师与同学应互相尊重，让学生感受到来自教师的爱，引导学生朝着正确的方向发展。尊重是相互的，教师在课堂上处理突发事件时要尊重学生，那么在日后的教学过程中，学生也会尊重教师，从而达成一种师生和谐、问题解决的双重效果。

### （二）彼此宽容原则

好奇心是人类行为最强烈的动机之一，求知欲是一种为了认识世界和不断探究真理而带有情绪色彩的意向活动。每位学生都在他们的内心深处深埋着求知欲、好奇心的种子，教师要尽可能激发种子破土、萌芽。学生在成长中会对自身认识不足，因此在教学过程中，对于学生提出的问题，不管问题的质量如何，一定要有热情、耐心、正确引导，而不应表现出厌烦、搪塞和斥责的态度，所以让学生学会宽容，其源头是教师首先要去宽容学生。

### （三）沉着冷静原则

课堂上发生的突发事件可能让人猝不及防，教师面对课堂上的突发事件切忌急躁、冲动、感情用事，此时教师要做的是保持足够的冷静理智。理清思路才能透过突发事件的现象，弄清事件的本质，才能发现工作中存在的问题。应坚持用矛盾分析的方法，找到最佳的处理方法，如果教师在处理问题时，对待学生心平气和，那么就利于有效地找到问题的核心，有利于教学的顺利开展。

### （四）灵活处理原则

课堂上的学生有不同性格、不同思想，课堂突发事件可能各种各样、防不胜防。此时教师处理突发事件时应当不拘一格，灵活多样，用智慧的举措来对待突发事件，要善于发现和挖掘事件本身表现出来的资源，化消极为积极，变不利为有利。所以教师应掌握随机应变、灵活处理的能力，提高驾驭课堂的能力，确保体育课堂教学能有序进行。

### （五）化解矛盾原则

在教学过程中，教师对学生行为的管理是通过对课堂秩序管理实现的。因此，当课堂出现矛盾时，应该在最短时间内化解矛盾。如果暂时解决不了，可适当搁置课后再行解决，以保证教学过程的有序进行。教师在处理矛盾时要针对事件的性质、程度等进行区分，把握好管理尺度，察实情，究症结，辨是非，明曲直，公平、公正地对待每位学生，做到严中有宽、宽中有爱、爱中有教，这样才能达到良好的教育效果。

### （六）安全第一原则

教学过程中，突发事件可能会对学生的人身安全造成伤害。应坚持“早发现、早处理”的原则，避免安全伤害事故发生。增强学生的意识，身体健康是一切学习、工作的保证，应确保学生的安全第一。

**【案例赏析 1】**

**现象：**在南方 6 月是炎热的夏季，教师按教学计划对学生进行长跑测试，一位女学生在跑到接近 800 米时出现头痛、头晕、口渴、多汗、四肢无力、动作不协调等症状。

**分析：**根据学生症状，初步判断学生出现了中暑。由于在高温环境下从事剧烈活动，学生的体温调节中枢功能出现障碍，水、电解质损失过多，体内产生的热量多于散发的热量，从而发生热量蓄积、体温上升，进而中暑。

**处理：**针对中暑现象，教师要迅速将患者带离高温环境，转移至通风阴凉处，将患者平卧并脱去外衣，使患者体温下降，用凉水喷洒或用湿毛巾擦拭全身，协助降温，给患者补充水分，有条件的可给予含盐清凉饮料或“十滴水”。轻度中暑者，经过现场救护可恢复正常。如果中暑严重，患者出现神志不清时，教师或同学还要按压患者人中、合谷、内关等急救穴位，经现场处理后，应迅速转送附近医院治疗，及时通知患者班主任和家长，并第一时间上报学校安全领导小组。

**【案例赏析 2】**

**现象：**某一节排球课上，教师在进行双手垫球内容示范教学时，由于教师垫球的部位不准确，导致排球偏离了移动的轨迹，引起了学生的议论。

**分析：**教师教学过程中由于课前准备不充分，对动作技术的生疏，或自身体能、能力下降等方面的原因出现动作讲解错误、示范动作不协调而引发课堂异动。

**处理：**此时教师应对学生坦率说明动作错误，及时采取补救措施。教师也可以再次进行正确的示范，并对学生说明“老师刚才运用了正误对比示范法”，让学生在两次示范中找出不同之处。然后，教师再次把动作要领复述一遍，这样既消除了尴尬，又能让学生加深对排球正面双手垫球的动作技术的理解和掌握。

# 第五章 体育教师教学管理能力实训

CHAPTER 05

与其他（知识类）学科的教学相比，体育作为一门以身体活动为主的技艺性学科，其课堂教学的时空更为开放、人际交往更为频繁，身体接触更为密切，体育课程的这些特殊性要求体育教师具备进行有效的课堂管理、创建有利于体育教学的课堂环境与氛围、采用适当的策略和技巧管理课堂的能力。在实践中，成熟的教师往往都具备很强的课堂教学管理能力。本章把课堂管理能力分为了管理课堂秩序、管理课堂空间和管理教学时间三项具体教学技能。这 3 种教学技能是紧密联系、相互支持的。课堂秩序稳定，既能节省管理的时间，也有利于积极空间的营造；课堂空间安排得越合理，就越有利于体育教师对课堂秩序的管理和监控及违纪行为的减少。提高体育教师的课堂管理能力，将有助于保护学生的天性，尊重学生的个性，发挥学生的主体性，培养学生自主、自律的精神，不断提高教师的自身素质，提升体育教学质量。

## 一、课堂教学管理能力的定义

所谓课堂教学管理能力，是指体育教师在课堂教学过程中用于有效地维持学生的适宜行为的能力，是体育课堂教学实践中最基本，也是最具综合性的一项技能。因此，每位教师都要深刻认识课堂管理的重要性，努力提高自己的课堂管理能力。

## 二、体育教师课堂管理

教师具备良好的课堂能力是上好一堂课的首要条件，体育课程担负着保护学生活动安全、提升学生运动技能、锻炼学生身体的任务，区别于理论教学，所以教师在不同的教学环境的管理能力至关重要。体育课堂组织与管理是实施素质教育的重要环节，是教与学之间的纽带，是促进学生健康成长的重要因素。因此，体育课堂组织与管理的复杂性要求教师课堂教学管理能力进一步提高。

本章详细介绍了体育教师课堂秩序的管理能力、课堂空间的管理能力、教学时间的管理能力。良好的课堂环境、井然的课堂秩序是课堂教学得以正常进行的重要条件。从体育教学的特点来看，体育教学依靠大量的实践活动使学生掌握运动技术、战术，这是一个开放型的教学过程，教师是在直观的情况下完成教学活动的。与其他教学活动相比，体育教学更需要合理的、与之相适应的组织管理模式，这种情况使教师的课堂管理水平成为影响课堂教学成败的决定性的因素。

## 第一节　体育教师管理课堂秩序的能力

### 一、课堂秩序的定义

课堂秩序是课堂上师生之间通过互动行为的规定性得以体现的状态和规则，它制约着教学活动的成效。

体育教师对课堂活动进行管理，推动师生双方高效实现教育教学的目标。在课堂管理中，教师行为一方面产生于其对课堂中各种因素的认识和处理；另一方面，也是对学生所发生的行为反映。教师行为受到教师素养、个人风格的综合作用，同时也转化为课堂行为，对学生进行制约。教师的课堂管理行为是师生彼此之间相互影响、相互制约的结果，可以通过习惯化而形成合理的行为方式，可以在实际的教学中通过某种策略加以改变。

### 二、体育教师管理课堂秩序的原则

课堂管理是对课堂中诸因素进行有效的调控，采取适宜的方式和策略，以师生的互动为中介，以学生的自我控制为基本目的，最终促进课堂教学的顺利实施的过程。教学课堂管理中是师生在自身理念的作用下，对课堂中人、事、物等客观存在的多种因素进行综合分析的行为，在管理课堂时要遵循一定的原则，才能进行科学的教学管理。

### （一）课堂管理规范性原则

课堂教学管理的规范化、常规化、过程化和科学化，有利于课堂教学活动的开展，有利于学生积极主动地参与课堂活动，使学生积极配合完成课堂活动计划。教师在课堂管理中要遵守教师行为准则，积极引导学生思维进入课堂学习。体育课程教学与室内课堂教学不同，开阔的场地和空间容易分散学生的注意力，在教学中教师要引导学生把精力和时间转移到课堂学习和练习中，防止干扰学习的行为发生，尽量保证教学正常进行。在教学中若讲解持器械类体育运动项目（如篮球讲解），教师应先拿到器械进行讲解和动作示范，不能提前让学生拿到器械，否则会转移学生注意力，无法认真听教师讲解。所以在进行此类教学活动时教师应先讲解后让学生练习。如果在教学中学生的注意力不集中，教师可利用队列队形改变提高学生注意力，或通过表情、手势、语言进行教学管理。

### （二）课堂管理灵活性原则

课堂教学管理应根据学生情况、教学方法、教学内容的变化而进行必要的调整。要把课堂教学的灵活性与真实性，多样性与有效性有机结合。在体育教学中，教师应熟练掌握运动技能，在教学方面针对学生在课堂中出现的“状况”，灵活运动教学内容和方法。做到能解答学生的疑问，提升学生运动水平，恰当处理教学内容。

### （三）课堂管理整体性原则

课堂是由教师、学生和环境共同组成的小型社会，是学习活动的大环境，任何课堂活动都应该以谋求课堂整体发展为导向，无论是课堂教学环境的设置、课堂教学时空的安排、课堂事务的处理还是课堂活动的进行，都要顾及课堂的整体效应，追求课堂管理的质量。在体育课堂教学中，不仅要注重运动技能前后技术的衔接，同时要注重课堂教学的完整性和统一性。

### （四）课堂管理延展性原则

课堂教学管理的目的在于促进学生素质发展，提高教学质量。要坚持以人为本，以学生的发展为核心，根据学生的认知能力和心理特点，来确定课堂教学管理的目标。立足于引导全体学生全面发展，营造师生互动的氛围，促进学生主动学习和探索。良好的课堂教学管理目标可使师生的心理同步、思维同向，使师生的活动有共同的目的，成为教学中的行为方向。

## 三、课堂管理的重要性

### （一）教师的课堂管理技能是实现育人目标的基础

当前，我国的育人目标是培养社会主义现代化建设的合格建设者和可靠接班人。这一目标的实现需要综合育人体系的构建，包括教书育人、管理育人、服务育人和环境育人等，教师的课堂教学在其中担当着最主要的责任，即教书育人。教书育人的过程本身也包含着课堂教学管理，因为没有良好的课堂秩序，教师教书育人的任务便难以顺利完成，育人目标便难以实现。

### （二）教师的课堂管理技能是维持良好教学秩序的条件

教师的课堂管理技能的提高有助于创造良好的课堂氛围，进而为提高教学效果奠定基础，同时能够磨砺教师能力，确立教师在学生心中的威信，促进师生关系的和谐，保障教学任务的顺利完成。为此，教师应当时刻关注学生的听课情况，认真观察学生的表情和情绪变化，对突发情况迅速做出正确反应，始终确保持讲课与听课在思路和感情上的一致。当然，突发情况可能源自学生，也可能源自教师，如遇到教学中的难题、错误等都应当随机应变，做出正确应对。

### （三）教师的课堂管理技能是学生顺利完成学业的保障

坚持“一切为了学生”的教育观念,使学生的德智体美劳得到全面的发展。体育教师课堂教学的重点是体育教育，提高学生的身体素质和运动技能，但教师在课堂上不仅担当着教学的责任，还要担当起管理者的责任。课堂教学与课堂管理是相辅相成的，二者同等重要，课堂管理是课堂教学顺利开展的重要保障。

## 四、体育教师管理课堂秩序的能力

体育教师是体育课堂管理的中心，在课堂教学中发挥着主导作用，其专业素质、个人魅力、教学态度、工作能力、管理经验等直接影响着课堂管理的水平。课堂管理本质是一种教师主导与学生主体的互动。教师主导作用的发挥是课堂管理的关键要素。在课堂管理秩序中，教师要对教学工作认真负责，要尊重学生，树立良好的榜样，学生才能遵守课堂管理秩序。此外还要遵循学生身心成长发展规律和教育规律，发挥学生的主体性，因势利导，使学生自觉接受和树立自我管理意识。

### （一）课堂管理的语言行为和非语言行为能力

语言是教师在课堂上与学生沟通思想感情的工具，是学生正确理解知识的关键。课堂语言的要求是简明扼要、通俗易懂、准确科学。语言运用的目的在于动之以情，晓之以理。语言不仅要清晰而且要注意语气、语调的变化和语速的调整，讲到重点、难点时要放慢语速。

在课堂教学中教师的语言表达能力是非常重要的，教师通过专业、清晰的语言表达，让学生能够正确做出反应并进行思考。课堂管理中，教师的一举一动、一言一行都可能成为管理行为。非语言教学的行为包括目光、表情、手势、姿态、距离、服饰等，它们伴随着语言教学，促使学生生成更生动、形象的记忆，同时非语言行为在课堂上又是一种极为微妙的沟通师生情感、加强师生联系的工具。在高效的教师课堂管理行为中，语言和非语言行为往往合理相伴使用。

体育教师的语言表达能力主要表现为口令的下达、动作要领讲解和课堂活动组织，在表达中要清晰、准确、抑扬顿挫，能够吸引学生的注意力。体育教师体态语言的运用非常重要，眼神、表情、手势等的运用对提高课堂教学效果也非常重要。

### （二）课堂常规的管理

教师的引导能够让学生在课堂中很好地管理自己的行为。课堂常规管理是制约课堂行为、确保课堂环境的最佳方式。体育课堂常规管理包括组织学生集中学习、排列队列队形、使用上课器材等。在课堂常规中教师的引导占据主要因素，在学生与教师相互适应一段时期后，课堂常规也就形成一种默契，从而可以更好地管理课堂，提高课堂教学效果。

### （三）互动学习的能力

课堂秩序也可通过教学过程中的师生互动来体现。如果互动的目的直接建立在活动本身，互动的对象就会相对稳定，维持时间也较长；如果互动的目的是外在的，为满足某种工具性的需要而设定，则这种互动不具有长久性。教师的吸引力取决于其内在的学识、专业技术、人格魅力和运用社会资源的方式，通过师生互动的制度化和合法化体现。在互动学习中，教师要具备与学生交往和沟通的能力，教师要在课堂中了解学生的需求，从而因地制宜、因材施教。在互动学习中也体现着学生与学生之间的相互学习，营造良好的课堂学习氛围，使教师从管理课堂秩序的角色，转变为调动课堂学习积极性的引导者。

### （四）偶发事件的处理能力

应提高教师对课堂偶发事件的调控技能。课堂教学中经常会遇到一些偶发事件，这些事件往往会扰乱教学秩序，如果处理不好就会造成混乱、激发矛盾。为此，教师在教学中应当随机应变，妥善处理偶发事件，做到临危不乱，但又必须坚持原则，始终保持师者风范。

**【案例赏析】**

在一次小学三年级的篮球课上，上课铃声响起，体育教师召集学生集合，学生边玩闹边走到队伍当中，进到队伍后，说笑仍在继续，且集合队形混乱。体育教师说："安静一下，站好队形，准备上课！"学生的声音依旧如故，对教师的劝告不予理会。教师停顿下继续说："现在倒计时 10 秒。"当教师数到"5"时，课堂安静了下来，学生站好了集合队形，教师对于学生在 5 秒内完成集合给予了表扬，并鼓励下一次争取在 3 秒内完成集合。

对于课堂中的混乱秩序，教师一开始没有用高声的命令的方式，而是给予学生自行调整的时间，待学生没反应后，教师实施口令倒计时的方式，这是一种课堂控制策略。在课堂的秩序管理上，教师并没有对学生实施惩罚，而是在既定的场景内用表扬替代了强硬的命令。

## 第二节　体育教师管理课堂空间的能力

体育课是在室外或体育馆内进行的，课堂空间较大，受天气、环境等因素的影响也较大。体育课既要向学生传授体育和卫生保健方面的基本知识、技术和技能，又要促进学生身心发展，这不仅是一种“教、学、练合一”的课程，而且是一种多种组织形式相互配合的课程，体育课中不仅有师生交往，还有大量的学生之间的交往，因此课堂空间的管理就尤其重要。

### 一、课堂空间的定义

课堂空间是一个特定的环境，课堂行为表现是师生日常素养、内在精神的成长与空间情景交互作用的结果。师生在深受课堂空间制约的同时，也通过实践努力创造和改变着课堂空间。课堂空间不仅是物化的教室场所，也是课堂中师生的生存境遇，还是真实生活和经历的空间，包含政治的、文化的、心理的等各种的因素。

### 二、体育教师管理课堂空间的能力

课堂空间以学生为中心，学生不仅是学习者和使用者，同时也是设计者和管理者。课堂空间主要体现在学生的学习空间和教师的教学空间，学生的学习空间是属于学生的，应根据不同的学习内容和练习内容调整学习的场地和学习空间的使用。

#### （一）学生的学习空间管理能力

在实际教学中，需考虑教学场地的范围，学生课上和课下活动的区域都属于学生的活动空间。学习和练习空间是属于学生的，应服务于学生的学习活动，保障学生的学习活动能够顺利进行。在课堂学习空间的管理上，要根据学习内容进行安排，如排球课程，学生不仅要学会横向距离的判断，还要在向上抛球时掌握高度的判断，对学习空间做出一定的调整，只有让学生实际参与其中，才能让学习空间更有价值。

### （二）教师的教学空间管理能力

课堂空间是师生互动交往、相互促进的场域，更是双方主动进行建设生成的领域。教师要具有引导性，在教学空间中设定教学活动空间，让学生在教师所划定空间视线范围内进行体育活动。体育教师的教学空间管理影响学生的活动，课堂空间作为教与学的主体存在的策略和场所，其中的情景是生动而复杂的，总处于一种流变状态中。师生是课堂空间的存在者，也是它的实践者和建构者。课堂空间不是一个单纯的客观的容器，而是经由师生的主观活动生产出来的，同时它也制约着主体。

体育课堂教学一般在室外或体育场馆内进行，以班级为授课单位，促进教育空间的使用，让学生集中在一起学习，发挥集体教育的优势，同时也能够减少师生由于空间变化带来的精力投入。但是有限的空间也是课堂教学和学生学习的约束空间，教师应充分利用有限的空间进行知识教学，并建构和知识相对应的实践情境，从而使得知识教学和自主练习相结合。

### （三）创造物理空间能力

创造物理课堂空间是为了吸引学生在场地内进行有效的学习，物理课堂空间包括队列队形的站位、教师与学生之间的间距、学生与学生之间的间距、运动场地的设计等。如篮球场地画线，场馆墙壁上画着篮球动漫的图片。

#### 1. 学生和教师的站位

学生集合队形的站位、练习队形的站位、练习的横向空间和纵向空间教师在设计课程中队形的站位也是非常重要的，学生观看教师示范的位置也决定学生的学习效果，所以教学中要加强与学生的沟通交流，根据学生的需要调整教学空间。

#### 2. 运动器材或辅助器材的摆放和使用

应根据教学内容和教学活动进行区分，保证课程正常进行。在集体项目练习和个人项目练习时要分别给予学生充足的相互配合学习场或个人练习区域。

3. 场地的温度、光线、地面等因素

在体育课程中，教学内容的安排也随自然环境的变化而改变，例如，冬季室外体育课程应考虑温度、地面等因素；夏季学生练习时间和强度也应根据温度和场地而具体设定。

### （四）心理环境的创设和营造能力

心理环境是存在于师生的内心世界的，在体育课堂中感受到的氛围感和舒适度。课堂中体现出友好、平等、积极、合作、尊重、欢快的氛围，有助于激发和保持学生的学习动机和情绪，能够提高教学质量，这种良好的课堂氛围也能够给教师带来积极的情绪体验和较高的个人教学效能感。教师在教学中要善于发现学生的优点，学会换位思考，平等交流。如课堂中的动作讲解可利用象形事物，从而使讲解生动易懂，也发挥了学生的想象力和思维能力。

体育课堂中也可通过体育游戏来缓解学生的压力，这有助于形成吸引力和安全感的课堂气氛。教师应积极了解学生的基本情况，对于课堂中出现的不恰当行为进行疏导，保持亲和力的沟通，平等对待每位学生。

## 三、营造课堂空间的技巧

### （一）教师积极的态度

教师在教学中的态度会间接影响学生的学习效果，所以作为学生的引导者，教师须在教学时保持精神状态饱满，积极热情，充分掌控课堂情况，充分利用眼神、肢体、手势进行空间管理。可选择适当时机在课堂内加入小游戏，缓解紧张的学习氛围，让学生充分放松。

### （二）为学生提供表现机会

在设计课堂教学中，课堂活动要满足多样的学习方式，在课堂引入阶段或练习后让学生有机会展示自己学习的技能，增加学生学习的信心，同时对在展示过程中存在的不足问题及时进行纠正，使用常见、公正、有效的评价形式，帮助学生真实评价自己的表现，给学生留出提问的时间。

### （三）创造学习共同目标

在体育课堂中教师和学生是在平等、相互尊重的氛围中完成教学具体任务、实现教学目标的。为了课堂的愉快、高效，教师应在学期初设立学期目标，在期末检验教学成果，在每节课前设立学习目标，在课堂结束前检验教学效果。加强教师与教师间的讨论沟通，也是有利于管理课堂教学空间的。

**【案例赏析】**

某小学体育教师教授三年级篮球课程，教师在第三周的课堂上讲解“双手胸前传球”动作。课程伊始，按常规，学生在体育馆教师规定的区域内进行热身，热身后教师讲解“双手胸前传球”的动作要领，要求学生以弧形队伍站位在教师面前，以便清晰听到教师讲解和看到动作示范。随后教师组织学生两人一组在球场内站为6排，排与排的间距是3米，学生左右距离为3米。学生自主拿球，按照教师的讲解练习，教师在练习场地内观察并指导学生练习。课程末尾，教师拿来图片向学生展示胸前传球分解动作，并对课堂进行总结。

案例分析：在体育教学中课堂空间不仅是物化的空间，同时包括发散性教学。教师在教学中让学生体会到胸前传球的空间距离感，对于小学生培养认知距离感有所帮助。学生练习时排与排之间的距离为3米，其不仅是教学的技术要求，同时也为学生练习安全考虑，所以在空间教学时教师也要根据实践练习强度提醒学生存在的运动安全隐患。最后识图讲解技术动作的环节，也是对空间教学的体现。

## 第三节　体育教师管理教学时间的能力

在教学中，保证充足的教与学时间是完成教学任务的必要条件，教学时间合理运用是提高教学质量的关键。这是需要教师在课堂设计时充分考虑的重要因素，要通过不断提高管理教学时间的能力，提升教师在课堂中精讲多练的效果，发挥学生的主观能动性、教师的引导力。

## 一、教学时间的定义

教学时间，即课堂教学时间，是一种有限的、不可再生和存储的资源。在教学时间内要完成教学任务、实现教学目标。如何在有限的课堂教学时间内，高效率地完成教学任务和教学效果，是教师在教学中应该思考的问题。

## 二、教学时间的层面

课堂教学时间一般分为四个层面：分配时间、教学时间、有效学习时间和失控时间。分配时间是指教学设计中分配给某个教学环节或教学内容的学习时间。教学时间是指教学某一内容实际所用的时间。有效学习时间是指学习者真正专注于某一教学内容并达到预期掌握程度所用的时间。失控时间是指无助于学习者掌握教学内容而浪费的时间，如管理课堂纪律花费的时间。

## 三、体育教师管理教学时间的能力

### （一）合理安排教学时间的能力

合理安排教学时间是教师在教学中的重要能力，一堂课程的教学时间为40~45 分钟，教师在安排教学时间时要注意课程设计的侧重点。教师在教学前教案的设计中须明确集合、热身、讲解、示范、练习和结束的各段时间长度，要精确到每一分钟，才能保证课堂教学效果。此外，减少浪费时间，有效调动学生学习的积极性，也是教师在教学课堂中面临的主要难题，同时在教学中要具备根据课堂的变化及时调整时间分配的能力。

在教学中，如果用于管理的时间和等待的时间较长，会让学生失去学习兴趣。教师的管理时间过长，说明课堂秩序混乱，练习不规范。所以，课堂中应尽量减少管理和组织的课堂秩序时间，这就需要教师管理时间的能力。管理时间的能力和教学水平相关。

较理想的教学时间分配应为活动练习时间占据 66%，为主要部分，教师说明示范时间占 22%，等待时间为 4%，管理实践为 6%，其他为 2%。理想的教学实践分配能够最大限度保证课堂教学效率，调动学生学习的积极性。要想合理地分配时间，教师应加强对课堂的管理能力，掌握教学的技巧（图 5–1）。

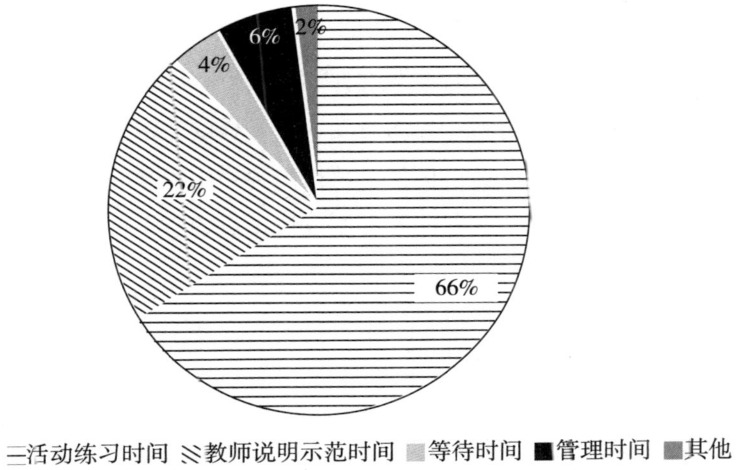


**图 5–1　较理想的体育课堂教学时间分配**

## （二）掌握教学时间的能力

体育教师按照预定的计划实施体育教学，以提升体育课堂教学效率及质量，优化体育课堂教学时间分配。掌握各阶段教学内容的所占时间也是教师能力的体现。

### 1. 教学设计合理，灵活把控时间

在教学安排和设计中要根据不同项目和学生层次安排相应的教学内容，课堂常规的程度，每个技术动作示范讲解、教学环节和教学步骤都应有相对精确和合理的时间安排。在不同的时间节点中，明确教师应该做什么，学生应该做什么，这样才能保证教学任务顺利完成，也是课堂规范化的表现。另外，要具有足够的灵活性和伸缩性，以便及时调整安排。

### 2. 最大限度地增加课堂时间效益

体育教师在上课前要了解学生的运动能力和水平，按学生的能力进行备课，

准备教案、器材，规划上课场地。保持快速、紧凑和有序的教学节奏，使课堂井然有序。在内容讲解时要精练清晰，控制讲解时间，多留给学生自己练习的时间。

3. 保持适当的教学节奏

在教学活动和环节相对平稳时，课堂教学要保持有序推进的节奏。在教学设计时要考虑教学内容的量，学习任务的难度、重要程度，学生的学习能力，以及学生的接受程度来确定教学节奏。例如，新授内容要用较慢的节奏去讲解，便于学生更好地理解和学习。对于复习内容可用较快一点的节奏，让学生快速恢复学习记忆。

## 四、管理教学时间的原则

课堂教学时间管理的目标与任务教学时间管理的主体是教师，教师要在有限的教学时间发挥教师的主导地位。合理运用课内外教学时间，以教学重点和教学难点为主要内容进行讲解和训练。

### （一）教学计划衔接周密而有弹性

在制订教学计划时，要提前安排好每个教学环节的时间，规避计划外的课堂事件，避免拖延，在规定的教学时间内完成教学任务。

### （二）课前熟悉场地环境和上课设备

体育课堂的教学地点通常为户外或室内运动场馆，教师应在上课前提前到达场地，熟悉场地环境和器材配备情况，如不符合课堂要求应及时调整。特别是室外场地容易遇到下雨天气或炎热、寒冷等因素，则应及时调整地点，以便学生体育课程正常进行。

**【案例赏析】**

某体育教师在初中二年级开学第一天的体育课程中介绍了学期课程安排、项目概况、课堂要求和期末考核等内容，上述内容讲述运用 10 分钟，学生热身 7 分钟，教师引导学生玩游戏 8 分钟，体育项目技能学习约 15 分钟，最后整理放松 5 分钟。

在第二次课程中集合、热身 8 分钟，技术讲解 10 分钟，学生练习 20 分钟，整理放松 7 分钟。

**分析：**教师在第一次与学生见面时可重点安排课堂要求和内容讲述的时间，务必给学生明确体育课堂的常规。在讲述后可让学生做一个暖场小游戏，调动学生的积极性，以奖励的方式去激励学生在课堂中积极参与体育活动。第一次课堂规定的要求有利于下一次课程的顺利进行，所以在第二次课堂时间安排上较为合理。

# 第六章 体育教师教学评价能力实训

CHAPTER 06

体育教学评价是指体育教师采用一定的方式方法对教学各要素进行测量、分析，并在此基础上进行价值判断的活动。影响体育课堂教学的要素（如教学环境、学习者、教师等）都可以作为评价的对象。在体育教学实践中，体育教师教学评价能力主要表现为学生学习过程的评价能力、学生学习结果的评价能力、体育教学过程的评价能力、体育教学效果的评价能力和体育评价方法的选择能力五种具体的技能。《义务教育体育与健康课程标准（2022 年版）》要求，依据学业质量对所反映的核心素养水平及学生的体育与健康课程学习情况进行判断和评估，对学生进行多样化学习评价。《普通高中体育与健康课程标准（2017 年版）》要求，教师需要对不同学习阶段的学生必修必学和必修选学的模块学习做出评价。这些标准的实质就是要求体育教师能够对学习者的学业表现及体育教学效果进行测试和评价。掌握体育教学评价能力，有利于提升体育教学的客观性和科学性，培养科学精神，同时也有助于提升体育教学效果，促进学生体育与健康学科核心素养的养成。

## 第一节　学生学习过程的评价能力

### 一、学习过程评价的概念和含义

体育学习过程评价是依据体育学习目标和体育教学的原则，对体育教学中的“学”与“教”的过程所进行的价值判断和量评工作。体育学习过程评价的概念包含以下三个基本含义。

### （一）体育学习过程评价是依据“体育学习目标和体育教学原则”进行的

体育学习目标是学生学习“是否获得了预先设定的成果，是否完成任务”的评判依据；而体育学习原则是对体育学习“是否做得合理，是否合乎体育学习基本要求”的评判依据。两个评价依据都具有客观性和规范性，也都具有评价的效度和信度。

### （二）体育学习过程评价的对象是“体育的‘学’与‘教’的过程和结果”

体育学习过程评价的重点对象是作为受教育者的学生的“学习”，包括学生的学力水平和品德行为及运动技能水平。

### （三）体育学习过程评价的工作内容是“价值判断和量评”

“价值判断”是定性的评价，主要是评价学习方向的正误、学习方法得恰当与否等；“量评”是定量的评价，主要是评价可以量化的学习过程，如身体素质的增长和掌握技能的数量等。

体育学习过程评价贯穿学习目标确定、内容选择、组织实施的各个环节。其目的是及时修正体育学习目标、解决体育学习过程中出现的问题以及实现体育学习资源的合理配置与组合，追求最佳效果和目标的达成，体育学习过程评价是一项实践性与操作性较强的工作。

过程性评价也称形成性评价，是指在体育教学活动过程中，为了及时了解情况，明确活动运行中存在的问题，及时修改或调整活动计划，以期获得更加理想的教学效果所进行的即时性评价。教师对学生学习过程的评价是体育教学评价中较传统的评价方式，由于评价的主体是有经验的教师，而评价的对象又是能反映教学效果和教学过程的学生。因此，这种评价一直受到人们的重视。

## 二、体育学习过程评价的原则

体育学习过程评价的原则就是教师对学生学习过程的评价所依据的准则，它反映了教师对学生学习过程的基本要求，对体育学习过程的评价起到制约和规范的作用。教师应正确理解过程评价，所谓过程性评价，是针对目标取向的终结性评价而言的。传统的评价观念常常受到目标取向的限制，将学生学习结果与预期的发展目标相对照，其目的是获得被评价者是否“达标”的数据，而过程评价强调把学生在学习过程中全部的学习情况纳入评价范围，强调被评价者与具体情境的交互作用，主张凡是具有教育价值的结果，不论是否与预定目标相符合，都应当受到评价的支持与肯定。教师对学生学习过程的评价是与学生成绩或结果评价相对应的，是对学生评价的重要组成部分。

### （一）先天差异原则

不同学生在身体与技能方面的先天差异较大，因此对体育教学评价的要求更高。在其他学科教学中，学生显现出的在思维、注意、分析、判断等智力方面的先天差异，没有在体育教学中学生显现出的在身体条件、运动能力、兴趣爱好等运动素质方面的先天差异明显。如做同一张试卷学生的成绩反映学生之间先天的智力差别就没有学生在学习同一个运动技术上所表现出的身体形态、基本活动能力和运动素质的差别明显。在体育教学中经常出现有的学生无论怎么努力，运动成绩也不能及格，而有的学生即使不用练，也可以达到较好的成绩的现象。这对体育教师组织体育教学和进行体育评价提出了更高的要求。因此，必须激发与调动每位学生的体育学习积极性，挖掘每位学生的学习潜力，实现全体学生的进步和发展。

### （二）“即时评价”原则

在体育教学中，学生的学习行为一直在被正式或非正式地评价着，一个学生的动作做得好与不好，同学们都是看在眼中、挂在嘴上的，具有很强的外显性和即时性。这与其他学科很不相同，因为其他学科的教学成果主要形式为头脑中的认知和理解，不具有很强的外显性和即时性。所以这个特点容易使那些技能差的学生经常感到难堪，这也是一部分学生视体育课如“畏途”的原因之一。教师要正确认识体育教学的评价特点，恰当地运用和调整，扬长避短，使体育教学评价发挥激励和促进发展的作用。

### （三）学生身体自尊原则

身体自尊是学生自尊的重要部分，也是很敏感的部分，与对学生运动技能学习和身体素质的评价密切关联。评价学生的身高、体形、灵敏性、动作的美感时，运用不恰当的语言（如“镫子”“胖子”“笨蛋”“蠢猪”等）就会严重地伤害学生的身体自尊心。如果在体育教学中教师的评价伤害了学生的身体自尊，那么这个学生很难形成对体育的积极性和对体育教学的好感。因此要尊重学生，要重视学生对自尊的自我保护心理，对于处于被评价地位、可能在评价中被伤害的学生，要特别注意体育教学评价的负面影响，采取人性化的评价方法，充分地激励学生的学习与进步。

## 三、学生学习过程评价的基本模式

评价学生体育学习过程的形式，应以教师评价为主，以学生自我评价与相互评价为辅。因为教师最了解学生的学习情况，评价的手段最有效（如现场测试等），并具有丰富的评价经验，因此，对学生的运动技能与身体素质的评定，应以教师为主。学生（特别是小学低年级学生），容易受到知识经验、情感态度、人际关系等诸多因素的影响，其自我评价与相互评价带有一定的局限性与感情色彩，但学生对学习态度、情意表现、合作精神、自我了解及相互了解较深，因此，对这 5 个方面的内容评价，可以学生自我评价与相互评价为主，这有利于加强学生的自我教育与相互教育。学生对运动技能与身体素质的自我评价与相互评价，可作为教师评定学生学习成绩的重要参考，但不应作为主要依据。

### （一）教评生模式

教师对学生学习过程的评价是体育教学评价中较传统的评价方式，由于评价的主体是有经验的教师，而评价的对象又是能反映教学效果和教学过程的学生，因此这种评价一直受到人们的重视。过程性评价也称形成性评价，是指在体育教学活动过程中，为了及时了解情况，明确活动运行中存在的问题，及时修改或调整活动计划，以期获得更加理想的教学效果所进行的即时性评价。过程性评价重视评价的反馈功能，经常通过采用各种评价方法和工具对学生学习进行评估，并将结果及时反馈给学生，因而实现对教授和学习的有效控制。因此过程性评价具有直接、具体、及时和针对性强的特点。过程性评价所涉及的内容广泛，方法和手段灵活多样。

过程性评价的内容包括学生的行为态度（包括创新意识、参与意识、努力程度、体育课出勤及课堂表现），行为能力（包括锻炼和学习的方法、良好习惯的养成、自控能力），体育知识（包括所学项目的健身价值、基本技术要求、锻炼方法），学习目标，拼搏精神和学习效果。其主要方法有表扬、批评、抑制、激励，经常采用的评价手段为口头指示、手势、眼神、问卷、技能小测验、简短评语等。

### （二）学生自评模式

学生对学习的评价属于自我评价，应包含自评与互评两方面内容，它是学生成绩评定的重要组成部分，有较高的参考价值，是教师对学生评价的补充。学生自评是指学生对自己的运动技能、学习态度、情意表现、合作意识与运动参与等方面进行的综合评价。

学生对学习过程的评价是新的教育理念和新的《体育与健康课程标准》着力提倡和重视的评价，这种评价包括教学过程和教学效果两个方面，主要形式有学生的自我评价和相互评价两种。这两种评价有利于培养学生的自我反省和客观评价的态度，具有特殊的教育功能。它还有助于学生的民主素养的形成，有助于培养他们正确地行使民主权利的能力，同时还可以使学生在评价实践中不断提高观察事物和分析问题的能力。但是，这种评价应从学生的实际出发，学生年龄过小时不宜使用这种评价。我们既要强调和重视学生的评价，又不可完全依靠学生的评价。

学生对学习的自我评价可以唤起学生对自己体育学习态度和表现的“自省”，帮助学生提高自我认识和自我教育的意识与能力。学生的自我评价可以学校制订的评价目标为标准，来判断个人达标的程度，也可以让学生自己确定评价标准，来判断自己的优势和进步。前一种方式适合在期末或学年末的评价时使用，后一种方式适用于日常性的自我评价。

学生自我评价的内容有学习目标、参与程度、拼搏精神和学习效果等，方法可采用自省、自评、自我反馈、自我暗示等，手段包括目标的回顾、学习卡片、成绩前后对比、行为的检点等。

### （三）学生互评模式

学生互评是指学生对小组里的成员进行综合评价。随着学生学段的升高，应更加重视学生自我评价和相互评价的作用。学生之间对学习的相互评价可以起到“同伴的镜子”和“同行者的激励”的特殊作用，帮助学生提高观察能力和评价他人的能力，有助于学生之间的交往与交流并增强学生的团队意识。学生之间的“互评”很有意义，也很生动。相互评价方法主要有互评、互议、学习同伴优点、指出同伴不足等，相互评价的手段主要有观察、记录卡片、课中讨论等。

## 四、学生学习过程评价的影响因素

### （一）体育教师的评价素养是关键因素

课堂教学的质量及效率在很大程度上取决于教师教学评价的质量及水平，因此，在以评价促进学习和教学的模式下，发展教师的教学评价素养是提高教学水平与学业成就的必然途径。教师作为新的评价共同体中的一员，要扮演十分重要的角色，这种角色需要教师有正确的评价理念，掌握教学目标和评价目标、评价方法、结果的解释运用和交流等方面的知识基础，即要具有较高的评价素养，才能更好地承担评价责任，实施学习的评价。如果教师不具备足够的能力或素养，所带来的后果是相当严重的，最为直接的后果便是造成教学质量的低下。因为任何课堂教学的质量最终都受到评价的制约。高质量的评价能够创造激励学生学习的环境，能够为学生的学习提供充分的支持，成为高质量教学的关键组成部分。而低质量的评价只能给学生的学习造成伤害，这种伤害不仅影响学生的现在，还有可能会影响学生的未来。评价质量的关键是教师的评价素养。

### （二）学生参与是核心因素

形成性评价实践的核心，即让学生从开始学习时就参与进来，这样的评价才能满足教师和学生的信息需求，获得最强的动机和最大成就。促进学习的评价始终离不开学生的参与。学生参与不是被动的、表面的、仪式化的而是自主的、深度的、持续性的。学生不是被动地等待外来的评价与考核，而是主动地或在教师引导下实施评价。学生只有主动地参与评价，运用评价信息来设定学习目标、做出学习决策、进行自我评价，才有可能促进学习，获得学业进步。学生参与评价意味着学生运用评价信息管理自己的学习，知道怎样才能实现预期目标、怎样才能学得最好，进而规划改进后续的行动。

### （三）有效的反馈是主要因素

形成性评价是通过诊断教育方案或计划、教育过程或活动中存在的问题，为正在进行的教育活动提供反馈信息，以提高正在进行的教育活动质量的评价。从实施过程来看，形成性评价与中医的“望闻问切”诊断法有异曲同工之妙，通过“评价诊断—反馈信息—修正问题—提高质量”等阶段和对教学各环节的实时监控，形成对教育者和受教者即时性的影响效应，切实达到提高教学质量和人才培养质量的根本宗旨。作为教学主体的师生，可以通过形成性评价的诊断，及时反思，不断完善，保证教学过程的完整性；提高质量，确保实效性。与此同时，形成性评价应在机制上“诊断、反馈、修正”三位一体，确保“评价不是为了证明，而是为了改进”。

## 五、提高学习过程评价能力的策略

### （一）设计策略

#### 1. 研究“新课标”，分析学生

教师要充分理解新课标的评价精神，把握学生学习过程的评价的重点和难点，注重学生学习的整体性和持续性，准确把握评价方法与操作要求，明白“评价什么”“怎么评价”，使评价更好地为学生的学习进步服务。同时，教师要了解学生体育与健康知识的储备、运动技能的水平、心理和思维的特征及学习的态度和动机等，分析学生学习中可能遇到的困难，为评价目标的制订、评价内容的选取、评价方法和手段的选择以及评价过程的安排等提供依据，使学生学习过程评价真正做到有的放矢，从而提高学生学习评价的有效性。

2. 定目标，敢探索

根据不同教学阶段的课程标准，教师要完成不同的教学任务，学生要达成不同的学习目标。学习评价是为实现教和学的目标服务的，因此，在不同的教学阶段，对学生学习评价的目的、内容、方法与形式也有不同的侧重。由于课标未对此加以区分，因此在评价实践上要敢于探索，促使新评价理念的贯彻落实，有效发挥评价功能。在新课程、新评价的实践中，教师要善于总结落实新评价理念的切合实际的具体操作方法，其中包括自评、互评成绩作为参考，根据学生的不同情况校正教师最终评定，力求工作量与效果统一，重视平时对学生的观察记录，以期末综合方法等级评价的方法取代期末评价成绩计算，充分认识与运用好评价对学生的双向作用等，为提高体育与健康课程评价的实用性做出探索。

3. 重过程，轻结果

新课标的相关部分强调了评价教学过程不要求过分重视教学的结果；不主张一味采用定量的测验，要重视学生的参与和态度。提倡和强调体育课堂过程性评价，是针对过去的体育课堂评价过分重视静态的、可量化和浅层次的体育学习成果，忽视动态的、难以量化的和高层次的体育学习过程和效果而提出的，对促进体育教师教学方式和学生学习方式的转变极为有利。过程性评价具有全面、及时、深入、灵活和持久等优点，体育学习过程性评价采用开放的、即时的评价方式对体育兴趣、态度和价值观与运动技能学习的评价非常有效。保证体育与健康新课标的实施是非常重要的。

## （二）实施策略

1. 结合多元主体，促进学生发展

新课程倡导的评价体系中，多元主体参与的评价对学生的兴趣发展、个性培养、技能增强有非常重要的意义。评价是为了促进学生发展，应以教师评价、学生自评、小组互评结合，教师评价为主，学生评价为辅。教师采用各种评价方法和工具对学生学习进行评估，并将结果及时反馈给学生，因而能够实现对教学和学习的有效控制。为学生创造机会，引导学生对自己的学习情况进行评价，学生相互间进行评价。这种评价一方面可以使教师更好地了解学生的学习情况，同时自我评价、相互评价还能加深学生对体育课程学习内容的把握，有利于提升学生对学习活动的自我期待，提高学生自学、自练、自评的能力，增加学生之间交流的机会。

### 2. 巧妙运用评价语言，营造学习氛围

在课堂教学过程中，教师可利用教学评价语言营造良好的课堂气氛，培养学生主动学习的习惯。这就需要教师不仅要注意评价语言的准确性、逻辑性、教育性，而且要注意评价语言的生动、形象和趣味性，使其对学生产生强烈的感染力，创设情境，让学生在和谐的气氛与节奏中进入情境，自主学练。

### 3. 善于反思性评价，提升学习能力

反思性评价强调在学习中采用自我参照标准，引导学生对体育学习中技能掌握中的各种表现进行自我反思性评价，强调师生之间、生生之间对彼此个性化的表现进行评定和鉴赏。反思、总结的过程实质是学生自我教育的过程，学生不断进行反思评价，再不断进行纠正，从而提高自我教育能力。评价是为了发展，为了发展的评价是没有止境的。在这种观念的指导下，反思反馈是学习过程评价中最有意义的一个环节。引导学生反思性评价，鼓励自我反思性评价，让学生在自我反思中学会学习，学会思考，学会诊断，学会改进，从而使学生了解有哪些进步，还有哪些问题，去追踪这些问题，解决这些问题。

**【案例赏析 1】**

#### 档案袋评价法①

档案袋评价法，又称成长记录评价法，是指有计划地、系统地收集学生作品，用来描述学生进步，展示学生的学习成就，评估学生学习状况的方法。这种方法是在取得学生的认同下，有意识地把学生学习过程的学习计划、课外锻炼计划、锻炼日记及总结，自我评价、同伴评价、家长评价、教师评价的记录，在体育竞

① 周登嵩. 学校体育热点 50 问 [M]. 北京：高等教育出版社，2007.

赛中获奖记录，体能测验的数据、体质与健康测验的数据，参与社区体育活动的记录等内容收集起来，通过合理的分析和解释，反映学生在达成学习目标过程中付出的努力及取得的进步，找出锻炼和发展过程中的优势与不足，以促进学生进步。

在实施档案袋评价法时，需要进行的相关工作如下。

第一，要抽出时间与学生就档案袋评价的使用进行讲解，使学生了解档案袋的意义。同时，要将实施档案袋评价的计划告知其教师和家长，以取得他们的支持。

第二，抽出专门时间就如何建立档案袋对学生进行详细的指导，并展示档案袋的样例。

第三，要对档案袋如何用于教学、怎样为教师和学生提供反馈做出计划。

第四，在实施过程中，教师要随时对学生做观察记录和轶事记录，还要不定期地组织档案袋的展示活动，邀请其他教师、学生和家长观看学生的发展成果。

一个档案袋通常包括以下几个部分。

①封面。包括本人的姓名、年级、专业等，以及对自己这个阶段学习过程与进步的总结反思。

②目录。

③档案袋中的材料内容。每份材料都要标明时间。

④学生对自己学习的反思。可涉及以下问题：我通过这项学习得到了什么？我哪些方面做得好？我还要提高什么？我对自己的表现满意吗？我还存在哪些方面的问题？

**【案例赏析2】**

## 学习契约评价法

学习契约也称学习合同，它是一份由学生和教师共同协商拟定的书面资料。学习契约可清楚表明学生的学习目标、学习内容、练习方法和次数、技术掌握程度、锻炼时间、教师指导形式及评价方法等，以规范学生和教师在评价中的职责。体育学习契约和对体育学习契约的反思示例见表6–1和表6–2。

表 6-1　体育学习契约示例

| | |
|---|---|
| 姓名： | 日期： |
| 体育学习结果： | |
| 预期要完成的任务： | |
| 新的知识和运动技能： | |
| 巩固体育学习计划的日期： | |
| 体育学习的评价标准： | |
| 学生签名： | |
| 家长签名： | |
| 教师签名： | |

表 6-2　对体育学习契约的反思示例

| | |
|---|---|
| 姓名： | 日期： |
| 迄今为止，你取得了哪些进步？ | |
| 直到现在，还有什么问题没有解决？ | |
| 你遇到过什么样的困难？ | |
| 迄今为止，你有哪些个人的体育特长和兴趣？ | |
| 你还需要哪些体育资源？你能得到吗？ | |
| 你对原来的学习计划做了什么改变？ | |

# 第二节　学生学习结果的评价能力

## 一、学生学习结果评价的概念和含义

教师对学生学习结果的评价是教师对学生学习效果的总结性评价。这种总结性评价一般是在学期、学年或某项教学活动结束时，为判断其效果而进行的。从这个意义上讲，总结性评价不仅是对学生学习效果的分析，更是教师对自己阶段性教学质量的总结过程。因此，其对学生和教师都是至关重要的。

新课程标准把“体能、知识与技能、学习态度、情意表现与合作精神”列为评定学生体育学习结果的要素。

对学生学习结果的评定实际上就是教学结束阶段的学习评价，必须对学生达成学习目标的情况进行评估鉴定。但由于评价内容、方法与方式都是多元的，如果不分主次或主次颠倒，就不能客观、全面地反映学生体育课程学习的结果，因而不能发挥学习评价的激励与发展功能。

学习结果应由学生学习成绩反映，在教学结束阶段就应该对学生“学得怎样”作出判定，所以应以终结性评价为主，以过程性评价为辅。

学习与掌握体育与健康的知识、技能和促进学生的身体健康，是体育课程教学最主要的任务，所占教学时间最多，学生为此付出的努力最大。因此在教学结束时，对学生体育学习结果的评定，应以运动技能的掌握程度与身体素质的提高程度为主。

## 二、学习结果评价的原则

体育学习结果评价是依据体育教学目标和体育教学原则来进行的，体育教学目标是体育教学“是否获得了预先设定的成果，是否完成任务”的评判依据；而体育教学原则是教学“是否做得合理，是否合乎体育教学基本要求”的评判依据。

体育学习结果评价贯穿教学目标确定、内容选择、组织实施的各个环节。其目的是及时修正体育教学目标、解决体育教学中出现的问题及实现体育教学资源的合理配置与组合，追求最佳效果并达成目标，体育学习结果评价是一项实践性与操作性较强的工作。因此，在进行体育学习结果评价时必须遵循以下原则。

### （一）发展性原则

新课程改革的核心理念是“一切为了学生的发展”。学习结果评价也要用发展的观点，以发展为本的指导思想去评价学生，对学生在学习中的点滴进步要给予肯定，鼓励他们不断努力。要关注学生的个体差异，制订个性化的发展目标和评价标准。

### （二）结果双向原则

学生获得好的学习成绩是一种示范、一种奖励，可以激励学生更好地发展；

学生学习成绩不理想，是自己学习结果的反映、警示，使其真实地了解自己的不足，从反面激励其要更加努力学习，以求更大的发展，这两者的关系是辩证的。研究表明，正面的评价固然能对学生有很好的激励作用，使他们获得成功的体验，而适当的负面的评价对学生有很强的警示作用，同样也是一种激励。且有时正面的成绩评价反而具有负面的作用，如有些同学得了高分后就不愿意再学习，认为自己的水平已经很好了，不用再学了。作为教师不得不考虑到这些情况，因此，教师们应当要看重评价结果对学生的双向作用。

### （三）多元化原则

选择评价方法应该以能否促进学生更有效地学习为标准。在体育与健康的教学实践中，学习目标主要是在过程中完成的，其中许多目标（如学习态度、情意表现、合作精神、创新能力、发现问题和解决问题的能力等）如果不在过程中进行评价，放到学期末一起来“算总账”是毫无意义的。因此，体育与健康课程的学习评价方法必须多元化，即诊断性评价、形成性评价和终结性评价“三位一体”。例如，对某学生的学习进行评价，首先应进行诊断性评价，也就是在学期开始时对该学生的现有体育与健康课程学习水平做一个评价；然后在学生体育与健康课程学习的过程中随时进行评价，要兼顾体育教师的外部评价及学生的自我评价。这些评价有利于体育教师和学生自己随时发现教学过程中存在的问题（包括学生的学习方法和学习态度、教师的教学方法和教学态度等方面的问题），并随时加以改进，这即是形成性评价；最后在学期结束时，再对学生的体育与健康课程学习情况做一个终结性评价。只有通过多种评价方式的有机结合，才能真正准确而公正地评价一个学生的体育学习情况，既能保证评价结果的信度和效度，又能调动学生学习和教师教学的积极性。

## 三、学习结果评价的内容、方法及标准

### （一）学习结果评价的内容与方法

课程标准把“体能、知识与技能、学习态度、情意表现与合作精神”列为评定学生体育学习成绩的内容。学习成绩应是学生学习结果的反映，是在教学结束

阶段对学生学习结果的评定，所以在方法上，学习结果评价应以终结性评价为主，以过程性评价为辅。

学习与掌握体育与健康的知识、技能和增进学生的身体健康，是体育课程教学最主要的任务，在教学中占据的教学时间最多，学生为此付出的努力最大，因此在教学结束时，对学生体育学习成绩的评定，应以运动技能的掌握程度与身体素质的提高程度为主，可以定量评价与等级评价为主。

学生的学习态度、情意表现与合作精神是很难进行量性评价的，可以质性评价与评语为主。

### （二）学习结果评价的标准

体育课学习表现（学习态度、情意表现、合作精神）的评价标准、体育与健康基础知识的评价标准、身体素质和运动能力的评价标准、运动技能和技巧的评价标准如下。

#### 1. 体育课学习表现（学习态度、情意表现、合作精神）的评价标准

用记分的方法评价学生的学习表现是很困难的，尤其在学生人数多的情况下难度更大。针对这一实际情况，可采取百分制和等级制相结合的方法。具体做法是，先评出等级，如优、良、及格、不及格，再换算成分数，如优为 90 分以上，良为 75 分至 89 分，及格为 60 分至 74 分，不及格为 60 分以下。为了便于操作，还可把分数分成几个档次，如 95 分、90 分、85 分、80 分、75 分、70 分、65 分、60 分、55 分……再确定等级分数，但不宜分得过细，否则不易操作。

#### 2. 体育与健康基础知识的评价标准

对体育与健康知识的掌握进行评价时，宜采取书面测验的方式，试题可依据教学大纲的要求自行编制。评分标准可以根据试题的数量和难度来确定，测验时间一般应控制在 20 ~ 45 分钟，评分方法宜采取百分制。为了不过分增加学生的负担，命题应力求清楚、准确，答案应简明扼要并有利于评分。

### 3. 身体素质和运动能力的评价标准

身体素质和运动能力的评价虽然是体育教学评价的重点，但必须考虑到个体的差异是巨大的。一般来说，南方学生的身体素质在速度、灵巧性方面较好[①]；而北方学生的力量、耐力较强[②]。因此评价学生的身体素质和运动能力时，要考虑到针对性，根据学生的身体发展需要，参考《学生体质健康标准》等针对性地制定评分标准。

### 4. 运动技能和技巧的评价标准

运动技能、技巧的评价可采用百分制或百分制与等级制相结合的方法。采用百分制时，可先确定四个分数段，即 90~100 分、75~89 分、60~74 分、60 分以下。为了便于操作，也可采用百分制和等级制相结合的方法，先评出四个等级，即优秀、良好、及格、不及格，再根据等级归入相应的分数段，并根据情况适当调整分数。

## 四、学生学习结果评价的影响因素

### （一）客观因素

过去在考核学生体育学习成绩时，主要是以统一的考核标准为依据，根据对学生的考核测验结果，来评定学生的学习成绩的。看上去似乎很公平，但存在一定的缺陷。因为考核标准是统一、固定的，而考核测验的客观因素却很难达成一致，由于考核测验时受客观因素的影响较大，所以在一定程度上影响了考核评价的公平性。这里的客观因素主要是指一些外界的、不以学生主观意志为转移的因素，主要有季节、天气、身体状态、考核时间、场地器材等。在考核评定学生体育成绩时，应当考虑这些因素，使考核成绩评价更加公平、合理。

① 郑厚成 . 体育与健康（北方版）（修订版）［M］. 北京：高等教育出版社，2014.

② 郑厚成 . 体育与健康（南方版）（修订版）［M］. 北京：高等教育出版社，2014.

### （二）个体差异的因素

学生在体能、技能、兴趣、个性等方面存在着很大差异，有些学生不用怎么努力，体能和运动技能成绩也能达到优秀，有些学生“天分”较差，无论怎么努力，成绩依然无法及格。如果只单纯地评价学生的体能和运动技能，对后者是很不公平的，将会严重挫伤他们的自信心和自尊心，削弱他们体育学习的积极性，使他们远离体育活动。另外，一直以来我国的体育教学目标和任务除要求学生掌握运动基本知识和技能外，还有诸如“培养学生锻炼身体的习惯”“增强学生对外界环境的适应能力”“锻炼意志，培养勇敢、顽强、朝气蓬勃和进取向上的精神”等目标。然而，过去我们对学生体育学习的评价内容仅局限于体能和运动技能，对其他目标的评价未体现出来，使得有些教学目标形如虚设，从而造成体育学习评价与教学目标的脱节。因此，对学生体育学习成绩的评价不但要包括体能、运动知识和技能，还要有学习态度、情意表现与合作精神等方面的内容，使“天分”较差的学生可以通过平时的努力以及体育学习中的行为表现来获得比较理想的学习成绩，从而保证体育学习评价的公平性和教育功能，以及其与教学目标的一致性。

## 五、提高学习结果评价能力的策略

### （一）设计策略

#### 1. 明确评价目的

进行体育教学评价主要有以下四个目的。

（1）判断学生的体育学习潜力，选拔学生（选拔目的）

根据选拔的要求和标准，为选拔进行体育评价，以选择优秀的学生参加体育竞赛、评选体育优秀学生等。在这种评价目的下，评价是选优性的，并不面对全体学生，评价的目的有时也不指向教学目标，因此，这种体育教学评价不是主要的评价。

（2）判断学生的体育学习状况，评定成绩（甄别目的）

根据学籍管理的要求和标准，为甄别学生学习状态评定学生成绩的评价，如为学期末成绩评定进行的体育考核、为学生体育标准的成绩评定进行的达标测验等。在这种评价目的下，评价是甄别和评比性的，评价面对全体学生，评价指向体育学习的效果和学习的态度，也部分指向学生的体育基础，这种评价目的在体育教学评价中占有重要的地位，在过去一段时间，它曾是体育教学评价的绝对主要目的，甚至唯一目的。

（3）发现学生的体育学习问题，帮助进步（发展目的）

根据教学的要求和需要，为发现和反馈学习中的问题进行的评价，它是为使学生认清其运动技能的不足和症结，为帮助学生取得进一步的学习效果进行的探究式评价和解惑式评价等。这种评价目的是教学，评价面对全体学生的学习与发展，评价指向学生的学习困难和前进方向，这种评价目的在体育教学评价中占有重要的地位，在过去一段时间里它并没有得到充分的重视，是今后体育教学评价应该特别研究和加强的。

（4）反馈学生的体育学习进步，激励学生（激励目的）

根据教学的要求和需要，为使学生发现自己的进步和进一步发展的潜力而进行的评价，帮助学生获得学习的成就感和自信。这种评价是面对全体学生的积极性与自信心的，评价指向学生学习进步和努力的方向，这种评价在体育教学评价中占有非常重要的地位，但在过去一段时间也没有得到充分的重视，因此它也是今后体育教学评价应该特别研究和加强的。

### 2. 合理有效分类

关于体育教学评价，从不同的视角出发可以有很多不同的分类。现在主要有以下几种分类方法。

（1）根据“谁来评价”和“评价什么”

体育教学评价根据该分类视角可以分为教师对学习结果的评价，教师对学习过程的评价；学生的自我评价，学生之间的相互评价；教师对教师的评价，教师的自我评价；学生对教学的随时反馈，学生的评教活动；其他的评价方式。

（2）根据体育教学的过程

体育教学评价根据体育教学的过程可以分为诊断性评价、过程性评价、终结性评价三类。

（3）根据评价标准的不同

体育教学评价根据该分类视角可分为相对性评价、绝对性评价两大类。

（4）根据评价的量化程度不同

体育教学评价根据该分类视角可分为定量评价、定性评价两大类。

（5）根据评价主体的不同

体育教学评价根据该分类视角可分为他人评价、自我评价、相互评价三大类。

（6）根据评价视角的不同

体育教学评价根据该分类视角可分为一元评价、多元评价两大类。

（7）根据评价内容的不同

体育教学评价根据该分类视角可分为对教师教学的评价、对学生学习的评价两大类。

所有评价的方式和方法没有好坏的区分，只有从自己的实际需要出发才能找到更适合自己的评价方法。

## （二）实施策略

### 1. 公正公开地评价学生成绩

教师要公正公开地评价学生成绩，首先是公开体育课成绩的评价标准，其次是公正评价体育课成绩的内容，这是体育课程改革的关键（就是人们常说的“指挥棒”），最后是采用多角度和发展的眼光来综合评价学生的学习成绩，从而不断激发学生对体育课的积极性与主动性。

### 2. 重视个体差异

在体育学习成绩评定中，关注学生的个体差异既要关注学生学习条件的差异，更要关注学生学习结果的差异；既要关注体育差生的弱势，也要关注体育尖子生的优势。关注学生的个体差异，重点要放在教学方法上，要因材施教，而不是降低学习要求，或人为地拉平体育差生与体育尖子生的学习成绩。

3. 评定学生成绩要分清主次

在评定学生的体育学习成绩时，应以终结性评价为主，以学生的运动技能与身体素质评价为主。评定学生体育学习成绩的形式，应以教师评价为主，以学生自我评价与相互评价为辅。若忽视学生体育学习结果的评价，或评价不符合教育规律，容易导致体育教学虚无化。

**【案例赏析】**

一、考核内容及所占总评比例方法

体育课成绩总评分＝出勤情况（20%）＋学习态度（40%）＋学生自我评定和相互评定（20%）＋考试技能成绩（20%）

二、各项内容具体评分方法

（一）出勤（20 分）

①全勤得 20 分。

②迟到或早退 1 次扣 1 分。

③旷课 1 次扣 2 分。

④此项总分不足 8 分，则不及格。0 分以下则不能参加体育课成绩评定。

（二）学习态度（40 分）

1. 练习态度（20 分）

①练习认真每次加（1 ／总课时数）×20 分。

②练习态度一般，不加分，也不扣分。

③练习不认真，不加分，扣 1 分。

④此项得分少于 8 分，则不及格，0 分以下不能参加体育课成绩评定。

2. 考试态度（20 分）

①认真每次加（1 ／考试总次数）×20 分。

②较认真每次加（1 ／考试总次数）×10 分。

③不认真要重考，补考后可得（1 ／考试总次数）×8 分。

④补考时还不认真者，成绩按不及格处理。

（三）学生自我评定和相互评定（20 分）

①评价分为四个等级：优秀、良好、合格、不合格。

②学生自我评定满分为 4 分。

③学生相互评定满分为 16 分。

优秀、良好、合格、不合格四个等级按照 100%、75%、50%、25% 的比例给分。

（四）技能评定（20 分）

按学生实际运动水平，结合评分方法以百分制打分，再用得到的分 ×20% 计入总成绩，例如，学生 100 米、跳远得 90 分，则总成绩的技能评定为 90×20%=18（分）。

案例分析：上述案例在评定学生体育课成绩时，通过平时的量化管理，加大了学生平时表现占体育课成绩的比例，较全面地将出勤、学习态度、自我评定和相互评定及学生的身体素质、技能水平考虑到评分中。它是一种利于增强学生体质、培养学生纪律性、充分调动学生参与体育锻炼积极性和主动性的方法。每个学生只通过上好体育课提高身体素质是不太可能的，但每个学生通过上好体育课提高运动技术水平却切实可行的，因此该案例中对运动技能的评价所占比例不足，应适当加以调整。面对该体育课成绩考核评定方法，各个教师可结合本校学生情况，在平时表现的各项内容评分比例上，适当进行调整，可增加早操、课间操、课外活动、理论考试等内容，以利于学生积极参加体育锻炼。

## 第三节　体育教学过程的评价能力

### 一、体育教学过程评价的定义

体育教学过程评价是指在体育教学过程中，以目标多元、方式多样、注重学习过程的原则，将量化评价和质性评价相结合，构建一个多元、连续、注重表现的评价体系，从知识与技能、过程与方法、情感态度与价值观等方面对教学过程进行全面的评价。

### 二、体育教学过程评价的目的

体育教学过程评价以学生为本、尊重学生、注重学生的身心发展，其主要目的在于了解学生在体育学习过程中对技能学习的把握及感受，及时找出不足，为学生提供展示自己能力、水平、个性的机会，使他们体验到体育的乐趣，提高自我认识、自我发展的能力，从而获得进步和发展。

## 三、体育教学过程评价的类型

### （一）诊断性评价

诊断性评价是指在教学活动开始之前对学生的知识、技能及情感等状况进行的预测。通过这种预测可以了解学生的知识基础和准备状况，判断他们是否具备当前教学目标所要求的条件，为实现因材施教提供依据。另外，诊断性评价主要是指对问题的诊断，学生在课堂学习的过程中，在技能学习上不仅会遇到困难（如对技术动作不理解、动作不到位），还可能遇到情感或社交方面的问题（如当天的心情、对教师的喜爱程度、与同学的关系等）。所以，作为教师，应该找出问题所在，并从适当的角度选择解决方法。

诊断性评价的方法如下。首先，检查学生的学习准备程度，教学开始的初期教师应对下列因素进行诊断：①学生的身体状况。体育教学的任务就是向学生传授体育知识、技术与技能，体育技能的学习过程主要是以身体活动为手段的教育，因此，课前诊断学生的身体状况是非常重要的。②对体育的学习态度。学习态度作为一种对待学习的内部状态，它影响着学生学习过程中的积极性、自觉性及反复练习的主动性。③注意力的稳定性。学生的注意力是有限的，尤其是较低年级的小学生，他们的好奇心强、注意力易分散，教师在教学过程应根据学生年龄特点选择适合的教学方法。其次，对学生进行适当安置，把学生安置在水平大致相当的学生群体中，在一定程度上可以解决个别差异问题，促使每个学生都能取得学习进步，使学生可以根据自身特点选择多样化的学习方式。最后，辨识造成学生学习困难的原因。在教学开始的阶段，虽然对学生进行了适当的安置，但个别学生在学习的过程中进步速度慢，达不到教师预定的教学目标，在这种情况下，教师要及时进行诊断评价来查明学生完不成学习任务的原因，设计方案，采取有效措施，排除其干扰因素。

### （二）形成性评价

形成性评价是指在教学过程中为了解学生的学习情况，及时发现教学中的问题而进行的评价。其在教学过程中通常会采用非正式考试或单元测验的形式来进行。教师可以随时了解学生在学习上的进展情况，获得教学过程中的连续反馈，为教师随时调整教学计划、改进教学方法提供参考。其目的是激励学生学习，帮助学生有效调控自己的学习过程，使学生获得成就感，增强自信心，培养其合作精神。

形成性评价的作用如下：首先，教师可以随时了解学生在学习上的情况，获得教学过程中连续的反馈，以便随时调整教学计划，改进教学方法。如果发现个别学生没有达到单元教学目标的要求，那么教师就要对学生及时地进行个别辅导。其次，通过形成性评价，学生也可以了解自己的学习情况，获得学习上的反馈，借以肯定或修正自己的学习方式。

### （三）总结性评价

总结性评价又称终结性评价、事后评价，一般是在教学活动告一段落后，为了解教学活动的最终效果而进行的评价。学期中或学期末进行的各科考试、考核都属于这种评价，其目的是检验学生的学业是否最终达到了教学目标的要求。

总结性评价的作用如下：首先，评价学生的学习成绩，从学期中测试结果可以反映出学习者的学习态度、技能的掌握情况及教师的教学目标设置是否合理，可根据测试的结果及时调整教学方法、教学策略等。其次，评价学生掌握技能的程度和能力水平以及教学目标的完成情况。最后，为制订新的教学目标提供依据。

## 四、体育教学过程评价的内容

### （一）体育学习的态度

体育学习态度是指学习者对体育学习较为持久的肯定或否定的行为倾向。体育学习态度作为学习的内部状态，它影响着人对体育学习活动的选择，每种体育学习态度又有程度深浅、强弱的差别。体育学习态度的评价主要包括参与体育学习的积极性、为达到目标主动思维的自觉性、反复练习的主动性、运用所学知识和技能的灵活性等内容。

### （二）体育技能的掌握

体育技能掌握是体育学习的重中之重，体育学习的终极目标就是掌握体育技能。因此，在体育教学评价过程中，要及时评价学生在各个学习阶段体育技能的掌握情况，根据评价的反馈和测试结果及时调整教学方法或教学策略。

### （三）体育学习中的合作精神

在体育学习过程中，团结协作十分重要，尤其体现在团体项目中。团结协作精神主要表现为理解和尊重同伴、积极与同伴一起分析和处理体育学习中遇到的困难和问题、努力承担在小组学习和练习中的责任、与同伴齐心协力完成教学目标和任务等。

### （四）体育学习中的情意表现

情意表现包括学生在体育学习中表现出来的情绪状态和意志品质。情绪状态主要包括学习过程中对体育学习与活动的自信程度、体育学习目标的完成度、在体育学习中情绪的稳定程度、运用体育活动调控自己情绪的灵活程度等。意志品质主要包括在体育学习中克服主观困难时表现出的勇敢性、果断性、独立性、坚韧性和自制性等。

## 五、体育教学过程评价的方法

体育教学过程评价可以通过很多方法进行，如观察、口头评定、肢体动作评定、测试、教学中对学生的简单问答等。

### （一）观察法

观察法是在自然的教育场景下，教师观察学生的行为表现，并加以评定的一种方法。在观察过程中，学生处于正常的活动之中，教师所收集的资料自始至终都是自然、真实的常态表现。因此观察法可被用于客观地评价学生学习态度、技能掌握的情况及合作精神等。

### （二）口头评定法

口头评定法就是教师运用口头语言对学生在体育学习过程中的学习态度、体育技能掌握情况、团结协作精神、学生在体育学习中的情意表现等方面进行评定的方法。语言是人类交际最普遍的工具，也是体育教学中最常见的行为活动，因此，口头评定是体育课堂学习过程评价中最常见的方法，也是自我评定和同伴间相互评定的一种手段。口头评定的用语要清晰、简洁、准确、生动、条理清楚、重点突出，并注意语言表达时的体态举止和面部表情，要善于利用表情和动作，唤起和保持学生的注意力和兴趣，启发学生的思维。

### （三）测试法

测试法就是在日常的学习过程中，教师根据教学安排或教学需要，随时进行的测试，例如，在篮球原地运球技能的学习过程中，学生练习结束后，教师为深入了解学生原地运球的掌握情况，可随堂安排原地运球技术动作的测试，测试的方式有分组比赛运球或计算原地运球的次数等。

**【案例赏析】**

某小学三年级教师给学生讲授“篮球原地运球”动作，经了解，该班学生篮球技能水平参差不齐，班级中有 1/3 的学生在校外上过篮球培训班，已经熟练掌握了篮球原地运球的动作要领，且球感较好，班级中有 2/3 的学生处于初级阶段。热身结束后，技术动作较好的同学已经跃跃欲试，但为保持良好的课堂秩序，教师要求所有同学统一学习、练习篮球原地运球技术动作。教师按照教学计划进行示范讲解后，学生开始自主练习，在自主练习的过程中，教师观察到处于初始水平的学生练习得积极认真，有篮球基础的同学觉得枯燥乏味。针对上述情况，教师将基础较好的同学分为一组，并对他们的篮球原地运球技术进行了评价和测试，随后教师为这些同学设置了新的挑战，完成挑战后做教师的“助教”帮助其他同学示范、纠正错误的动作。调整后，教师发现，学生练习的积极性显著提高，在帮助同学纠正错误动作时非常认真，俨然是一位“小老师”。整节课下来，课堂上的学习氛围浓厚，经简单测试，本节课的教学目标顺利完成。

**分析：**从上述案例可以看出，教师教学过程中的评价和引导非常关键和重要。通过观察，及时发现不同基础学生的不同需求，并适时进行评价，根据学生的基础设置新的挑战。在完成挑战的过程中，学生的积极性得到激发，通过做教师的“助教”帮助同学的同时，加深了对篮球原地运球技术动作的认识。

## 第四节　体育教学效果的评价能力

### 一、体育教学效果评价的定义

体育教学效果评价，顾名思义，就是指对体育教学过程中的“教”与“学”作出价值评定。价值评定的过程中要参考教学的目标，要利用合理的方式和标准。教学评价包括对学习活动的主体——学生、教学活动的主导——教师、教学策略、教学内容、教学环境等各方面的评价，其中最主要的是对学生学习效果和教师的教学质量的评价。体育教学效果的评价，即依据一定的标准鉴别体育教学的整体和各个部分（包括目标、大纲、组织、材料、评价等）是否有效，如果无效或者效果有限，则需要改进某个环节或步骤。在评价教学效果的过程中，教师不仅要关注教学目标有没有达到，而且要关注那些超出预期的结果。对那些超出预期的结果，体育教师要积极分析其对教学有益的成分，并在教学中加以利用，进而提高体育教学的质量和水平。

### 二、体育教学效果评价的目的

学校体育教育的目的是培养全面发展的人，任何教学评价都是为学生的发展服务的。由此可见，体育教学效果评价的目的同样以学生为本。另外，对学生的体育技能进行考核与评价是体育教学效果评价的另一种体现形式，其目的是多方面的，首先，教师可以通过评价了解学生体育技能水平，以便教师调整教学计划；其次，学生可以通过评价看到自己的变化和收获，从而增强技能学习的自信心和主动性；最后，通过评价，师生均能更进一步了解自己努力的方向。总之，体育教学效果的评价可以促进、激励教师的“教”和学生的“学”，使二者相辅相成。

## 三、体育教学效果评价的原则

### （一）科学性原则

体育教学效果评价具有科学性。首先，在评价指标和评价方法上要和评价的目的保持一致；其次，评价指标必须反映学习者的共同属性；最后，反映事物同一属性的指标应归为一个指标体系，各级指标应该保持相互独立，互不交叉。

### （二）可行性原则

体育教学效果评价的可行性原则主要是指评价的各项指标的测量要快速、便捷、简单、易操作，能够切实反映教学的本质规律和内在属性。如果评价指标的关联性不强，则说明教学评价的可行性不强。

### （三）灵活性原则

体育教学效果评价的灵活性原则是指在教学评价中，各项指标要灵活地反映体育教学不同阶段的特点，各项指标不仅要能单独评价一个方面的学习效果，也要能共同评价总体教学效果。

### （四）客观性原则

体育教学效果评价，一定要遵循公正、全面和客观的原则。不同的评价指标的评价方式不同，但每个评价指标都应能真实、客观地反映出学习者的真实情况。

## 四、体育教学效果评价的类型

### （一）终结性评价

终结性评价又称事后评价，通常是指教学活动告一段落后，为了解学习者在教学活动中取得的学习效果而进行的评价。如学校举行的各科期末考试、考核都归属于终结性评价，其目的是检验学习者的是否达到了各科教学目标的要求。

终结性评价的作用：评价学生的学习成绩，测试成绩反映出学习者的学习态度、技能的掌握情况。通过学生的成绩可看出教学目标设置是否合理，如果学生的测试结果超出预期，说明教学目标的设定过于简单，学生很容易达到；如果学生的测试结果符合预期，说明教学目标的设定合理；如果学生的测试结果未达到预期，说明教学目标的设定较难。教学者可根据学生测试的结果适当调整教学目标。

### （二）相对性评价

相对性评价，是指运用常模（多采用平均数作为常模）参照性测验对学生的学习成绩进行总体评价。注重学生与学生之间的横向比较，以整体学生的学习水平去看待个体的学习水平。

相对性评价的作用。相对性评价包括横向评价和纵向评价两种方式，横向评价注重集体的平均值，纵向评价注重学生的初始成绩。体育教学效果的评价应注重相对评价中的纵向评价，即以学生的初始成绩为技能学习的出发点，计量通过一段时间的体育学习之后所获得的进步幅度。通过相对评价，学生可清晰地感知自己的进步与收获，这种动态的有关进步的结果信息有助于学生建立学习的自信心和自尊心，符合体育与健康课程的要求——学生的进步与发展。

## 五、体育教学效果评价的内容

### （一）学生对体育学习的兴趣

正所谓“兴趣是最好的老师”。体育学习兴趣可以引导学生积极地探究和学习体育技能知识，也影响着学生参与体育学习的时长和努力的程度，因此，体育教师在教学的过程中不能只注重学生体育技能的学习，更要注重体育兴趣的培养，让学生在体育学习的过程中获得积极的情绪体验，学生的体育兴趣被激发，求知欲就会随之增强，对体育的关注度和参与度也会随之提高。

### （二）学生参与体育学习的动机

动机是激发和维持有机体的行动，并将使行动导向某一目标的心理倾向或内部驱力。体育动机是人们为了满足某种自身的需要，并在确定参加体育锻炼目的的支配下，进行体育活动的内在驱动力。学生参与体育学习的动机是不同的，同一个班的学生有的是为了锻炼身体，有的是为了学业成绩，有的是因为兴趣爱好，学生的学生动机虽不相同，但动机会随着学习的不断深入有不同程度的改变，因此，体育教师的课堂引导至关重要。

### （三）学生对体育技能的掌握

经过一段时间的学习，教师按照教学大纲的要求对学生进行技能考核，根据考核的结果，对学生体育技能的掌握情况进行评价。体育技能的评价作为体育教学效果的主要评价标准，不仅能反映出学生的学习情况，也能检验出教师的教学情况。

## 六、体育教学效果评价的方法

### （一）自评与互评法

《体育与健康课程纲要》中提出应重视学生的全面发展，从核心素养入手，对学生的运动能力、健康行为、体育品德进行综合性的评价，以教师为主的评价，并适当引导学生进行自评和互评，引导学生在评价时将学习的过程和学期的综合表现进行结合，自评和互评的具体方式可选用口头表达或者书面记录等。

### （二）口头评定法

口头评定法是体育课堂学习评价中最常见的方法。关于体育情感方面的评价涉及的内容较多，且具有不可测量性，如在体育学习中，学生参与体育学习的积极性、与同学相处的融洽性、学生的学习精神等都是期末技能考试中无法测量的，针对上述各种行为，教师可以运用口头评定法进行及时有效的评价。

### （三）考核法

考核法是教师在教学中常用的一种评价方法。例如期末时，教师根据教学大纲和教学目标对学生进行考核，考核方式通常为试卷考核和体育技能考核，中小学生的体育考核通常是指体育技能的考试。

## 第五节　体育评价方法的选择能力

体育评价在近几十年中发生着巨大的变化。20 世纪 90 年代前，基于心理测量学的“标准化测验”在教育领域里占据着举足轻重的地位。但是 20 世纪 90 年代末期，标准化测验引发的批评和质疑声不绝于耳。标准化测验这种评估模式更关注评估结果的可比较性和结果的公平性，而忽视了评价的目的是促进和提高学生的学习成就。基于这种形式，许多新型的评价方式逐渐出现在教学实践中。在传统的评价方式的基础上,诞生了“表现性评价”“真实性评价”“形成性评价”和“建立档案袋评价”等各式各样的评价方式。这些新型的评价方式不再规定具体的测试项目或者限定标准答案，而是转向“促进学习的评价”。

我们可以发现，评价不再是知识综合考试或者实践考核，更是一种发展性的、描述性的、过程性的评价。在这个过程中，作为一名体育教师，我们需要知道基本的评价程序，了解评什么，学会怎么评、何时评、由谁来评，掌握评价结果的处理方式。体育评价方式的转变给时下的体育教育工作者提出了更高的要求。现如今，许多身处一线的教师对评价理论非常陌生。而体育评价方法的选择能力是作为一名合格的体育教育工作者必须具备的，这也即将成为体育教师职业发展的关键。教师的评价能力是非常必要的，对于还未进入教育一线的师范生来说，在校园中就应进行相应的学习，提高选择评价方法的能力，运用评价技能促进教学。

### 一、体育教学评价中比较常用的几种评价方法

在长期的体育教学评价中，形成了几种比较常见的体育评价方法，这些方法被广泛应用于体育评价实践中。

### （一）结果达成度和进步度评价

结果达成度和进步度评价是指把学生体育学习的终结性评价与学生体育学习的进步程度评价相结合，以更客观地反映学生体育学习表现的评价。

体育成绩测量是评价学生体育学习达成度和进步度的最直观、最直接的方式。根据最新的《体育与健康课程标准》，体育与健康课的成绩考核，不仅要包括体育项目的测试和考核，还应重点考查学生的学习态度和学生自身的能力与发展。因此，学习成绩的评价维度应该是多元的，包括学生体育学习态度、基本知识、掌握动作技能的程度、体育兴趣特长、参与态度和协作精神等。

进行体育学习结果达成度和进步达成度的评价时，需要基于目标建立学生体育学习评价体系，对评价内容、方法、标准和指标权重等进行明确的界定和说明，以保证评价过程的可操作性和科学性。在学生体育学习综合评价体系中，学生体育学习综合评价体系的指标包括四个：情感态度、技术技能、体质健康和知识认知。评价信息记录采用百分制、等级和概括性评语相结合的方式进行，以教师评价、同学互评、家长评价和学生自评相结合。

很显然，这样的考核标准综合考虑了对学生体育学习态度和体育技能的考查，同时融入了多主体的评价方式，既注重学生体育成绩的达成度表现，也关注学生的进步程度。这种考核指标权重的设计具有较强的科学性，但是评价的程序比较烦琐，实践操作上也存在一定的难度。

### （二）体育档案袋评价

在学生体育学习过程中运用档案袋的评价方法，能够记录学生体育学习情况与成长进步的全过程。一般来说，档案袋的内容应该包括学生体育学习的成绩单、教师评语、教师的反馈意见，以及学生的体检表、健康鉴定证明、体育兴趣、体育体验和感受、锻炼计划、各级各类体育活动或比赛的证明或获奖证书等，也可以包括家长评价意见和期望、体育组织对学生的评价、小组评议结果等综合性的评价材料。

要发挥体育档案袋评价的发展性功能，可以在评价过程中设置结果交流与分享的环节，让学生能够在相互交流中体验体育学习所带来的成长的快乐、被人悦纳的幸福、受到赞赏的自豪和奋发向上的动力。学生可以小组为单位交流自己的收获，介绍自己档案袋中的作品，然后由各小组选出代表在全班交流，给每个学生以展露才华的机会。但是，档案袋评价的工作量较大，往往会增加教师和学生的负担，而且如果操作方法不当，评价的效果可能不好。从档案袋评价的具体实施情况中看，学生给自己的评价多是“我要好好学习”，同学的评价也多是空洞的语言。因此，要使档案袋评价更具操作性和实效性，还需要在理论学习和实践探索中积累经验。

### （三）课堂即时评价

课堂即时评价是指教师在课堂教学过程中运用语言即时对学生的学习态度、表现、动作完成情况和学习效果等方面予以评价，及时做出指导，帮助学生调整后续学习的活动和过程，这是一种帮助和鼓励学生体育学习的评价方式。在体育教学过程中，教与学的双方往往在课堂上表现出频繁的应答关系，课堂即时评价可以说是体育教师使用最多的一种评价方法，对学生的体育学习起着重要的反馈、激励、调控和导向的作用。

体育教师在实施即时评价时应注意多用激励的方法和赏识的态度对学生进行鼓励和帮助，避免使用容易打击学生自尊心和学习积极性的语言进行消极评价。教师可以采用的激励性评价用语有以下几种。

#### 1. 感激性用语

教师通过感谢的方式对学生的学习行为进行评价，使学生从这种感谢中体会自己动作完成的好坏，感受学习体育技术、技能和知识所带来的快乐。例如，“谢谢你的动作展示，为我省了不少时间”，“非常高兴你帮我做课前准备”，“你的想法提醒了老师，我们可以这样尝试”。

#### 2. 描绘性用语

教师用描述的方式评价学生的表现或成就，而不是直接评价所做的事情，使学生能从这种描述中有所感悟。例如，“你的动作 80%是对的，而且反应迅速”，“你的动作一下子就吸引了我”，“你的练习步骤遵循了规律”。教师不直接给出评价，而是从情感、语言上体现出对学生表现的兴趣，让学生体会到自己的优点所在，从而起到激励作用。例如，“你可不可以到队伍前面向大家来展示一下”，“我们能不能分享一下你在运动实践中遇到的问题以及你的解决措施”，“但愿我也有你这样的想象力”。

需要注意的是，当学生只是粗略掌握动作技术时，在练习中常常会表现出动作忙乱、呆板不协调、动作错误或动作多余的问题，这时教师最好不要评价学生的动作完成情况，以免挫伤学生的自尊心和运动兴趣，而应采用“延迟性评价”，即推迟对学生的评价。

### （四）学生自我评价和互相评价

学生自我评价和互相评价是指在体育学习的过程中，在教师的引导和帮助下，学生参与学习评价活动，对自己和同伴体育学习的实际情况进行分析和评判。让学生参与到体育学习评价中，不仅是为了体现学生在体育学习中的主体地位，更是为了使体育学习评价结果更好地反映学生体育学习的实际情况，并培养学生的评价能力。学生在参与学习评价，分析自己和同伴的学习过程中，能够学会学习和思考，更深地了解所学的运动知识与技能，培养观察力、判断力、分析和解决问题的能力，也能够使学生在发现自己的不足及与同伴差距的同时，产生努力和前进的动力。

学生自我评价和学生互相评价通常可以采用质性描述的方式进行，操作中要注意引导学生重视评价的事实性证据，避免形式主义。学生自我评价与互相评价也可以采用量表的方式进行。有研究显示，对一些主观指标的评价（如体育学习态度、情意表现与合作精神、健康行为等），适当地运用一些心理量表进行自我评价和互相评价，能获得较好的效果。需要注意的是，学生体育学习中的自我评价和互相评价常会出现一些偏差，不能客观地评价，具体表现如下。

①自我评价时，有一种学生是一味地说自己好，但大家对其的评价却大相径庭；另一种学生则是过于谦虚，缺乏自信。

②对同伴进行评价时，以自己的喜好为标准，不按教师事先公布的内容和标准进行，或以同学的其他科目的成绩作为体育学习评价参照，或对与自己关系好的同学给予较高评价，对与自己关系不好的同学给予较低评价。

因此，采用学生自我评价和互相评价方法，需要教师的指导和帮助。为达到促进发展、改善学习的目的，教师可以引导学生在自我评价和互相评价中淡化分数和等级，淡化学生之间的相互比较，强调关注同学的优点和长处，强调自我反思。不要让学生的注意力集中在给对方打分数或评定等级上，这样不但无助于学生向他人学习，还会造成同学之间互不服气，只关注对方的缺点和不足，互评变成相互挑错和指责。

同时，教师要对学生的自我评价和互相评价结果进行监控和反馈，以发现和指出学生在评价中存在的不足与问题，使其了解自己的评价是否出现偏差，从而加以改正。促使学生了解评价、学会评价，不断提高学生自我评价与互相评价的准确性和真实性，使学生通过自我评价和相互评价，及时把握自己的学习状况，看到自己的进步、潜能、长处及不足，从评价中认识自我，发展自我。

## 二、体育评价方法选择的思路

体育评价方法的选用以完成评价任务、达成评价目标为目的，因此评价方法的选用必须服务于评价目标。在体育评价实践中，评价方法与评价内容存在紧密联系，所选的方法必须能够将评价内容完整清晰地呈现出来。不同的体育评价方法具备的优缺点不同，且不存在适用于所有情况的方法，这就需要教师针对不同的评价内容、目标对评价方法进行合理选择，如此才能取得最理想的评价效果。总之，选择评价方法必须从其本身特点出发，对评价内容、对象、条件等众多因素进行综合考虑。接下来将对体育评价方法选择的思路进行阐述和分析。

### （一）根据评价目的进行选择

体育评价目的构成要素十分复杂，涉及知识、思想品质、体质、技能等多方面的内容，学生体育学习评价的目的具体体现在以下几个方面。

#### 1. 了解学生的体育学习情况与表现，及学习目标达成度

体育学习评价不仅仅要了解学生的体能与运动技能水平，更要了解学生在体育学习活动中的行为表现；既要考查学生的学习目标达成度，也要反映学生个人的努力程度。

2. 诊断学生在体育学习中存在的不足，分析其原因，并改进教学

评价最重要的目的是改进，体育学习评价主要是为了对学生在体能、运动技能、行为、态度、健康等方面表现出来的不足进行分析，找到问题所在，以便改进教师的“教”和学生的“学”。

3. 发现学生的潜能

体育学习评价过程也是学生展示自己能力、水平和个性的过程。获得激励性的评价，会让学生体验到体育活动的乐趣与喜悦，增强学生学习体育的信心，提高学习的兴趣；获得批评性的评价，也可以让学生在发现自己的不足，激发学生的学习潜力，积极寻求改进措施，在以后的学习中更加努力，争取成功。

4. 培养学生正确认识自己和他人的能力

在体育学习评价过程中，通过学生的自我评价和互相评价，可以使学生对自己与同学的体能、运动技能、态度、行为等方面的情况形成清醒而正确的认识，在此基础上看到自己和他人的长处与不足，以便扬长补短，相互学习。

### （二）根据评价内容和对象进行选择

体育教学评价中较传统的两种方式是教师对学生学习效果的总结性评价，以及教师对学生学习过程的评价（也称形成性评价）。

总结性评价的内容包括体能（体能达到的水平与进步幅度），知识与技能（体育与健康知识、科学的学习与锻炼方法、体育技战术知识与方法等掌握程度和运动能力以及进步幅度），学习态度（对待体育与健康课程的学习与练习的态度、学习中及锻炼活动中的表现），情意表现与合作精神（体育活动中的情绪表现与控制、自信心表现、意志力表现、对他人的理解与尊重、交往与合作精神等）。经常采用的评价手段为检测观察、技能评定、回答、记录、问卷等。

过程性评价的内容包括学生的行为态度（包括创新意识、参与意识、努力程度、体育课出勤及课堂表现），行为能力（包括锻炼和学习方法、锻炼和学习习惯、自控能力），体育知识（包括所学项目的健身价值、基本技术要求、锻炼方法），

学习目标，拼搏精神和学习效果。其主要方法有表扬、批评、抑制、激励。经常采用的评价手段为口头指示、手势、眼神、问卷、技能小测 、简短评语等。

### （三）强调多样化评价手段，量化评价与质性评价相结合

在现实的评价中，学生评价的方法多为量化评价，采用纸笔测验形式，以分数、等级为评价结果的表现形式。人们偏爱量化评价的根源是对科学的崇拜，似乎认为只要目标分解了，加权赋值了，指标量化了，评价活动就科学客观了。但单一的量化评价存在把复杂的教育问题简单化的倾向，抽象的数据无法体现学生的生动性、丰富性，以及鲜明的个性特征。同时，面对学生评价内容综合化的要求，单一的量化评价对学生发展的评定表现出了简单、僵化、表面化的特点。

发展性评价倡导评价方法的多样化，尤其强调质性评价方法的应用。质性评价主要是通过观察、调查、描述及解释等方式对评价对象的属性在概念或程度上进行说明。其特点在于能够全面、深入、真实地再现评价对象的特点和发展趋势。在量化评价的基础上结合质性评价，可以有效地描述学生发展的全面状况，也可以更有效地评定复杂的教育现象。因此，发展性学生评价倡导在运用考试、测验等量化评价方法评定学生的同时，重视采用行为观察、成长记录、学习日记、成果展示、情景测验等开放式的质性评价方法，全面、客观、公正地评价学生的发展，更清晰、更准确地描述学生的现状和进步。

## 三、体育评价方法选择能力的发展策略

### （一）明确“标准”对评价的要求，掌握教育教学评价理论

此处的“标准”包括《义务教育课程方案和课程标准（2022 年版）》和《义务教育体育与健康课程标准（2022 年版）》，这两个标准都对体育教育教学评价提出了明确的要求，也给出了具体的评价建议。这些要求是体育教师开展教育教学评价的前提和依据，具有重要的指向性。因此体育教师要提高教育教学评价能力，首先应明确“标准”对评价的具体要求，明确评价方向，随后要学习并掌握教育教学评价的基本理论和方法。体育教师不仅可以通过“体育课程与教学论”等课程学习评价理论，也可以通过研读与教育教学评价相关的文章和著作（如毛

振明教授的《体育教学评价技巧与案例》）或通过互联网等现代信息技术，获取最新的教育教学评价研究成果，以加强理论基础学习，提高选择体育教育教学评价方法的能力。

### （二）学习并汲取优秀教师的选择评价方法的经验

理论与实践的结合才能真正提高体育教师选择评价方法的能力。体育教师除了利用自己日常实际工作开展教育教学评价的实践，还可以通过旁听同事的课程、与其他优秀的体育教师交流、观看优秀的课程资源、听取专家教授的点评等途径，学习教学评价方法。也可以在同事中开展模拟评价活动，以增强体育教学反思和评价能力，学会自我评价。

# 第七章 体育教师教学反思能力实训

CHAPTER 07

体育教学反思能力，是指体育教师有意识地对已经发生或正在发生的教学活动进行批判性的思考和审视的能力。在体育实践教学中，体育教师教学反思能力通常包括体育教学过程的反思能力、体育教学效果的反思能力、记录反思结果的能力和将反思结果应用于体育教学的能力四种具体的技能。体育教学过程的反思，是体育教师优化体育教学策略、开拓创新体育教学、提升体育教学质量的重要保证。体育教学反思是体育教师发展的重要机制。体育教师只有自觉地发展教学反思能力，才能真正促进专业发展。掌握体育教学反思能力，有利于体育教师职业道德修养的提高，有利于体育教师创新思维的培养，有利于体育教师教研教学能力的提高，同时，体育教学反思能力也有利于培养和发展学生的创新思维。

## 第一节　体育教学过程的反思能力

### 一、反思能力的概述

“反思”一词由来已久，作为一个日常概念，经常被人理解为对自己的思想、心理感受的思考，以及对自己体验过的事物的理解或描述。反思是一种思维的形式，是个体在头脑中对问题进行反复、严肃、执着的沉思，可以被进一步理解为“对于任何信念或假设，按其所依据的基础和进一步推导出的结论所进行的主动的、持久的、周密的思考”，是一种问题解决的特殊形式，是一种高级的认知活动。反思是比较高级的认识真理的方式，以活动的结果为思维对象，以活动的过程为反思的对象。

现代学者对反思的研究最早可以追溯到美国教育家约翰·杜威的名著——《我们如何思维》。[①] 约翰·杜威认为，当人审慎地考查某个观念的基础以及佐证信念的充分性时，“这个过程就被称作反思，这个过程本身就具有真正的教育价值”，“对于任何信念或假定性的知识，主动地、持续地、仔细地考量它赖以成立的基础以及它所倾向的结论，就称为反思”。

教学反思的思想渊源是约翰·杜威关于反思的论述。舍恩等则将反思运用到职业教育领域,因而20世纪80年代欧美教师教育界掀起了“反思”热潮。教学反思的研究历史大致可以概括为三个阶段：约翰·杜威的初步论证阶段、在职业教育领域运用阶段、20世纪末21世纪初教育改革时期的反思实践热潮阶段。

体育教师对于体育教学过程的反思，是教师优化体育教学策略、开拓创新体育教学、提升体育教学质量的重要保证。所谓体育教学反思，是指体育教师有意识地对已经发生或正在发生的教学活动进行批判性的思考和审视。在此过程中，要运用以往的知识和经验，发现教学活动中存在的优势与不足、困惑与问题，并进行深入分析，继而通过行动解决问题，并进一步积累教学知识、重构教学经验。教学反思能力在教师能力结构体系中占据重要位置。一直以来，教学反思都是体育教师提高个人业务水平的有效手段，很多体育教师会从自己的体育教学实践中总结经验和教训，通过教育案例、教育故事或教育心得等来提高体育教学反思的质量。教学反思是体育教师专业发展的重要一环，教师在不断反思与探究的过程中提升自己的专业水平和教育教学能力，这既是体育课程教学改革的需要，也是体育教师自身发展的需要。

## 二、体育教学反思的类型、方法及内容

### （一）教学反思类型

#### 1. 纵向反思

把自己的教学实践作为一个认知对象放在历史过程中进行思考和梳理。同时

① 约翰·杜威. 我们如何思维［M］. 北京：新华出版社，2015：10.

不断地获取学生的反馈意见，并把它作为另一个认知对象进行分析，最后把两个具体的认知对象整合在一起进行深度思考。

2. 横向反思

教学反思需要跳出自我，才能更好地反思自我。因此要经常开展听课交流，研究其他教师的长处，“他山之石，可以攻玉”，通过学习比较，教师可以找出理念上的差距，解析手段、方法上的差异，从而提升自己。当然，无论是运用行动研究法还是比较法，我们都需要学习先进的教育教学理论，提高自己的理论水平，达到“会当凌绝顶，一览众山小”的境界。

3. 个体反思

一堂课结束后，教师要总结思考，写好课后教学日记，这对体育教师非常重要。无论是“课后思”“周后思”还是“单元思”“月后思”，本质上都是在相应的课程内容教学完毕后进行反思，及时发现问题并及时进行纠正。教师还可以通过考试，召开学生座谈会听取意见，进行完整的整合思考，也可以一个学期、一个学年或一届教学为周期进行宏观反思。

4. 集体反思

集体反思是指与同事一起观察彼此的教学实践，与他们就实践问题进行对话、讨论，是一种互动式的反思活动，它注重教师间成功经验的分享、合作学习和共同提高，有助于建立合作学习的共同体。俗话说“当局者迷，旁观者清”，以旁人的眼光来审视自己的教学实践，能使自己对问题有更明确的认识，并获得解决问题的广泛途径。教师互相观摩彼此的教学，详细记录所看到的情景时，可以使用摄像机等设备将教学活动拍下来，组织观看。每个观摩的教师都要写下教学反思，以自己的教学实践去分析，大家各自思考，然后共同研讨。此方式针对教学中普遍存在的困惑，进行团队反思，提出解决问题的思路。除了同事之间的集体反思外，还可请教育教研学者介入，提出有促进性、针对性的建议，从而使教师获得更新、更全面的认识。

## （二）教学反思方法

### 1. 反思日记法

反思日记可以帮助反思者系统地反思自己的教学行为、工作状态、个人的专业发展和信念与价值观，使教学者的实践与个人的信念、价值观联系起来。反思日记的内容可以是一次教学活动，也可以是一段时间发生的事。其一般会描述事件的情节，对事件做出解释和说明，运用相关理论分析原因与影响因素及可能造成的影响，也可以针对事件做出假设，提出可能的改善方案。为保证日记真实、客观地反映教学情况，最好及时进行记录。

### 2. 教学诊断法

教师可以从教学现象的研究入手，挖掘隐藏在背后的种种教学理念方面的问题。教师首先可以通过自我反省法和小组“头脑风暴法”，收集各种教学“病例”，然后归类分析，找出典型“病例”，重点讨论其中的各种教学观念及对教学有效性的影响，最后提出问题的对策。

### 3. 自我提问法

自我提问法是指教师对自己的教学进行自我观察、自我监控、自我调节、自我评价后提出一系列的问题，以促进自身反思能力提高的方法。这种方法适用于教学的全过程。

### 4. 行动研究法

行动研究法是指教师与教育理论工作者或其他成员共同研究本校本班级教育教学中的实际情况，解决日常教育教学中出现的问题，从而不断地改进教育教学工作的一种研究。行动研究直接着眼于教学实践的改进，包括计划、行动、观察、反思四个环节。其中，计划与反思为重点环节。

5. 学生反馈法

教师在课后深入学生当中，通过特定的问题与学生进行沟通和交流，找出一些实际存在的问题，把握学生的学习程度，了解学生的知识结构，制订相应的教学预案。

## （三）教学反思内容

教学反思主要包括教学前的反思、教学中的反思、教学后的反思。

1. 教学前的反思

教学前的反思是一种有准备的反思，实际就是在备课阶段进行反思，有助于发展教师的智慧和技能，使新的教学设计建立在对过去经验与教训反思的基础上。

教学前的反思主要应提出问题，并设计解决问题的方案。具体操作步骤是：①在教师个人分析的基础上概括并归纳出一系列问题。②教师通过理论学习、总结经验等途径提出情境问题的解决策略，进行备课。③通过学习、反思，将课程中的问题具体化。④设计解决具体问题的方案，融入教案。

2. 教学中的反思

教学中的反思，是一种难度较高的瞬间反思，实际就是一种教学机制，是指在教学过程中及时、主动地根据学生的学习状况调整教学方案和教学策略。课前的教学设计方案是否合理，还需要经过课堂教学实践的验证。教学实践活动中的反思，主要解决教师在课堂教学活动中出现的问题，如学生在学习某项运动技术相关知识的重点和难点时，出现了哪些意想不到的困难？学生如何化解这些问题？当学生不能执行计划时，该如何调整原先的教学设计？课堂教学不是一个定式，而是一个变量，教师在课堂教学中要及时捕捉学生的闪光点，立刻进行简短的反思；要学会倾听学生的见解，善于抓住机会，引导学生自主探究；要根据课堂上的具体情况，适时调整教学策略，使每个学生都得到不同程度的提高。体育教师在反思自己的教学行为的同时，要观察、反思学生的学习过程，思考学生学到了什么、遇到什么问题、形成了哪些能力等。反思学生的学习行为，才能有效调整教学行为，挖掘和拓展课堂资源，使课堂教学达到最佳效果。

3. 教学后的反思

教学后的反思，可提高体育教师教学教研的水平，教师应该重视课后的总结、反思。思考在课堂教学中，哪些教学环节没有按计划施行，是什么原因造成的，在教学过程中是否出现了令人惊喜的“亮点”，这个“亮点”产生的原因是什么，教学设计方案是否还能继续优化。细节代表着经验，成长源于灵感，课堂中常常会有一些偶发的灵感，教师应该通过反思捕捉这些瞬间产生灵感。如此日积月累，既有利于探索体育教育教学的规律，也有利于形成自己的教学风格。

教学后反思围绕教学内容、教学过程、教学策略进行。具体如下。

（1）教学内容方面

评估教学目标的适用性，对目标所采取的教学策略做出判断。

（2）教学过程方面

①回忆教学是怎样进行的。②反思教学目标是否达到预期的教学效果。③反思教学理论是否符合教学的基本规律。④评价与反思学生是否达到了预定目标。⑤反思教学计划执行情况及改变计划的原因和方法是否有效，其他方法是否更有效。⑥反思改进措施，教学计划怎样修改会更有效。

（3）教学策略方面

①感知环节。教师要意识到教学中存在的问题与自己密切相关。②理解环节。教师要对自己的教学活动与倡导的理论，行为结果与期望进行比较，明确问题根源。③重组环节。教师要重审教学思想，寻求新策略。④验证环节。检验新思想、新策略、新方案是否更有效，形成新感知，开始新循环。

**【案例赏析 1】**

## 排球课教学过程反思及对策

一、排球课教学过程反思

在高校排球课堂上，教学内容往往以技能传授为主，排球教学过程中教师的教学主要采用讲解和示范排球的技术性动作，组织学生模仿练习的教学模式。传统的教学方法和形式不易发挥学生的主观能动性，缺乏创新和吸引力，教师的教学方法和形式过于单一，导致学生学习的积极性不高，上课也是应付了事。且教学中过于重视对基本技术的教学，忽视了与战术结合的教学，重复性的练习单调且缺乏创意。学生也只是为了学习而学习，战术意识和团队意识不强，不能将所学知识运用到排球比赛中，因此学生学习排球的积极性很低，严重影响了排球课的教学效果。

二、对策

1. 以培养学生的学习兴趣为首要任务

教师在教学的过程中要尊重学生，充分发挥学生的主体地位，调整教学目标，把健康教学放在第一位。以促进学生的全面发展为总体教学目标，教师不断更新教学理念，创新教学方法和形式，提高教学质量，吸引学生主动参与到排球课堂中来。

2. 教师应当发挥学生的主体作用，启发引导学生，让学生主动去学习

教师课内外多与学生交流，了解学生的学习情况，及时调整教学方法和教学内容。

3. 体育教师应当主动争取业务培训的机会

教师业余时间也要不断提高业务能力、扎实的理论与技战术，这样才能在教学过程中给学生更专业的指导。

4. 培养学生正确的体育意识

教师通过创新教学方法和形式，提高教学质量，有利于学生养成终身体育意识和习惯。

5. 不断地创新教学方法和形式，丰富教学内容

教师尊重学生，因材施教，使学生的主体地位得到充分发挥。通过多形式、多方法来增强课堂上师生之间、生生之间的互动，为学生综合素质的锻炼和培养提供良好的环境。

**【案例赏析 2】**

## 篮球课教学过程反思及对策

一、篮球课教学过程反思

第一，本节课让学生学到什么？这应当是一节课结束后首先反思的问题。当

下体育教学要求教师的思维中心必须转移到学生身上，而不应当以教材、教参、教学内容为核心，只有从学生的角度思考才能获得实效。第二，教学方式是否有效？学生获取知识、形成能力、培养感情、达到预设学习目标的方式是有区别的。“新课改”倡导的是学生自主学习，对待疑难问题应相互讨论、师生互动，学生在主动探究知识的同时形成能力，在探究过程中也培养了情感态度。教师应不断自我解剖，敢于肯定自己的长处，大胆剖析落后的教学方式和方法，敢于尝试新的组织方式并及时反馈。第三，有没有更加有效的教学方法？俗话说“教无定法，学无止境”，体育教师应追求教学方法的极致，教学效益的最大化。面对教学背景不同的学生群体，教学方法的选择要慎之又慎。因此，要敢于质疑自我，否定自我，从而时刻警醒自己，运用最佳教学方法，提升学生课堂学习效果。

二、对策

第一，如果不进行有效反思，备课时制订的目标大多会带有一定的盲目性，主要表现资料型、经验型、套路型，会陷入形式主义的陷阱。而高效的课堂教学会充分考虑学生的学习实际，充分利用教材、场地等教学资源，以学生的发展为宗旨，制订具体的、贴切的教学目标，课堂紧紧围绕目标实施教学，让学生在自主学习中有收获、有发展。第二，当前高校篮球课程课堂教学模式较为单一，以教师示范讲解为主，这种教学方式不能与学生形成有效的双向沟通，学生的篮球基础虽然能够得到一定的提升，但对于基础较好的学生来说，这种方法并不适用。因此教师在教学中一定要与学生形成良好的互动，既要注重对篮球基础知识、技巧的示范性教学，也要照顾不同学生的理解和领悟能力，不仅仅要完成一项教学任务，更要确保所有学生都能有所收获。例如，教师可以针对篮球技巧训练的不同项目，设置不同的篮球游戏，带领学生将篮球训练融入有趣的游戏中，在轻松愉快的氛围中提高学生对于篮球学习的热情和积极性。高校体育学院篮球课程的目的并不是培养专业的篮球运动员，而是培养将来的体育教师，因而保障学生的学习兴趣才是篮球课堂教学努力的方向。教师应当体现学生的主体地位，以引导者的身份进行教学。学生篮球能力的提升离不开一定时间的训练，教师要参与到学生的学习和训练中，要在训练中进行观察，指出学生存在的问题。第三，校级、市级、省级等各个级别的公开课、研讨课，是不同教学方法展示的平台，是不同教学个性展示的平台，也是教学思想碰撞的平台。体育教师应该充分利用这些平台更新观念，挑战自我，参与同行竞争和评比，努力使自己的教学更加完善。

# 第二节 体育教学效果的反思能力

## 一、体育教学效果反思的概述

教学效果，是指经过教学取得的相应教学成效。主要内容包括以下几点。

①了解教学各方面的情况，从而判断它的质量和水平、成效和缺陷。全面客观的评价工作不仅能估计学生的成绩对教学目标的达成度，而且能解释成绩不佳的原因，并找出主要原因。可见教学评价如同身体检查，是对教学进行严谨、科学的诊断。

②对教师和学生具有监督和强化作用。评价可以反映出教师的教学效果和学生的学习成绩。经验和研究都表明，在一定的限度内，经常进行记录测验的成绩对学生的学习具有很大的激励作用，可以有效地推动课堂学习。

③使师生了解自己的教学的情况，教师和学生可以根据反馈信息修订计划，调整教学的行为，从而有效地达到规定的目标，这就是评价发挥的调节作用。

④在教学中，学生的知识、技能将获得进步，智力和品德也有提高。

反思性教学不仅是教师对自身教育活动的审视与分析过程，也是促进教师教育教学水平不断向前发展的重要途径。对体育教学效果的反思是体育教师专业发展和自我成长的核心因素，体育教师应自觉地把自己的课堂教学实践作为认知对象，并在此基础上进行全面深入的冷静思考和总结，从而优化教学状态，使学生得到更充分的发展和提升。体育教学效果的反思是一种有益的思维活动和再学习活动，是教师提高体育教学能力的关键性活动之一。

## 二、体育教学效果反思的内容

### （一）教育观念的反思

一节课结束后，教师要从根本上反思自己的教学是否体现了以人为本的理念，是否体现了大纲的要求，是否致力于改变学生的学习方式。教师要对自己在教学活动中所体现出来的教育观、课程观、学生观、评价观等进行深入反思。

### （二）教学任务的反思

计划教给学生什么？课堂上教了什么？前者是指一节课的教学目标、重点、难点，后者则为一节课时间内完成的教学任务。任务是否全部完成？重点是否突出？难点是否有较好的突破？此类问题，在每节课后，教师都要进行相应的反思。如果没有完成任务，是什么原因？重难点没突破又是什么原因？如果这节课的任务顺利完成，重点突出，难点得到突破，对于教师又有什么启发？

### （三）教学能力的反思

教学能力的反思是指体育教师对自身教学功底的充实、教学经验的升华和教学习惯的革新。一名教师应当在具备教学基本功的基础上追求专长突出。教师要对自己的“能与不能”有理智的认识。让自己在实际工作中扬长避短，形成适合自己情况的教学模式。这节课是否运用了新的教法？是否把握住知识的停靠点？是否把握住情感激发点？是否把握住思维展开点？是否把握住能力的增长点？

### （四）学生学习行为的反思

教学任务完成得怎样，不仅看教师教授的完成度，更重要的是看学生的吸收度。因为只有学生学习方法正确，才能保证教学任务的真正完成。那么，这节课为何教师讲解精彩、示范得当但许多学生没有收获？教师可能只关注了自己的教法而忽视了主体。如果教师能让学生自愿地参与学习，那么他们不仅能学到知识和技能，情感态度也可以得到升华；反之，学生则仅仅学到知识和技能，情感态度无法得到有效提升。因此，课后征求学生意见，以学生为主体进行反思尤为重要。

教师对教学进行反思，也是教师对自我教学的重新构建，通过反思发现自身教学过程中存在的问题，然后寻求解决的办法和策略，再监测实施策略的效果，形成自己的教学风格。教学反思可以帮助教师更好地认识自己、了解学生，真正提高教学质量。

## 三、体育教学效果反思的改进策略

### （一）激发学生的学习兴趣

现代多媒体技术作为一种辅助教学手段，相比于传统的教学手段有巨大的优势。它多样的形式能够将抽象的讲解变得具体生动，从而大大激发学生的学习兴趣，非常符合青少年的心理特征，能够充分满足他们的心理需求，从而很好地激发他们的学习兴趣。

### （二）开展双向互动教学组织形式

师生互动保证了教学信息的反馈，教师能得到学生的响应，学生也能在与教师的配合中学会学习。一方面，师生互动的前提是教师要承认学生的主体性，发挥学生的主体作用，这也是教学改革观念上的保证。现代教育改革将学生的主体性放在了教育的首位，教师不再是知识的主宰者、学生学习的包揽者，其角色发生了根本的改变，成为学生学习的合作者、启发者和帮助者，打破了传统教学中学生绝对服从的被动局面。教师教学更多体现了人性化，能站在学生的立场来组织体育教学，这样才能被学生认可、接受，从而积极配合教师的教学活动。另一方面，师生互动还体现在教学过程中，师生之间思想、教学上的碰撞。教师向学生提问就是很好的师生互动方式。教师通过提问来了解学生对体育知识的掌握程度，启发学生探究思考。学生在问题的解答中发现自己认知上不足，及时加强学习和改正。

### （三）实施分层教学

由于个体差异的存在，学生的学习状况各不相同，学习基础、兴趣爱好、身体素质等差异，体育教学成绩呈现两极分化的情况。只有考虑到个体差异，实施分层教学才能从整体上提高所有学生的体育成绩。教师要找到学生差异的分布规律，根据学生的不同体育学习状况，制订适合不同层次学生的教学策略，确定不同的学习目标、学习内容、评价标准等，做到有针对性地教学，力争让不同层次的学生都有进步。在评价标准上，也应该有所差别，评价要多样化，不能用对优等生的评价标准对待中等生，对每个层次的学生有准确的定位，将有助于学生的认知。

### （四）评估学生的知识收益

首先，教师要评价学生的课堂参与状态是积极主动的，还是被动应付的？是全体参与的，还是几名尖子生的活动？课堂有没有讨论，是否热烈？其次，应评价学生课堂运动状态如何，这能直接反映学生知识掌握、能力形成等情况，包括学生动作技能掌握的正确率如何？练习思路是否清晰？基本知识的掌握是否准确、熟练？能不能融会贯通、举一反三？最后，要评价学生课堂思维状态，学生思维是短暂的，还是持续的？有没有提出富有见解的问题？是否形成了师生、生生思维的碰撞，等等，都可供教师反思。学生课内外技能学习或练习的完成情况，是学生课堂收获的直接反映，更可以成为教师反思的重要依据。

**【案例赏析1】**

**游泳课教学效果反思及对策**

**现象：**游泳课堂以学生发展为中心，结合学生的实际，课堂练习内容丰富、形式多样，深受中小学生喜爱。课堂教学中，部分学生怕水，思想紧张、动作僵硬，无法体会游泳带来的乐趣，结果，学习目标完成的情况不够理想。

**分析：**教师课前精心备课，教学环节顺畅，特别是教学过程安排得当。游泳课教学的准备部分、基本部分和结束部分，教师能够做到以下几点：①先让学生换好泳衣，做好常规检查，清点人数，带领学生做好充分热身，进行初次安全教育。②结合游戏情境激发学生的学习兴趣。③教师在岸上讲解示范游泳的基本动作，让学生在水上进行模仿练习。④教师用着重讲解、示范、请学生演示等教学方式开展课堂教学，通过各种手段达到教学目标。⑤教师下水示范动作，引导学生进行模仿性练习，提高学生的学习兴趣。

存在问题及对策：反思课程引入是否顺畅，内容之间连接是否生硬，在备课时是否认真思考，是否有针对性地备课。如果练习质量不高，教师要加强指导，耐心讲解动作要求，着力提高学生练习水平。另外可以利用音乐的功效，在练习时教师应适当放些轻快的音乐，让学生放松心情去学习，培养学生音乐情操，形成愉快的课堂学习氛围。最后教师在水中教学时，要多次进行安全教育，避免安全事故发生。在游泳课的教学中教师可以采用游戏方式，让学生掌握基本动作方法，学生在水中自然放松，也放松紧张心情，最后教师应对学生的学习情况进行激励性评价。

**【案例赏析 2】**

**跳高课教学效果反思及对策**

**现象：**按照传统教学方法，准备部分充分热身，以皮筋替代跳高的横杆，有效降低了学生的恐惧心理。不过，虽然课堂练习内容形式多样，但部分学生怕高、怕落地受伤，思想紧张、动作变形，无法体会到跳高的成就感，学习目标完成的情况一般。

**分析：**教师课前需要做到以下几点：①充分认知学生的基本情况。②提高对学生学习跳高的动作技能学习和跳高高度的期待。③教师积极讲解示范跳高的基本动作，让学生在垫子上进行模仿练习。④教师经常巡回观看，引导学生进行动作模仿练习。

存在问题及对策：反思学生怕高的真实原因是什么，怕受伤的因素有哪些，是否去除了相关的影响因素，教师的讲解是否清晰，示范是否正确，学生是否全身心投入学练。相对来说，游戏是学生比较喜欢和容易接受的形式之一，教师可以将跳高技术动作练习融于游戏之中，激发学生的积极性和主动性。如在跳高教学过程中，教学的难点是起跳技术，学生在刚开始练习时上肢与下肢很难做到协调一致，会影响到跳高技术的掌握。为解决这一问题，可以采用游戏“海豚顶球”进行练习，做法是将一个软式排球用细绳系着，用竹竿悬挂在沙坑上方或跳高垫前面的一定距离和高度处，要求学生在做起跳练习时，必须用头触及软式排球。以游戏的方式进行练习，看哪一组同学顶到得次数多，教学重难点就在玩的过程中逐步获得突破。

## 第三节　记录反思结果的能力

反思性教学理念来源于美国教育学家约翰·杜威[①]。反思性教学是指：“对于任何支撑它的基础观念和知识形式进行积极、持续、仔细的思考。”反思性教学

① 约翰·杜威. 我们如何思维［M］. 北京：新华出版社，2015：10.

意味着既要积极关注方法和技术能力，也要关注目标和结果。对于体育教师在教学过程中的教育目标、学习情景、课堂处理、学习成果、教学原则、教学方法等教育行为的追问、审视、推敲、质疑、批判、肯定、否定等结果进行反思。这是教师实现自我提升和卓越教学的途径。记录反思结果有三种不同形式，一是通过日记记录自己的反思结果，二是用便签记录并贴在醒目位置，三是专门记录一次反思结果，加深印象。记录反思结果的能力是指体育教师每天把教学反思结果以日记等形式记录下来，通过这种途径不断完善自己的教学方法、丰富自己的教学手段，提升自己的教学水平的能力。

## 一、通过日记形式记录反思结果

每天把教学反思结果以日记形式记录下来，记录的字数约300字即可，日积月累，可不断完善自己的教学方法、丰富自己的教学手段，提升自己的教学水平。以日记的形式记录反思结果有三种具体方法。

### （一）使用手写日记本

日记本记录是最简单有效的方法，在教学结束之后，教师将自己的教学成果或者别人的给的指导意见，在第一时间记录下来，以深刻记忆。

### （二）网上日记

随着网络不断发展，可以在网络上总结自己的教学反思结果，并在网络上发表自己的想法，可以让所有人公开阅读并提出意见，对自身起到促进的作用。

### （三）电子日记本

这种方式方便存储，可以供自己随时更新。

## 二、通过便签形式记录反思结果

便签记录是一种办公用品，纸质、颜色、大小不统一，可以随时粘贴，以便提醒自己有关问题、想法、指示等。便签同样也可以记录体育教学反思结果，记录之后，可以粘贴在计算机、床头、书桌等比较明显的地方，可以随时提醒自己教学中反思的核心问题，不断提升教师的能力。

## 三、专门记录反思结果

这种记录形式是一种综合性反思结果记录，可以是一次重要教学、一个月、一学期、一学年的总结，对自己的教学规划任务完成、课堂教学组织、教学策略、师生关系、学生课堂行为、教学效率等进行审视、批判、肯定、否定等。

因此，在教育教学过程中，记录反思结果是非常重要的自我提升的捷径。在教学过程中教师不能只模仿、照搬他人的教学经验，更要有自己的教学特点，只有发挥自己的积极创新能力，才能真正理解教学方法、更新教学观念，以高质量的教学带动学生高效完成学习任务。

**【案例赏析】**

反思什么内容可构成高效教学与高效学习的基础?

这 10 条有实证依据的教育原则，是英国教学与学习研究团队通过分析项目成果、咨询教育部门、对比其他研究，最后提炼得出总结的。能够支持教师专业判断能力的发展，有助于政策的制定。

①高效的教学使学生为更广阔的人生做好准备。

②高效的教学应包含有价值的知识形式。

③高效的教学需要认同学生之前的经历和学习经验。

④高效的教学要求教师为学习建立系统框架。

⑤高效的教学需要与学习过程相匹配的评估系统。

⑥高效的教学能提高学生的积极性。

⑦高效的教学能同时促进个人和社会的进步。

⑧高效的教学要认知到非正式学习的重要性。

⑨高效的教学依托教师的学习和培训。

⑩高效的教学要求政策优先支持教学和学习。

# 第四节 将反思结果应用于体育教学的能力

将反思结果应用于体育教学的能力是指体育教师运用反思结果指导和改进教学，以促进学生体育与健康学科核心素养发展的能力。体育与健康学科核心素养是学科育人价值的集中体现，是通过学科学习逐步形成的关键能力、必备品格和价值观念。它有三层含义：第一，体育与健康学科核心素养不仅仅包含知识、技能，它强调超越知识和技能，培养学生强大的运动能力、品格和价值观念等。第二，体育与健康核心素养要通过身体的不断参与，通过后天的学习和培养不断完善形成。第三，培养学生体育与健康核心素养，有助于终身学习价值观的形成。因此体育与健康核心素养应该包含三个方面：运动能力、健康行为和体育品德，在实际教学过程中，我们的反思结果也应用于这 3 个方面。

## 一、反思结果应用于运动能力方面

运动能力是指身体在运动中的表现和活动能力，包括一般运动能力（基础运动能力）和特殊运动能力（竞技能力），前者是人体在日常生活、劳动和运动中必须具备的走、跑、跳等基本活动能力，而后者是完成技术动作所需要的专门运动能力。过去的体育教学，经常对某一项单一技术动作进行教学，让学生掌握技能，而学生仍然不会参加比赛，因此教学反思中的运动能力方面就是让学生运用技术动作的能力。

同时在运动能力锻炼培养方面，还要注意对运动负荷的反思。运动负荷包括运动强度和运动密度，运动强度要达到中等强度，即心率达到 140~160 次 / 分钟，运动密度要达到 75%。

## 二、反思结果应用于健康行为方面

健康是一个过程，而不是目标或结果。健康行为是增进身心健康和积极适应外部环境的综合表现，是提高健康意识、改善健康状况并逐渐形成健康文明的生活方式的关键。健康行为包括养成良好的锻炼习惯、饮食卫生习惯、作息时间，以及控制体重、远离不良嗜好等意识，预防运动损伤和疾病，消除运动疲劳，保持良好心态，适应自然和社会环境的能力等。在体育教学过程中要提供学生参与锻炼的机会，促进学生参与体育学习，最终培养学生良好的运动习惯。在健康行为的反思后，体育工作者要不断优化教学，不仅仅在课堂指导锻炼，也要在课外引导体育锻炼，更要组织学生参与各种班级比赛、年级比赛、学校之间的比赛，给他们更多的参与机会，促进学生身心发展，不断提高学生的适应能力。

## 三、反思结果应用于体育品德方面

要培养新一代社会主义建设者，首先要让学生具有良好的品德。体育品德是指在体育运动中应当遵循的行为规范以及形成的价值追求和精神面貌，对维护社会规范、树立良好的社会风尚具有积极作用。在体育教学过程中，我们不仅要让青少年达到体重适宜、体态优美、体格强健、体力充沛的目标，更应该加强其体育品德的培养。体育品德包括三个方面。

### （一）体育道德

体育道德要培养学生遵守规则、诚信自立、公平正义的品质。

### （二）体育精神

体育精神主要通过学生参与体育运动，培养学生自强不息、超越自我、勇于进取的精神。

### （三）体育品格

体育品格培养学生文明礼貌、相互尊重、团队配合、勇于担当、承担社会责任的观念和正确的胜负观。

**【案例赏析1】**

我国改革开放40余年，社会生产力总体水平显著提升，人们生活水平也日益提高，然而我国青少年体质健康水平连续30年持续下降，青少年在体育活动中表现出活力不足、意志薄弱、沟通困难、性格孤僻等不良心理问题。近3年新冠肺炎疫情暴发，大家对于生命健康问题需要有更多的反思。

**【案例赏析 2】**

青少年从小学一年级开始接触体育课程，一直到初中、高中、大学，为什么10余年的学习中，许多青少年没有掌握一项运动技能？

**【案例赏析 3】**

在学校里面，青少年非常喜欢体育运动，也非常喜欢体育教师，但是为什么许多青少年不喜欢体育课？

# 第八章 体育教师课程思政教学能力实训

CHAPTER 08

体育课程思政建设是体育课程与教学领域将思想政治教育贯穿于学校人才培养体系的理念、任务、方法和过程的总和，是体育学科落实“立德树人”教育要求的重要路径。体育课程思政教学能力是体育教师将思想政治理论教育融入所授专业课程的能力。在体育教学实践中，体育课程思政教学能力主要包括体育课程思政元素的理解能力、体育课程思政的发掘能力、体育课程思政的组织能力、体育课程思政的实施能力以及体育课程思政的评价能力五种具体的能力。

教育部于2020年5月印发的《高等学校课程思政建设指导纲要》(以下简称《纲要》)对高校体育课程思政建设提出了明确要求:“体育类课程要树立健康第一的教育理念，注重爱国主义教育和传统文化教育，培养学生顽强拼搏、奋斗有我的信念，激发学生提升全民族身体素质的责任感。”在全面推进高校课程思政建设的背景下，体育教育在培养学生爱国主义与民族精神、提升学生良好的意志品质、塑造学生健全的人格和促进学生身心全面发展等方面具有显著的思想政治教育优势。课程思政教学能力是新时代体育教师必备的专业核心素养，也是深入推进体育课程思政研究的重要议题。体育教师作为体育课程思政建设的先行者，要做到“育人需先律己”。学校体育课程思政建设的推进，需要先从体育教师课程思政能力的培育和提升开始。掌握体育课程思政教学能力，有助于提高体育育人的意识，创新教育理念、开阔视野，增强体育教师课程思政胜任力。

## 第一节　体育课程思政元素的理解能力

体育课程思政元素的理解能力是指教师对体育课程思政元素进行深层理解和

准确把握的能力。它是体育教师课程思政能力形成和发展的基础，属于“灵魂”的部分。对体育课程思政元素的理解和认识不同，体育教师所使用的教学组织教学实施和教学评价等教学技能也各不相同。体育课程思政元素理解能力的重点应是把握体育教育专业课程思政元素确定的理论依据及构建体育教育专业课程思政元素的结构体系，旨在加强高校体育教师对课程思政元素的理解和认知，加快推进体育专业课程思政建设的进程。

## 一、体育教育专业课程思政元素确定的理论依据

### （一）价值引领：社会主义核心价值观

思想政治教育是意识形态传播的重要途径，意识形态性是思想政治教育在本质上的规定，而社会主义意识形态的本质体现是社会主义核心价值体系，作为社会主义核心价值体系内核的社会主义核心价值观，理应成为确定体育专业课程思政元素的精神引领。“爱国守法，明礼诚信，团结友善，勤俭自强，敬业奉献”是公民基本道德规范。其中，爱国是一个人对国家的情感态度，是公民必须拥有的道德情操；诚信即诚实守信，是一个人品德修养状况和高尚人格的表现，是中华民族传统美德的重要规范；友善是一个人处理人际关系的基本准则；敬业是一个人对自己所从事工作负责的态度，是对职业的敬重和热爱之心，是对公民职业行为准则的价值评价。高校体育教育专业学生作为社会公民，恪守公民基本道德规范是基本要求。

大学生的价值取向将会决定未来社会价值导向。体育课程思政以大学生核心价值观教育为抓手，强化价值引领成为体育课程思政的核心特点。一是构建体育课程内容、体育知识技能传授、价值引领的有机统一，做到“寓价值引领于体育知识技能传授之中”，这是体育课程教学的应有之义。二是在顶层设计中规范体育知识技能传授、价值引领的统一，在缜密完整的体育课程设计中确立教学目标的价值引领，将价值引领融入体育教学大纲和教案中，设计价值引领改进体育教学方式方法，明确价值引领的考核内容与形式等，努力构建形成长期稳定、落地生根的体育课程思政的教学模式。“立德树人”的关键，就是把社会主义核心价值观教育有机、有效地融入教育教学的各方面、全过程。

三是优选体育课程思政元素，不仅紧密衔接体育课程内容，而且注重贴近大学生的生理特点与心理特征，由此才能充分彰显体育课程在大学生“知、情、意”三个方面蕴含的丰富的思政教育资源，并用衍生的教育功能不断为体育课程思政赋能，在为大学生授业解惑中满足其全面发展的需求，以增强体育课程思政的实效。

### （二）寓德于体：大中小学思想道德教育总目标

思想道德教育（以下简称德育），是人的素质教育。思想政治教育是国家意识形态的教育，属于人的理想信念教育。尽管两者的教育目的不同，但两者可以相互促进，相辅相成。良好的思想道德有助于树立正确的理想信念，正确的理想信念为形成良好的思想道德奠定基础。

大、中、小学德育目标是对大、中、小学德育活动结果的预设和期待，是大中小学德育工作的原点与归宿，是大、中、小学德育的首要和核心问题，规定着大、中、小学德育的价值走向。德育需要构筑国家教育目标、人才培养目标、课程目标及教学目标间的一体化的和谐、平衡关系，共同服务于“培育时代新人”这一总目标。体育专业课程承担着“培养德智体美劳全面发展、勇担民族复兴大任时代新人”的重任，围绕大、中、小学德育总目标开展课程教学，可以提升学生的思想道德水平，助力学生树立正确的理想信念。因此，大、中、小学德育总目标应作为确定体育专业课程思政元素的基本依据。

当前，我国学校德育的总体目标是帮助学生成为有道德的人。《教育部关于整体规划大中小学德育体系的意见》（教社政〔2005〕11号）和《中小学德育工作指南》（教基〔2017〕8号）两个文件均对学校德育目标进行了明确。2019年全国教育工作会议提出“德育要朝着体系化努力”。构建大、中、小学课程德育一体化的顶层内容体系，要既上承培育和践行社会主义核心价值观的基本要求，又下接各学段、各课程德育的核心内容。大、中、小学课程德育一体化顶层内容体系应以转化、内化、深化社会主义核心价值观为主旨，同时综合教育教化功能的价值共性、中华优秀传统文化的德育内涵以及世界各国德育的优秀经验，把“政治认同”“国家意识”“文化自信”“人格养成”等作为顶层内容体系的重点板块（表8-1）。

表 8-1 大中小学德育总目标

| 一级目标 | 二级目标 | | | |
|---|---|---|---|---|
| A 政治认同 | A1 党的领导 | A2 理论方针 | A3 政治制度 | A4 发展道路 |
| B 国家意识 | B1 国家利益 | B2 国情观念 | B3 民族团结 | B4 国际视野 |
| C 文化自信 | C1 国家语言 | C2 历史文化 | C3 革命传统 | C4 时代精神 |
| D 人格养成 | D1 身心健康 | D2 守法平等 | D3 诚信尽责 | D4 自强合作 |

体育作为一门学科，蕴含着独特且丰富的育人价值，尤其在学生人格形成、文化自信、政治认同及国际视野等维度的德育教育中起到了不可替代的作用。“立德”是体育课程思政建设的重要内涵。“立德”借助体育课程这一重要载体，寓德于体育课，既寓德于体育课程内容，更寓德于体育教师课程教学全过程。毛泽东在《体育之研究》中认为“体育一道，配德育与智育，而德智皆寄于体。无体是无德智也”[①],深刻揭示了人的全面发展始于体育运动的道理。当学生在体育课堂上奋力拼搏、抛洒汗水时，淬炼了对上进与卓越的追求；当学生在长跑训练与比赛中耐受“极点”的折磨时，磨砺了他们果敢坚毅的意志品质。学生在公平竞赛中，无论收获在规则的约束下的赢，还是体面而有尊严的输，都会赢得尊重并播撒友谊的种子，在完成自我挑战和超越中诠释“德智皆寄于体”。体育课程思政之所以能够激励大学生积极投身并持之以恒坚持强身健体、陶冶情操、遵纪守法的精神，正是因为建立在了体育促进大学生全面发展的价值观基础上。

### （三）具体指南：课程思政建设指导纲要

体育课程思政建立在构建全员、全程、全课程育人大格局的基础上。紧紧抓住了教师队伍“主力军”、课程建设“主战场”和课堂教学“主渠道”，将显性教育和隐性教育相统一，营造了体育课程与思想政治理论课同向同行的协同效应，树立以“立德树人”丰富体育课程内容的综合体育教育理念。党的十八大以来，习近平总书记多次在全国高校思想政治工作会议、全国教育大会、学校思想政治理论课教师座谈会等重要会议上强调要加强高校思想政治教育。为了深入贯彻落实习近平总书记关于教育的重要论述和全国教育大会精神，提升人才培养质量，

① 毛泽东 . 体育之研究［M］. 北京：人民体育出版社，1979.

教育部党组高度重视课程思政建设，研制出台了《纲要》。《纲要》围绕学科专业、一流本科、教师培训、教学评估等各项工作进行重点部署，为推进高校课程思政建设工作提供了参照，为确定体育专业课程思政元素提供了具体指南。《纲要》强调体育类课程要树立“健康第一”的指导思想，注重爱国主义教育和传统文化教育，培养学生“顽强拼搏、奋斗有我”的信念，激发学生提升全民族身体素质的责任感。

### （四）基本准则：教师职业道德规范

教师职业道德，简称师德，是教师和一切教育工作者在从事教育活动时必须遵守的道德规范和行为准则，以及与之相适应的道德观念、情操和品质。教师职业道德规范是教师从事教育教学活动时所应遵循的行为规范，是指导和评价教师教育教学行为的重要依据。我国现行《中小学教师职业道德规范》于 2008 年修订，规定了中小学教师应遵守的职业道德，包括爱国守法、爱岗敬业、关爱学生、教书育人、为人师表和终身学习六个方面的内容。其中，爱国守法是教师职业的基本要求，爱岗敬业是教师职业的本质要求，关爱学生是师德的灵魂，教书育人是教师的天职，为人师表是教师职业的内在要求，终身学习是教师专业发展不竭的动力。遵守教师职业道德规范应成为每位体育教师的基本职业准则和底线，体育教育专业肩负着培养中小学体育教师的神圣使命。因此，教师职业道德规范应是确定体育教育专业课程思政元素的重要理论依据。

## 二、体育教育专业课程思政元素的结构体系构建

剖析体育教育专业课程思政元素确定的理论依据，可以帮助我们拓宽广大体育教师课程思政建设的思路，为构建体育教育专业课程思政元素的结构体系奠定坚实的理论基础。

第一，社会主义核心价值观为体育教育专业课程思政元素的确定提供了重要的价值引领。党的十八大提出“爱国、敬业、诚信、友善”是社会主义核心价值观基本理念个人行为层面的凝练。体育教育专业学生作为未来的社会公民，首先要遵循个人层面“爱国、敬业、诚信、友善”的社会主义核心价值观。习近平总书记始终强调理想信念教育是教育工作的“灵魂”和首要任务。党的十九大报告

提出，要广泛开展理想信念教育，深化中国特色社会主义和中国梦的宣传教育，弘扬民族精神和时代精神，加强爱国主义、集体主义、社会主义教育，引导人们树立正确的历史观、民族观、国家观、文化观。因此，将“理想信念”作为一级元素指标，也是对体育教育专业学生提出的更高要求。

第二，2014 年教育部印发了《教育部关于实施卓越教师培养计划的意见》，旨在促进高校教师教育改革，培养一大批卓越教师以实现“更好的教育”。卓越教师不是一般意义上的“优秀教师”或“好教师”，而是优质教育服务的核心、优质教育人才的典范代表，是推进我国教育事业、实现创新驱动式发展的中流砥柱。其不仅要具备师德素养、专业素养、教育教学能力与自我发展能力等单项化的教师核心素养，其卓越更体现在这四大素养的具体组织方式与融合性特质上。体育教育专业担负着为国家培养卓越体育教师的重大任务，其思想政治教育要重点围绕培养卓越体育教师的目标，提升教师综合素质，增强教师教育教学水平，为将来成为一名卓越的体育教师奠定基础，因此“教师素质”应作为体育教育专业课程思政的一级元素指标。

第三，进入 21 世纪，知识经济的理念已经深入人心。“民族经济的振兴靠教育，教育的振兴靠教师”，教师素质的高低决定着经济发展水平的高低，而教师的素质与教师的专业素养具有直接关系——只有具备了丰厚的专业素养，才能有效地提高教师的素质。俗话说，“要给学生一杯水，教师要有一桶水”。这充分说明了提高专业素养对一个教师来说是至关重要的。体育教师在教学过程中表现出的专业知识、专业技能、专业能力、专业理念等都属于专业素养的范畴，专业素养是教师教书育人的最基本素质，是教师的专业特征，也是教师职业的特殊要求，既是核心指标，又是特征指标。因此，“专业素养”应作为体育教育专业课程思政的一级元素指标。

第四，思想政治教育本质上就是由一定社会所承担的、旨在促进个体实现社会化的一种教育活动。在人的社会化过程中，思想政治教育承担着特定的、不可替代的任务，它植根于个人与社会协调发展的诉求之中，承载着宣传一定社会、阶级意识形态和促进个体思想政治品德发展双重任务，为人与社会的良性协调发展提供了一条可能的路径。同时，思想政治教育是一项社会实践活动，它最直接的工作对象是个体，促进个人全面发展是思想政治教育的重要价值。新时代的体育教师应该是一名学习型、研究型的教师，只有不断学习新知识，改进自己的知识结构，拓宽视野，才能担负起培育人才的重任。因此，“个人发展”应作为体育教育专业课程思政的一级元素指标。

基于以上分析，考虑把上述理想信念、教师素质、专业素养和个人发展四个方面作为建构体育教育专业课程思政元素结构体系的一级元素指标，并在此基础上确定相应的二级元素指标（表 8–2）。

**表 8–2　体育教育专业课程思政元素结构体系各级指标**

| 一级元素指标 | 二级元素指标 | 指标内涵 |
|---|---|---|
| A 理想信念 | A1 政治认同 | 在社会政治生活中产生的一种感情和意识上的归属感。政治认同在社会政治生活中有十分重要的作用，是把人们组织凝聚在一起的重要力量。 |
| | A2 家国情怀 | 主体对共同体的一种认同，并促使其发展的思想和理念。家国情怀在增强民族凝聚力、建设幸福家庭、提高公民意识等方面都有重要的时代价值。 |
| | A3 历史自信 | 对主观认定和选择的某种客观历史给予坚定的肯定、信任、尊崇和自豪，并将此作为激励自己的精神力量。 |
| | A4 文化自信 | 一个民族、一个国家以及一个政党对自身的禀赋和拥有的文化价值的充分肯定和积极践行，并对其文化的生命力保持坚定的信心和发展的希望。 |
| B 教师素质 | B1 师德修养 | 爱国守法，爱岗敬业，依法行使教师权利，履行教师职责义务，遵守教师职业道德规范和职业操守，积极参与国家和社会事务，以“四有”好老师为奋斗目标。 |
| | B2 教育情怀 | 能够遵循学生身心发展特点和教育教学规律，因材施教，尊重和关爱全体学生，运用多种育人途径和手段，促进学生身心全面发展。 |
| | B3 责任担当 | 热爱教育事业，以人为本，为人师表，认真落实立德树人的根本任务，为培养现代化建设人才尽职尽责，树立献身教育的坚定信念。 |
| | B4 科学精神 | 科学实现其社会文化职能的重要形式。是科学文化的主要内容之一。包括自然科学发展所形成的优良传统、认知方式、行为规范和价值取向。 |
| C 专业素养 | C1 身心健康 | 具有强健的身体，合理的营养构成，健康的生活习惯，良好的运动习惯，积极的生活心态。 |

续表

| 一级元素指标 | 二级元素指标 | 指标内涵 |
|---|---|---|
| C 专业素养 | C2 健全人格 | 性格开朗，人格高尚，品质优良，情绪稳定，思维开放，谦逊善良，富有促进青少年身心全面发展的社会责任感 |
| | C3 体育精神 | 吃苦耐劳，勇于进取，追求卓越，遵守规则，友好团结，相互尊重，团队合作，诚信尽责 |
| | C4 关爱学生 | 关心爱护全体学生，尊重学生人格，平等公正对待学生。对学生严慈相济，做学生的良师益友。保护学生安全，关心学生健康，维护学生权益。不讽刺、挖苦、歧视学生，不体罚或变相体罚学生 |
| D 个人发展 | D1 终身学习 | 崇尚科学精神，树立终身学习理念，拓宽知识视野，更新知识结构。潜心钻研业务，勇于探索创新，不断提高专业素养和教育教学水平 |
| | D2 国际视野 | 了解国内外先进的体育教育教学理念与方法，运动训练原则与手段，关注体育研究热点话题，主动参与国际交流，拓宽知识视野 |
| | D3 合作交流 | 能够理解学习共同体的作用，可以与不同知识体系的人交流，取长补短，获得新知识和新技能，具有较强的沟通与合作能力 |
| | D4 学会反思 | 能实事求是，与时俱进，具备反思能力和批判性思维，能够运用独特的视角发现问题、科学的方法分析问题、合理的策略解决问题 |

## 第二节　体育课程思政的发掘能力

“课程思政”视域下高校体育课程思政元素发掘的重点是要增强体育教师的思政教育意识，改变以往体育教师以专项技术集体备课为主，转向提炼体育教育中的思政元素及在教学过程中有效实施，充分发挥体育课程在课程思政建设中的隐性思政教育的作用。以“润物无声”的形式滋养学生的心灵，涵育其道德品行，把培育和践行社会主义核心价值观融入教育教学全过程，让体育课程成为高校落实立德树人根本任务的重要载体。深度发掘并开展体育课程思政教学内容，是当前乃至今后很长一段时间体育教师在课堂教学中不可或缺的核心能力。

## 一、发掘高校体育课程中的思政元素

### （一）从体育课程的授课项目中发掘思政元素

每个体育项目都有其独特的发展史、文化内涵和代表性人物等多方面内容，应当从体育项目内容中发掘专项知识内涵的价值观、科学观、哲学、思想和情感等思政元素。比如篮球项目的诞生给当时人们的生活带来的影响，到今天，中国职业篮球联赛、中国举办篮球世界杯比赛、中国篮协主席姚明等，其中蕴含了爱国、奉献、拼搏、协助等很多思政元素。因此需要高校体育教师拓展体育项目知识，发掘适合教授的课程项目和利于高校学生身心的思政元素。

### （二）从体育专项技术中发掘思政元素

专项技术是为更好地达到体育活动目的的技术动作，具有科学性和规范性。而专项技术教学是一个由浅入深、由易到难、循序渐进的过程，包含复杂动作的拆分，简单动作的模仿等，应突出教学的个性化原则，从而达到因材施教的教学目的。这是一个观察、模仿、练习、运用、实践、掌握的复杂学习过程，更是对学生专注度、耐心、信心和哲学思维的培养，能提高学生的个人素养及能力。在这个学习过程中，会有学生掌握不好专项技术，反复练习也不能正确地掌握，教师便可以抓住这个机会，与学生一同分析问题原因，解读技术动作的目的和意义，以完全理解技术理论；分解技术动作，清楚技术动作轨迹；验证技术动作效果，找到正确运用技术动作的方法，通过有针对性和重复性的练习，形成动作记忆，同时提高基本身体素质，达到最终掌握的目的。

### （三）从体育活动中发掘思政元素

体育活动包括教学活动和竞赛活动，是思政元素承载量最大、项目最多、频度最大的活动载体。体育活动形式多样，贴近学生日常生活的实际，因而更能受到学生的喜爱。高等院校的体育活动有很多，如早操、班级活动、学院活动、社团、俱乐部、运动队、学校各种竞赛等，其特点是参与面广，活动内容丰富，组织形式多样，学生自主参与性强。高校体育教师要深入研究，指导和开展各项课内外体育活动，挖掘其在学生思政教育、创新思维、心理健康、正确审美和积极健康的生活方式等多方面的育人功能，并更有效地培养学生积极向上的人生态度，培养学生团队合作、敢于拼搏、吃苦耐劳精神，以及创新能力、组织协调能力和人际交往能力。

### （四）从体育教学资源中发掘思政元素

体育课程教学融入思政教育元素的教学材料选择，不仅要收集专项的教学资源，还要收集与中国的元素、中国的事情、中国的政策和中国的文化相关联的体育教学资源，并发掘其中蕴含的思政教育元素，能引导学生追求正确价值观，并运用到体育活动和教学中。在“互联网 +”时代，教师收集教学资源的渠道和种类越来越丰富，学生的学习也一样，但网络资源的种类及质量参差不齐，教师在收集和教授过程中，要学会怎样获得正确和优质的教学资源，要保证信息的准确性和正面的教育价值。

## 二、发掘并运用课程教学中的思政元素

### （一）构建课程知识模块

以体育专项知识点为起点，教学组织过程为载体，进行专项技术知识点教学模块的重组。对知识点要延伸广度，要有更深入的解读，发掘德育的内涵，可将属性相近的“知识—思政”点，形成一条“思政线”，再形成多条“思政线”，最后整合成一个“思政面”。制订新的课程标准和授课计划，扩充课程思政资源，建立完善课程教学过程和评价制度，提升教师思政教育能力，构筑以传授专业技术为载体，搭载思政教育的课程体系，重新搭建课程知识模块。

### （二）讲好体育故事

近年来，我国举办了很多重大国际体育赛事，如 2008 年夏季奥运会，2019 年世界军人运动会、篮球世界杯，以及 2022 年冬季奥运会。这些赛事的成功举办使我国的国际地位及国际形象大幅提升。从奥运会的申办成功，到奥运冠军登上领奖台，这背后有许许多多工作人员、教练员、运动员和志愿者的辛勤付出。

在体育课堂教学中，可以讲述他们的典型故事，将体育故事与思政教育相结合，发挥榜样的引领和示范作用，同时融入科学发展史、大师成长道路、教师个人的经历等，激发学生的集体主义精神和团队合作精神。例如，学生在进行排球、篮球等项目基本技术练习的时候会感到比较枯燥，甚至产生抵触情绪。因此，体育教师在讲授技术动作的同时，还应通过适当方式给学生讲解20世纪80年代中国女排获得“五连冠”的过程中体现出的拼搏进取，女排队员们是如何战胜训练和比赛中的一切困难，为祖国赢得荣誉的。学生会把中国女排作为榜样，结合自身在练习时遇到的具体情况，进行对比和思考，进而形成在态度、作风、品德等方面的唤醒和感召，发挥“女排精神”的激励作用。庆祝新中国成立70周年的群众游行上，刚刚第十次夺得世界大赛冠军的中国女排亮相花车游行，体育教师可以将这一时效性很强的素材，用于对学生进行评奖、表彰的环节，通过对“女排精神”的高度肯定和赞扬，让学生把近期目标和长期规划结合起来，志存高远，把为国争光作为强大的动力，增强学生的民族自信心和自豪感。

### （三）引入失败的教训和警示性问题

在体育教学中，教师通常会拿一些成功的案例来教育学生，并鼓励学生向其学习，但学生往往对这样的案例教育印象不深刻。如果在体育教学中，将成功案例的教育与失败的教训和警示性问题同时引入，教育效果会更好。如耐力跑中，学生会因缺氧或出现“极点”而身体不适，导致不能完成测试；在跳高、跨栏等项目中，学生会因心理恐惧，导致不能完成；在专项技术练习中，反复练习却还是不能达标等。教师要将这些失败的教训告知学生，分析失败的原因，并鼓励学生“失败不可怕，困难是可以战胜的”，引导学生顽强拼搏，在困难面前不能低头，要敢于面对问题、勇于拼搏，让学生深刻体会到体育中克服困难的拼搏精神和达成目标的超越自我成就感。

### （四）应用反面教材

反面教材在教育中具有很高的教育价值，在体育教学中，教师要以体育热点问题为线索，剖析现象，引导学生观察，进行因素分析，提出自我观点，让学生学会思考和比较，从而提高辨识能力，增强社会责任意识，提升思维能力。学生参与是教育的核心点，如个别篮球运动员比赛过程中有不文明行为，个别运动员依靠服用兴奋剂来获得更好的比赛成绩，打假赛，裁判员不公正执法，体育测试中的替考，不遵守教学管理规定的行为等，在合适的教学过程中，教师应向学生抛出这些反面教材，引导学生观察现象，分析因素，提出观点，从而提高学生的辨识能力和社会责任意识，培养学生正确的社会价值观和独立的思维能力。

## 第三节　体育课程思政的组织能力

体育教师的育人、课程的育人不是零散的，而是系统的；不是无意识的行为，而是教师自觉的行为；不是自发的，而是有组织的。整体推进体育课程思政，对体育教师的组织能力提出了很高的要求。需要其提前预设教学目标，利用好课堂教学这个主渠道，以教学内容为载体，把思政教学的价值观无缝融入体育课程中。在体育课堂开展课程思政，其关键是要在思政的价值观引领下制订教学目标，优化教学内容和改进教学方法，建立科学的内容体系。

### 一、在课程教学目标设计上，凸显思想政治教育的价值引领

体育教学目标在体育教学中起着核心指导作用，规定了体育教学预期的学习效果，引领着体育教师与学生的发展方向。落实大学体育课程思政建设，要求体育教师在课程教学上围绕立德树人设计目标，设立以德育情感目标为先导、动作技能目标为主导，兼顾认知目标的体育教学目标模式，凸显思想政治教育的价值引领。

美国著名教育心理学家布卢姆在《教育目标分类学》一书中，首创“教育目标分类学”[①]。布卢姆将教学目标划分为认知领域、情感领域和动作技能领域三个方面，三者共同构成教育目标体系。依据布卢姆的教育目标分类，国内不少研究者对体育课堂教学目标进行了深入研究，在教学实践中基本形成以动作技能目标为主导，兼顾认知与情感目标的教学目标模式。但这种重视知识、技能的传递，轻视德育的培育的倾向，长此以往的结果是导致学校德育的弱化。这样的状况与我们所倡导的教育方针是不相符的。

① 布卢姆．教育目标分类学［M］．上海：华东师范大学出版社，1986.

中国特色社会主义进入新时代，但思想政治领域的斗争并未终结，不仅如此，随着我国逐渐走近世界舞台的中央，一些偏执的意识形态向我们的思想文化渗透，甚至不惜造谣惑众、恶意中伤，特别是在互联网成为人们生活不可或缺的一部分后。改革开放后，国外一些不健康的思想文化也“溜”了进来，而心智尚未成熟的学生们难辨是非曲直，“金钱至上”“唯利是图”已成为一些人的观念和行为。他们中一些人拥有过人的能力，但其政治、思想、道德、纪律意识淡薄，理想、信念模糊，行为失范。面对这样的社会现实，我们必须以正确的、强有力的政治思想教育统领思想文化阵地，改变当前学校思想政治教育薄弱的状况。

在校学生，正是中华民族伟大复兴大任的主要担当者，他们是否有实现民族复兴的远大理想、坚定信念、坚强意志、奋斗精神，直接关乎民族复兴大任的成败。所以，学校教育，要站在时代的高度，为实现民族复兴造就人才、培育力量，要真正让学生有理想信念，能担大任，勇于奋斗，勇于进取，绝不可沉溺于物质享受。从现实看，仅靠现在开设的思想政治理论课对学生进行思想政治品德教育是远远不够的，必须各学科都根据自身教学的内容、特点等，对学生进行适时适当的思政教育，共同完成培育学生良好思想品德的重任。

因此，设立以德育情感目标为先导、动作技能目标为主导，兼顾认知目标的体育教学目标模式，既是一种体育教学改革尝试，又是课程思政在“三全育人”形势下的必然选择。

此外，体育课程思政建设目标不能仅笼统地概括为培养学生的集体主义精神、道德品质和合作精神等抽象的目标，而是要明确具体，便于操作，制定如爱护体育场地设施、及时归还体育器材、训练不偷懒耍滑、练习不怕苦累、比赛遵守规则、在集体性体育活动中学会与他人合作相处等具体的课程思政建设目标。

## 二、优化课程教学，实现课程思政内容体系科学化

### （一）课程思政教学应遵循适时、适度、适当的原则

体育课程思政是以教学内容为载体的，因此在课程教学过程中，要将爱国主义教育、文化自信教育、使命担当等德育教育适时、适度、适当地与教学内容融

合在一起。适时即随课程教学内容进行及时、实时的思想政治教育，而非教学内容学习完、教学活动结束后的教育。适度即与课程教学内容蕴含的思政教育因素适合的、恰当的教育，而非大而不当、不着边际的教育。适当即既适于教学内容，也适于教育对象，而非不看教学内容和教学对象的主观思政教育。

1. 融入体育强国梦，厚植爱国情怀

帮助学生深刻理解“体育强国梦”与“中国梦”的密切关系。新时代是全体中华儿女勠力同心、奋力实现中华民族伟大复兴中国梦的时代，体育强国梦与中国梦紧密相连，中国梦在体育领域的具体反映，就是体育强国梦。要让学生深刻认识到，中国体育的发展不仅关系到运动员个人的得失，关系到某个体育项目的兴衰，更与国家形象的塑造、民族精神的展现密不可分，与人民对美好生活的向往紧密相联。

2. 弘扬优秀文化，彰显文化自信

将文化与知识蕴含于体育历史与理论的教学之中。体育历史发展悠久，古代教育中的“射、御、舞”就是德育、美育在体育教育中的体现。可以说，体育是文化的延伸，是开展德育、美育的基石。体育理论课是对体育理论、健康、心理等综合性知识的讲授，体育理论与运动技巧随着科技、社会发展而更新、改变。因此，理论课的讲授要运用多种形式，让学生在学习科学知识的同时，养成健康、积极、向上的生活理念。

3. 传递体育精神，强化使命担当

体育精神中蕴含的关爱与尊重、友谊与团结等精神内涵对于提升学生的综合素质至关重要，而学生在参加体育训练和比赛的过程中培养起来的规则意识，更是使其成为优秀公民所必需的素养，有利于推动社会文明进步。因此，体育教师不仅要教会学生如何开展体育运动，更要在每个教学环节中对体育运动所孕育的体育精神进行深入细致的挖掘。只有这样，才能充分发挥体育培养学生意志品质和人文精神的重要作用，才能进一步深化体育教学改革，才能使中华体育精神得到更好的传承与发扬。

### （二）整合优化专业课程，实现课程思政内容体系科学化

“课程”不单是“一门课”，而是一套设计科学、知识完整的“课程体系”。课程体系所呈现出来的知识结构是按照一定的教学目标，以学科知识的发展逻辑或学生学习能力的成长逻辑组织起来的，由浅入深、由易到难，使学生便于接受。根据体育教育的培养目标、知识体系、课程设置的要求等，可以将体育教育专业课程分为体育人文社会学类课程、运动人体学类课程、运动技术类课程和教师教育学类课程四类，各类课程之间的教学内容不同，分别承担不同的教学任务，完成不同的教学目标，但共同构成一个有机的整体。因此，要整合优化专业课程，实现课程思政内容体系科学化。如体育人文社会学类课程，突出培养的是学生的人文素养、自觉意识和时代精神；运动人体学类课程突出培养的是学生的健康基础、尊重生命和科学的精神；运动技术类课程突出培养的是学生的运动认知、综合运用的能力和体育精神；教师教育学类课程突出培养的是学生的专业发展、国际视野和教育情怀。

## 三、创新教学方法，提升体育课程思政教学能力

“教学改革改到深处是课程，改到痛处是教师”，教师的专业水平和教学水平直接影响课堂教学质量和效果，同样的教学内容，不同的教师运用不同的教学方法和组织形式，教学效果会截然不同。无论是传统的体育教学还是新兴的体育课程思政教学，其本质都在于培养学生成为健全的人，并深度发掘学生的体育潜能。但传统的体育教学方法显然已经无法满足体育课程思政建设对教师教学的要求。体育教师作为连接学生与课堂的重要枢纽，其是否具备改造传统体育课程与教学方法以适应体育课程思政教学的能力，将成为验证体育教师是否合格的重要因素之一。

### （一）教学方法要灵活多变，不能拘泥于单一的教学方法

体育课堂的乐趣和吸引力就在于能够根据教学方法的变换，不断发展和创造出新的体育课堂教学内容。什么样的教学方法更能够让学生接受，更能够抓住学生的注意力，更能够使学生在得到充分锻炼的同时获得道德和身心素质的提高，是当代体育教师亟须面对和解决的问题，也是当今体育课程思政教学方式所需要

改造的重点。大学体育的思想政治教育方法有其自身的独特性，如果把一般的思想政治教育方法运用到体育教学中，就显得有些生搬硬套、流于形式，从而难以发挥体育的思想政治教育功能。与传统的体育教学方法不同，体育教师在改造体育课程思政教学方法时，一定要注意灵活多变，不要拘泥于单一的教学方法。大学体育开展思想政治教育的常见方法有语言感染法、榜样示范法、表扬法、激励法、批评法等，但这些方法的教学效果却不甚理想。因此，我们可以创造性运用诸如创设情境法、诱导启迪法、巧捉时机法、因势利导法、困难设置法、团队协作法等一系列既贴合学生实际又行之有效的方法。例如，在体育篮球课的教学设计中，授课教师在准备部分安排学生跑操，然后巧妙运用诱导启迪法和巧捉时机法成功导入体现中国特色社会主义和时代要求的社会主义核心价值观，强调课堂上学生要做到团结互助、诚信友善，让师生在热身运动过程中不知不觉地产生思想和情感共鸣，潜移默化地对学生进行思想政治教育。这一举措很好地将思想政治教育和体育进行有效融合，不仅彰显了体育的思想政治教育价值，也展示了体育教师良好的人文和道德素养。

### （二）教学方法的选择要关注不同学生的学习需求

在体育教学方法的选择上，体育教师在根据教学内容选用教学方法时，要将学生的学习需求考虑进去，这种需求不仅是学生在这一堂体育课或一学期的体育课中应该学会何种体育技能，或掌握某种运动知识，更应该是尝试培养学生的道德意识、安全意识、人际关系和社会公德等方面的素养。体育课程思政教学方法的改造需要借鉴传统，但不能拘泥于传统，优化体育课程思政的育人价值，是体育教师在改进教学方法时需要重视的核心问题。体育教师应从学生的实际情况出发，主动了解和关注不同学生在身体素质、心理活动、思维能力和兴趣爱好等方面的不同，以不断改进和优化自己的教学方法，使教学中充分包含思想教育、心理教育和政治教育等能够体现“德育为先”的活动内容，促使学生的身体素质和道德品质同步提升。

### （三）灵活地改变教学环境，并充分利用所有的教学资源

灵活地改变教学环境，并充分利用所有的教学资源，也是体育教师改进体育

课程思政教学方法的一个重要手段。一方面，充分利用好各式各样的体育器材，可以激发学生的新鲜感并吸引学生在体育课堂中的注意力；另一方面，体育教师在保障教学安全的前提下，可以将教学场所由学校内部转移至学校之外，充分利用草地、山丘等自然资源为学生开展体育教学，改变传统体育教学中仅通过学校操场开展教学的单调方法。在户外体育教学中，更容易培养学生之间的信任感及团结互助的能力。

## 第四节　体育课程思政的实施能力

课堂教学是教师将教学计划付诸实施的过程，是教师的核心能力，教师不仅要知道“怎么做”，而且要运用好各种教学技能。

### 一、激发学习兴趣

激发学习兴趣是有效进行教学的前提，其实质是对课堂教学气氛的一种组织和驾驭。没有兴趣，学习者就不愿在学习上付出时间和精力，体育课程思政教育的功能也就难以实现。

#### （一）导入学习状态

导入是课堂教学的第一个环节，导入做得好，不仅能集中学习者的注意力，使其迅速进入学习状态，还能在很大程度上激发其学习兴趣和求知欲（学习动机）。导入方式没有一定的规定，是灵活多样的，有语言导入法、情景导入法、问题导入法、多媒体导入法、背景知识导入法等。只要能达到吸引学习者注意力，减轻其学习困难度的目的，就是好的导入方式。

**【案例赏析1】**

在太极拳教学中，××× 老师的导入方式如下。

师：同学们，武术这项运动不仅能锻炼人的意志品质，还能起到强身健体的作用。不知道大家有没有看过李连杰拍的电影。

生：有。

师：他的动作和造型是不是很潇洒，十八般武艺样样精通？他的太极拳运用身法，以柔克刚，是不是演练得很精彩？

生：是，而且很厉害，很喜欢看他的电影。

师：今天我们学习太极拳，就要像李连杰那样，动作要舒展大方，把太极拳的动作和不同风格的武术融合在一起。想学吗？

生：想。

**【案例赏析2】**

在长拳教学中，××× 老师的导入方式如下。

师：同学们，你们有没有看过《少林寺》《霍元甲》《黄飞鸿》《叶问》《张三丰》等电影啊？

生：看过。

师：那你们都知道哪些武打明星呢？

生：(答)

师：看来同学们还是非常喜欢看武侠电影的。那么，大家有没有发现，在电影里面，这些武打明星都有一身好功夫，他们是怎么练成的呢？是不是天生就会啊？

生：(答)

师：对，他们的功夫不是天生就会的，是经过长期用心、刻苦努力的。可见，习武可以提高意志力和忍耐力等。那么，谁知道他们练武的目的是什么呢？

生：(答)

师：嗯嗯，锄强扶弱，见义勇为，惩奸扬善，扶贫济困，侠义精神，还有强身健体。很好，同学们回答得很全面。大家都知道，习武的目的不是逞强，更不是打架斗殴，相反他们都是爱国爱民、有责任心的人。中国武术，博大精深，源远流长，自古以来就有东方传奇的色彩。这节课，我就和大家一起学习武术套路“三路长拳”。

### (二)把握教学节奏

根据认知规律，学习者会高度集中于新学习或感兴趣的内容，一旦掌握，学习者的注意力就会转向其他内容。掌握了这一规律，有意识地在学习者注意力高度集中的时候施加影响，将有助于促进其对学习内容的掌握，形成类似于音乐上的“节拍”。想要把握好课堂教学节奏，可以根据实际组织教学，复习上节课已学内容、讲授新课、小结等，形成快慢不同的节奏，或者参照学习者反馈的情况——学习者疲惫时可以平缓一些，学习者精神良好时可以强度大一些，学习者松懈时可以紧张一些。另外，还要在教学速度和课堂话语等基础上形成教学节奏。

**【案例赏析】**

在 80 分钟的少年拳教学中，××× 老师把握教学节奏的方法如下。

××× 老师的教学环节包括热身活动（15 分钟）、复习环节（10 分钟）、新知呈现（30 分钟）、师生互动（10 分钟）、素质练习（10 分钟）和课堂小结（5 分钟），共六个。热身活动环节包括互致问候、导入新课（5 分钟），内容一（5 分钟），内容二（5 分钟）。内容一为手型变换游戏，内容二为隔空对打游戏。师生互动环节引导学生进行合作学习，通过合作学习提高学生的学习积极性和主动性，优势互补、共同进步。素质练习中开展武术造型比赛，通过起跑、急停、武术造型等内容，提升学生的灵敏素质和创新能力。

从教学节奏的角度来看，××× 老师的课堂在节奏把控等方面做得很好，设计了丰富的学习内容和课堂活动，“讲”“练”和“游戏”结合，给学生营造了愉悦、轻松的学习氛围，并轻松融入了课程思政元素。

### （三）结束课堂教学

结束课堂教学，简称“结课”。任何一项活动都有头有尾，有开始就有结束，上课同样如此，导入是开始，结课自然就是结束。一篇好文章要做到“凤头豹尾”，同理，一堂好课也要做到“凤头豹尾”，既有较好的导入方式，也要有较好的结课方式，给学习者一种意犹未尽的感觉。

**【案例赏析】**

在散打项目攻防运动的教学中，××× 老师的结课方式如下。

（1）放松运动（萨克斯音乐伴奏）学生微闭双眼，在舒缓的音乐伴奏下缓慢地反复舒展练习刚刚掌握的武术动作。既可以达到复习巩固的目的，又可以放松学生的身心，使学生在轻松、愉快的气氛中结束本课。

（2）师生“抱拳礼”道别。上下课要有礼，表演前后要有礼，互相学习要有礼，师生之间要有礼。使学生真正做到“以礼始，以礼终”。

## 二、讲解与示范

讲解法与示范法是体育教学常用的方法。讲解法是指教师用语言向学生说明动作名称、要领和方法等的一种教学方法。教师带有启发性的讲解，不仅能使学生获得知识，了解动作的要领和方法，而且能使学生进行思考，培养学生认识问题、分析问题和解决问题的能力。示范法是指教师通过具体动作范例，使学生直接感知所要学习的动作的结构、顺序和要领的一种教学方法。教师的正确示范不仅能使学生直观地建立正确的动作概念，而且能引起学生学习的兴趣，调动学生学习的积极性。

**【案例赏析】**

在少年拳教学中，××× 老师讲解和示范的方法如下。

首先，结合少年拳的特点、动作的规格、动作易犯的错误以及动作攻防含义，使教学形象化，并充分运用相关的专业术语、动作名称，使学生理解动作的含义。使生动的讲解与多样化的示范相配合，可以先讲解后示范，也可以先示范后讲解，或者边示范边讲解。可以慢动作示范、分节变位示范、提前引导示范、变速示范、多面示范、结合口令示范或结合攻防技击含义示范。

通过生动的讲解与多样化的示范，可以提高学生学习的积极性，激发学生的学习兴趣，加快学生理解并掌握我国武术的内在精神和完整动作套路，还可以引导学生清楚认识熟练掌握动作技能不是一蹴而就的，需要经常性地进行学习、钻研和操练。

## 三、指导学习者学习

在教学过程中，学习者的“学”是中心，其他都是为此服务的。因此，指导学习者体育学习的能力也是体育教师的一种核心的专业能力。这种能力包括指导学习者巩固所学内容，指导学习方法和促进学习者自主学习。

在教学中，教师示范讲解后，可以指导学生自己制订符合自我实际的学习目标和学习计划，无论是动作掌握程度或身体素质的训练，还是勇敢顽强等意志品质的养成均可。教师应引导学生，使学生把目标定在有一定挑战性，但通过一定努力能够达到的位置。学习计划应尽可能简单、切实可行。

在体育教学中，常用的学习方法有很多，有循序渐进法、比较分析法、迁移法、反馈调整法等。体育学习一般采用循序渐进法，针对基础较差的学生可以采用合作学习法。学生具体采用哪些学习方法，应根据学生自己的实际情况来确定，教师还要指导学生在学习的不同阶段有针对性地变换学习方法，比如有错误时，可采用反馈调整法，等等。在对同一技术动作进行练习的过程中，采用不同的方法，达到的教学效果也有差别。例如，指导学生把新知识与已有知识有效地联系起来，进行新旧知识结合的训练，并对学生实施及时、多样、恰当的鼓励。这样做，一方面可以帮助学生巩固了已学内容和更好地理解与记住正在学习的知识，另一方面还能激起学生的学习热情并活跃课堂气氛。例如，在体育教学过程中，让学生分小组进行技术动作练习，完成相应练习任务，并要求学生进行相互点评。学生之间会对技术动作进行讨论和思考，交流彼此对技术动作的了解和认知，同时，小组练习可以增强学生之间的凝聚力，增进彼此的交流与感情。

**【案例赏析】**

在初级长拳教学中，××× 老师指导学生学习新动作的方法如下。

“同学们，学习初级长拳中的仆步亮掌时，可以与前面学的虚步亮掌结合在一起体会。武术的手型和步型并不很复杂，大家可以根据自己的经验，结合新旧知识，归纳同一类知识、技能，建构新的认知体系。特别值得表扬的是，同学们今天的表现很好，学得很认真，练得很卖力。虽然有些同学掌握得还不是很好，但老师相信只要你们能够采用恰当的学习方法并且勤于思考、坚持不懈，下一次课一定会做得更好的。×× 同学进步很大，×× 同学要多注意眼神的配合，这样动作更具有神气。×× 同学的腾空飞脚跳得不错，起跳的力度再大一点就更好了。”

武术可以增强体质，促进人体健康，陶冶情操，修德树人，培养民族精神。用更短的时间学会武术的基本内容，领悟其中蕴含的精神内核，对健身强身，弘扬中国传统文化有重大的现实意义。武术教学中存在一个非常普遍的现象：由于传统教学"重教不重学"的指导思想及武术学科在认识领域的发展水平限制，学生在学习中没有自我学习策略，再加上武术内容丰富，技理深邃，结构复杂，路线多变，难学易忘，容易出现学习效率低和动作遗忘率较高的情况。产生这样问题的原因是学生在学习新动作时，没能把现在学习的动作与已有的经验真正结合为自己的经验。正在学习的与已掌握的动作技能不能融合为一个新的、有机的知识结构体系，而是各自分别存在，互不影响，是孤立的知识和技能的叠加。此外，武术动作技能的学习相对枯燥、单调，长时间的练习很容易产生疲劳，降低练习兴趣。因此，指导学生巩固所学内容，指导学生改进学习方法和促进学生自主学习，是武术教学中亟须解决的重要问题。

## 四、促进课堂互动

现代教学论认为，教学的过程实际上是教师和学习者互相对话的过程。互动程度高是高质量课堂教学的重要标志。在课堂上，教师与学生的思想发生碰撞，从而促进知识启迪和传递及课程思政教育功能的有效发挥。

对于体育课程而言，教学大多是处于室外，尤其是技能课，体育课程的情境也有着复杂性的特点。因此，在教学过程中应当积极地对教学过程进行控制与调节，从而在体育课程复杂多变的情况下，实现有效互动。第一，课前互动，了解学生实际情况。思想政治教育的有效发挥，需要基于对学生的充分了解，特别是要对学生实际思想状况进行综合分析和准确判断。在每个教学环节中，采用的教法要与学生身心发展相适应，进而增强思想政治教育的实效性。在上课前应了解学生掌握知识水平的情况，根据学生课前反馈的情况，对教学内容进行适当的调整。第二，课时观察，适时调整。在进行体育技能教学中，多为身体练习及运动技能的学习，加入思政教学内容后会使学生学习知识量增加，在过程中可能会产生一些不适应的情况，如学习倦怠和注意力的分散，对于教师而言应关注学生情绪的变化，采取适当的教学方法，或采用幽默风趣的语言、生动形象的案例和更具亲和力的讲解方式调动学生学习的积极性，同时对思政内容所占的比重及内容进行适当的调整，从而达到更好的教学效果。第三，课后反馈，总结优化。在体育课程结束后，应当善于总结归纳，关注学生学习态度的变化，积极与学生进行交流与沟通，对发现的问题及时进行反馈，课后对课中存在的不足不断进行优化，使体育课程的实施效果越来越好。

## 第五节　体育课程思政的评价能力

《高等学校课程思政建设指导纲要》明确提出课程思政建设要在所有高校、所有学科专业全面推进，体育课程思政也成为实现立德树人根本任务的主渠道。体育课程思政的育人效果直接关系到能否在体育课堂教学环境真正实现“体育”与“德育”的协同共振，能否在每堂课中真正落实立德树人的根本任务。因此，对育人效果的评价成为体育课程思政建设高质量发展中重要的一环。

高校现有的课堂教学评价标准对体育课程思政的特点体现不够，需进一步改进和完善评价体系，以便更好地发挥评价“指挥棒”的作用。针对教师的考核评价方面，要从学生掌握运动技能和身体素质测评为主的单一考核体系向心理健康水平、社会适应程度等多种育人效果的评价指标延伸。而且，体育课程思政的融合模式是将教师立德树人能力方面的评价内容与体育专项技能、体育教学方法手段等考核评价指标有效结合，具体指标内容包括思想政治教育水平、育人态度与效果等。明确指标体系，可引导体育教师在体育教学中思想政治教育价值观的运用，突出课程思政的导向性和驱动力。针对学生的评价考核，评价标准主要由学生的体育技能与心理成长发展两部分组成，在对“体质健康、体育知识技能”等传统实操实践内容评价的基础上，融入“思想道德、素质修养、情感态度”等心理和价值观方面的评价指标，构建“绩、勤、德”等多维度、全方位的评价体系，实现操作性评价与形成性评价有效结合，尝试采用表现性评价对体育课程思政的育人效果进行评价。具体流程如下。

### 一、明确评价目标

评价是基于证据的推理，评价的目标越清晰，获取的学习结果“证据”越有效。因此，要紧紧围绕教学单元的基本问题明确评价目标。

### （一）确定评价目的与呈现方式

除了考虑评价信息使用者与评价用途外，还要充分考虑到体育课程思政的育人特点——是否有利于学生思政状态的持续改进，是否可以被学生理解、响应、接受和认同。

### （二）与学习目标相匹配

这并不意味着，所有的学习目标都可以借助预期学习结果转化、推演为表现性评价目标。表现性评价强调问题情境中学生创造性的构建反应，因此，与表现性评价相匹配的目标可以广泛分布在认知、情感和动作技能各个领域，而且必然是多元的、具有情境性与复杂性的评价目标。

### （三）提炼教学单元的基本问题

这主要是根据《体育教育专业本科人才培养方案》中的培养目标以及课程教学大纲中学习目标所指向的预期学习结果来提炼关键词，采用目标分解技术剖析关键词所涉及教学单元的基本问题，然后分解出子目标并逐条表述。要特别重视教学单元基本问题的提炼，这不仅能够促进对某一特定教学单元内容的理解，还可以激发知识与技能之间的联系和迁移。基本问题可以围绕与技能学习相关的关键概念、目的与意义、策略和使用情境进行架构。例如，武术操创编问题最关键的概念就是“武术操”和“创编”，武术操创编的目的与意义是什么，如何创编，在什么情境下创编等，这一系列连锁问题能将基本问题表述清晰。抓住了基本问题，也就明确了评价目标。根据学生提交上来的武术操创编视频作品，首先可以根据武术操的概念来判断是不是团体操、是否符合创编的目的与意义、创编技能水平怎么样、是否符合使用情境、表达什么思想情感等，这些将成为评价目标所涉及的关键评价点。

## 二、创设体育领域问题情境

创设体育领域问题情境需要考虑以下几点。

### （一）与评价目标相匹配

与评价目标相匹配主要是指问题情境是否可以引发评价目标所需要的学习结果，是否可以激发学生的学习兴趣，是否可以激活思政元素的育人效果。

### （二）可复制性

创设的体育领域问题情境应该具备标准化结构，其中每个表现性任务都要受到时空、信息或材料使用等条件的限制，具有可操作性与可复制性。这样，当同样的问题情境出现在不同学生群体中，其学习结果之间才具有可比性。

### （三）关联性

创设的体育领域问题情境要突出体育领域问题情境与社会领域工作环境较强的关联性，促进学生对开放式问题寻求解决，促进学生在探究过程中整合先前经验，加深对教学单元基本问题的理解，从而实现各个教学单元知识、技能、思政元素的联系和迁移。例如，依据学校《体育教育专业本科人才培养方案》中的培养目标及武术类课程教学大纲，针对体育教育专业武术类专项学生应该突出体育教学、运动训练、竞赛组织与裁判法、创编表演等教学单元的基本问题，根据评价目标的实现需要创设武术操比赛问题情境。该问题情境属于复杂问题情境，且持续时间较长，其中包括学生作为创编者、体育教师、裁判员三种身份角色。在社会领域工作环境中产生的关联性是中小学体育教师必须承担春秋季田径运动会开幕式及学校各类庆典中武术操等相关表演，而且在高校历年常规实践活动中，体育教育专业武术类专项学生也同样承担着此类工作。因此，该复杂问题情境的设置与社会领域现实环境具有高度关联性。另外，选择复杂问题情境作为实践框架的案例，还应考虑到体育课程思政元素对学生的思想熏陶，情感、态度与价值观的形成和塑造不是一蹴而就的，在较短时间内很难体现明显的行为表现或者心理倾向。

## 三、提炼体育课程思政元素

体育课程思政元素要依托体育领域问题情境进行提炼，可以在学生完成任务过程中被特定情境激发出来。从课程思政的共性特征来看，思政元素依附于课程知识体系与知识点中，不是独立存在的，而且不同课程创设问题情境所蕴含的思政元素并非完全相同，实际上带有该课程问题的情境特征。从体育课程思政的个性特点来看，课程思政如果不根植于体育课程所创设的特定情境中，容易造成思想认知与行为表现的脱节，使课程思政教育流于口号或形式。那么，在体育领域问题情境中如何提炼体育课程思政元素？体育教育专业课程思政元素确定的理论依据为社会主义核心价值观、思政课程建设指导纲要、大中小学德育总目标、教师职业道德规范（中小学教师）及体育教育专业培养目标及毕业要求，并从理想信念、教育素质、专业素养和个人发展这4个一级指标和16个二级指标构建体育教育专业总体课程思政元素的结构体系。例如，在武术操竞赛裁判工作的问题情境中，以"裁判能力"为评价目标关键词，其中思政元素提炼的关注点是"由竞赛规则意识引入社会法治意识"，由在体育领域中遵守竞赛规则、公平公正执裁引入社会领域中做合格公民、具有宪法法治意识，从而提炼出了这个教学环节所适用的思政元素。通过武术类专项课裁判实践教学，学生体会到了无论是维护体育竞赛公平公正，还是促进社会健康运转，都需要人人遵守规则。在体育课程思政建设中，对于思政元素的筛选可以结合体育课程教学内容与社会现实生活实际，并不断融入新元素，使体育课程思政的育人效果不仅仅体现在学校课堂上，而且要与时俱进，贴近社会需求。

## 四、设置表现性任务

体育领域问题情境中的表现性任务要根据评价目标进行制订，评价目标越具体则表现性任务的指向性越强。设置高质量的表现性任务并非易事，需要考虑以下问题。

### （一）表现性任务的难易应与学生水平高低匹配

就像教师备课撰写教案一样，需要分析教学内容与思政元素、学生先备知识与个性特征以及完成任务的组织形式与时间限制等。

### （二）表现性任务的数量能激发学生潜能

表现性评价一般适用于开放式问题的复杂情境，一项表现性任务可以围绕一个问题情境设计多重子任务，子任务可以是纵向进阶式问题（学习创编理论—开展创编实践），也可以是横向发散性问题（创编组合动作、成套动作、队形、口号等），有利于激发学生多方面潜能。

### （三）表现性任务的指导语重在引导而非限制

这主要是解释、说明任务期待及最终学习结果是什么，使学生更准确理解任务指向，还可以加入参考资料来指导学生完成任务的方法或方向。

### （四）表现性任务的类型多样化

表现性任务常分为作品展示、表现、项目、日志和进度记录、演示、产品、问题解决过程、图表组织者八类，每项任务都会对应一项或者多项不同类型的学习结果，允许学生发挥个人优势，有更多选择的余地。总之，高质量的表现性任务就是要让学生有机会展示出与评价目标相匹配的解决复杂问题的综合能力与心理状态。

## 五、开发评分规则

开发体育课程思政育人效果的评分规则。评分规则的作用是使教师和学生都明确知道完成任务的标准是什么，一般由表现维度、表现等级、描述符号及表现样例四个部分组成。根据体育课程思政协同育人的特点，可以采用整体型评分规则，对学生整体行为表现的不同方面分别进行描述，把所有评价目标综合起来得出一个总体评价；也可以采用分析型评分规则，将学生整体行为的表现分为不同维度，对每一维度分别作出评价从而得出评价等级。其中，评价等级维度的划分与评价目标所指向的学习结果分类密切相关。可以采用演绎法，基于一个理论框架确定评价目标的维度；也可以采用归纳法，从学生学习结果的表现样例归纳出评价目标的维度。布卢姆的目标分类学和加涅的学习结果分类等经典理论都清晰地呈现出学习结果的分类体系及相应行为表现的层级，有助于表现性评价研制检测学习结果的有效评价指标、量表及收集相关联的有效证据。例如，采用演绎法，基于布卢姆情感领域教学目标中接收、反应、形成价值观念、组织价值观念系统和价值体系个性化五个层次，并根据团体操比赛问题情境的实际情况进行改良后，形成五个等级。针对体育课程思政育人效果的评价，其难点是体育思政类学习结果如何分类、分级及其中哪些学习结果属于有效证据。把握这些关键点是对学习结果作出合理价值判断的前提。总之，高质量的评分规则应该力求评价内容的完整性、语言描述的清晰性、实际操作的实用性、评价结果的公平性。

## 六、实施评价与反馈

实施体育课程思政育人效果的评价与反馈。表现性评价的结果不仅仅是一个分数、一个等级，还包括所收集到作为评价证据的学生的具体行为过程表现或者学习结果。如何解释和运用这些证据信息成为促进教学改进的关键一环，可从基于评分规则的反馈优化为基于评价结果的决策，通过评价推动育人效果的螺旋式上升。例如，学生小组需要完成阶段性任务——创编武术操成套动作，在思政育人方面着重培养学生爱国主义、团结协作精神，使学生遵守创编规则、勇于创新。通过学生的随堂任务、视频展示、互相评价等证据，可以观察到学生在具体行为表现中的情感、态度、价值观，使不可量化的思政元素育人效果凸显出来。教师要充分利用这些丰富、具体的证据信息及时反馈，对教学设计进行优化，提升课程思政对学生思想启迪和价值引领的育人效果，推动课程思政教学过程的系统改进与内涵式发展。同时，教师也要引导学生更加清楚学习目标与评价标准，这样有利于培养学生的自我督促能力，真正成为学习的主人。

# 第九章 体育教师教学拓展能力实训

CHAPTER 09

体育教师教学拓展能力是指在体育课堂教学过程中依据课的教学内容、教学目标、教学目的，在一定范围和深度上和外部相关的内容密切联系起来的能力。体育的实践性要求体育教师教学能力呈现综合性、多样化特征。除基础教学能力外，还包括教学创新能力、信息化教学能力和体育教学研究能力等。随着教育部新《普通高中体育与健康课程标准》(新课标)的贯彻执行，体育课堂教学拓展已成为课堂教学的重要组成部分，它不同于传统教学只注重知识的传授，而是从更高的层次对教师和学生提出了要求。提高体育教师教学拓展能力，有助于培养拓展思维、创新能力和反思能力，有助于提高体育教育教学质量和层次，提高人才培养质量。

## 第一节　教学创新能力

当前，我国十分需要具有创新能力的专业人才。顺应时代的需求，学校也越来越重视对学生创新能力的培养，为了实现这一目标，教师需要在教学过程中添加丰富的创新元素，对自己的教学模式和教学内容进行创新和突破，这便要求体育教师拥有较为丰富的学术素养，也需要跟随时代的发展，不断更新自己的教学内容和教学理念，不断提升自身的教学创新能力。教师的创新能力主要体现在自身的创新能力提升和对受教育者创新能力的培养两个方面。

教育在培养民族创新精神和培养创造性人才方面肩负着特殊的使命，体育作为一门综合性极强的学科，是学校素质教育不可或缺的重要组成部分，对培养学生的创新能力具有特殊的意义，因此，提高体育教师的教学创新能力是非常有必要的。

## 一、对教学创新能力的认识

一般来说，教学能力指的是教师通过自己所具备的教学知识、技能和素养，在课堂教学过程中进行知识的转换和表达，呈现出的科学性和艺术性的程度。一个教师的教学能力对促进学生在某一专业学科的发展和提升有显著的影响。学校的教学目标主要是对学生的创新能力和实践能力的培养，而学生的创新能力和实践能力在很大程度上取决于教师的教学能力。教学能力主要体现在教师对教学内容的深入剖析和思考，课堂上为学生提供优良的学习环境和学习氛围。教学创新能力主要是指教师需要根据时代的发展和新的需求，对自身思想以及教学方式方法进行创新和完善，它是教师综合能力的主要表现。

## 二、教学创新能力的内涵

教学创新能力包含教学内容的创新、教学设计的创新、教学思维的创新、教学资源的创新和教学评价的创新。

### （一）教学内容的创新

对于体育教师而已言，教学内容主要包括两个方面：一是体育教师需要有意识地获取最新的教学资讯，以及相关专业、项目的前沿信息，通过对新内容的学习和思考，将所获得的成果体现在教学课堂上，进而为学生提供更加广泛的学习资源。二是体育教师需要根据教学对象或者学生的需求对教学内容进行筛选，同时思考和选择出一种能够让学生容易接受的教学方式和教学形式进行授课。

### （二）教学设计的创新

在教学过程中，首先体育教师有必要根据教材中的知识内容框架及章节逻辑关系或者项目动作的递进关系对教学进行合理的设计，并且要对教材中的整体内容或项目的完整动作进行框架设计。其次根据每一章节所包含的知识内容，或根据每一项目动作细节进行具体的分析，然后对教科书的背景或体育项目背景进行一些课外知识的收录。最后对一些实训内容进行研究设计，通过信息的收集不断更新、完善教学内容和教学方法。

### （三）教学思维的创新

教师的教学思维能够直接影响学生的学习思考，在进行教学思维的创新时，教师需要跟随时代的发展需求，对教学设计、教学方法和教学内容进行全面的更新和完善。

### （四）教学资源的创新

新时代的课题教学中，教师需要积极地利用先进的信息技术进行教学，如多媒体、短视频、互联网等，这些现代信息化资源能够为学生提供更加广泛的学习空间并扩充学生的学习形式，也能够使体育教师更加高效和便捷地进行教学。

### （五）教学评价的创新

对体育教师而言，学校有必要为术科类教师提供一套合理科学的评价体系，对体育教师的教学创新程度进行检验和评价。评价系统的开设，会使体育教师更加积极主动地进行教学创新。另外，合理的评价体系还能够通过意见的搜集调整和完善体育教师的创新教学，评价体系的不断完善能够在很大程度上激发术科教师的创新潜力。

## 三、培养体育教师创新能力的途径

### （一）更新体育教学理念

随着新时代教育的发展，教学改革的不断深入，教育思想、教育观念随之发生转变，应当充分发挥学生在教育活动过程中的主体作用，使学生学习的主动性最大化，把教学活动真正变成活跃学生思维、启发学生思考、引导学生创新的过程。坚持树立“以人为本，健康第一”的教育理念。体育教学要以提高学生综合素质，促进大学生的全面发展为出发点，“教什么”和“怎么教”要适应大学生和社会发展的需要，而不是让学生适应教师。在教学过程中，要充分尊重学生的主体地位，发挥学生的主体作用，作为体育教师要把以提高学生运动技能、提升学生身体素质为目的的传统教学理念转化为全面提升学生综合素质、培养学生创新能力的现代教育理念。

### （二）不断学习先进的专业知识

要想提升自身的创新能力，成为一名创新型的体育教师，必须转变传统的思维方式，扩大知识面，丰富文化内涵，增加自身的知识储备，积极参加本教学领域的探索研究，在提高自身科研水平的同时更好地接受新知识、新技术和新方法，并将其运用于自己的教学实践中。

### （三）掌握最新教材内容

体育课程内容的主要特点是健身性和文化性相结合、选择性与实效性相结合、科学性与可接受性相结合、民族性与世界性相结合，充分反映和体现了《学生体质健康标准》的内容和要求。依据相关纲要精神，应构建适合现代学校体育教育发展和学生需求的教材体系，随着社会的发展，人们的意识形态、学生的身心特点也不断地发生变化，体育教师必须加强对教材内容的创新研究，不断更新教材内容，并运用先进的教学方法。

### （四）创新教学模式

长期以来，我国学校体育课程的课堂教学形式为一贯制，教学内容、课堂结构相同，教学环境在体育场地或体育场馆，课堂活动结构通常为准备活动、理论讲述、技能教学、放松活动等主要环节，教学方法为教师讲述示范、学生练习。经过多年体育教育的学生，已经厌倦这种被动式、一贯制的教学形式。新时代体育教师应采用丰富多彩的教学形式，把课外体育活动与体育课堂相结合，把运动技能学习和健身娱乐相结合，把课堂运动技能教学与电视体育竞赛欣赏相结合，把教师安排教学内容与学生自主选择相结合，不断创新教学形式，激发学生学习和练习体育技能的兴趣，提高学生的创新意识。

教学模式的创新主要包括教学内容、教学环节、教学方法等方面的创新，这是判断教师是否拥有较强创新能力的主要标准。

①在教学内容方面，体育教师不能只将眼光放在运动项目的教材内容上，还需要对教材内容进行适当的拓展和延伸。在选取教学内容时，教师需要根据学生的学习状态、学习需求和学生的身体素质情况进行判断，并且教师也需要收集先进的教学、训练理念及与专业领域相关的教学研究成果，让学生能够接收到先进性的教学内容和训练理念。

②在教学环节方面，体育教师有必要将先进的信息技术进行适当的引入，利用网络资源来丰富教学环节，如在线课程教学模式，体育教师将学生的学习内容或者体育项目以视频的方式进行呈现，使学生能够转换学习模式和学习思路，更加直观地欣赏体育项目竞赛和动作技术，对相关知识内容产生新的理解和认知，让学生的思维更加地活跃。另外，教师也可以采取翻转课堂的形式，让学生分析和讲述项目技术动作的使用原则、利弊等，使其能够充分地参与到课堂的学习中，自主学习、自主思考，进而提升学生学习效率和效果。教师也可以采用线上交流平台，与学生进行有效、及时沟通，将一些专业领域相关的资讯分享给学生，由此提升教师教学的创新性。

③在教学方法创新方面，体育教师有必要丰富并润色自己的教学语言、对教学技术动作进行清晰示范，有利于教师将理论知识以一种更加容易理解的方式向学生进行讲解，将技术动作细节更加具体、形象地展现给学生。在这一过程中，教师也需要积极参与教育改革课题的研究活动，从中积累丰富的经验，为教学创新提供充分的理论支撑。

### （五）丰富技能

随着信息技术在教育领域的广泛应用，教学过程出现了许多新的理念和方法，教师需要尝试多元化的教学模式，将自己的教学与时代相结合，熟练拥有先进的教学理念，掌握信息技术。教师要定期参加进修，定期参加教研会，将自己的教学经验和教学方法进行交流和分享，了解到最新的教学理念和教学模式，进而不断提升教师的教学质量和教学水平。开展多次活动激发教师进行教学创新的积极性和主动性，使教师能够通过经验的积累和先进理念的灌输，不断地丰富自身的教学内容和教学技巧，进而培养出符合社会需求的创新型人才。

### （六）加强教学反思

在教学方面，教师有必要定期对自己的教学进行反思和总结。通过不断的教学实践，来发现自身教学所存在的问题。通过不断的调整和改善，逐步进行教学内容和教学环节的创新。教师需要参加相关的总结活动，拟出一份教学反思，将自己的教学行为和教学理念进行总结，将创新内容及接下来的教学计划进行整理和叙述，使教师能够将更多精力放在教学创新方面。

## 第二节 信息化教学能力

在教育信息化 2.0 时代，信息技术对于教育的影响越来越深入，给学校教育带来了诸多机遇和挑战。党的十九大以来，教育信息化由以数字化、网络化技术领跑的 1.0 时代升级到了以大数据、智能化引领的 2.0 时代，2018 年 2 月，教育部等五部门联合印发了《教师教育振兴行动计划（2018—2022 年）》的通知，指出要“注重师范生信息技术应用能力，研究制定师范生信息技术应用能力标准，提高师范生信息素养和信息化教学能力”。同年 4 月，教育部发布了《教育信息化 2.0 行动计划》并在“信息素养全面提升行动”这部分内容中明确提出要“加强师范生信息素养培育和信息化教学能力培养”。从中可见，全面提升信息化教学能力是信息化 2.0 时代赋予我们的重要任务。在信息化 2.0 时代背景下，教师只有掌握了相应的信息化教学技术，才能从容应对教育现代化提出的挑战，为我国信息化教育事业的发展提供强有力的支撑。

### 一、对信息化教学能力的认识

界定信息化教学能力需要从相关概念梳理入手，信息化包含信息素养、信息技术应用和教育技术应用等。信息素养是信息社会每个主体都要具备的基本素养。信息技术应用能力是指主体运用信息技术满足个人需求，促进个人发展的能力，侧重于技术的应用，内涵相对比较单一。而信息化教学能力是教师需要具备的一种综合能力，是信息素养与教育教学相结合形成的一种综合能力。因此，信息技术应用能力是基础，信息技术应用能力的综合发展形成了信息素养。

因此，信息化教学能力并不能简单理解成信息技术应用能力与教学能力的简单相加，而是在信息技术应用能力的基础上，信息素养与教师所必需的教学能力深度融合所形成的新型综合能力。

## 二、信息化教学能力的内涵

教师的信息化教学能力是指在教育教学情境中，教师将信息技术知识、学科知识融合后转化为一种促进学生发展的知能结构体。具体来说，信息化教学能力包括六个方面：信息化教学意识与态度、信息化教学设计能力、信息化教学实施能力、信息化教学评价能力、信息化教学研究能力、信息素养。这 6 个方面可分为两个层面的能力，即核心能力与支撑性能力。这 6 个方面并不是孤立的、割裂的，而是融合的、连续性的。经验的连续性是区分有教育价值的经验和没有教育价值的经验的原则。因此，信息化教学能力的内涵无论是从逻辑上还是在实践中都必须是连续的、贯穿的，特别是在实践中更需要注意信息化教学能力内涵之间的关联及内在逻辑连续性。

### （一）核心能力

信息化教学能力的本质属性是教学能力，以教学发生的时间点为界，之前需要信息化教学设计能力，之后需要信息化教学评价能力，这 3 种能力为信息化教学能力的核心能力。

信息化教学就是在信息化环境中，教育者与学习者借助现代教育媒体、教育信息资源和教育技术方法进行的双边活动。信息化教学设计是上海师范大学黎加厚教授提出的，就是运用系统方法，以学为中心，充分利用现代信息技术和信息资源，科学地安排教学过程的各个环节和要素，以实现教学过程的优化。[①] 应用信息技术构建信息化环境，获取、利用信息资源，能够支持学生的自主探究学习，培养学生的信息素养，提高学生的学习兴趣，从而优化教学效果。

### （二）支撑能力

支撑核心能力发展的能力属于支撑性能力，即信息化教学意识与态度、信

① 黎加厚．全球化与教育信息化创新［J］．中国教育信息化，2008（20）：21.

息素养及信息化教学研究能力。信息化教学意识与态度、信息素养是前置性支撑条件，而信息化教学研究能力是后置发展性支撑。观念是外界事物通过感觉器官在人脑中的反映，观念对人的行动有重要的影响。教师的信息化教学观念、信息化教学意识会直接影响信息化教学行为，影响信息化教学能力的生成。信息化教学能力的形成以信息素养为基础，信息素养包括信息意识、信息道德、信息能力、信息知识。

## 三、培养教师信息化教学能力

### （一）更新理念，提升技术思维境界

教师作为终身学习者，需要具备终身学习理念。“理念”在《辞海》的解释是表象或客观事物在人脑里留下的概括的形象，它与观念相关，通过人的思维活动将观念上升到理性高度便形成了理念。要培养教师的信息化教学能力，需要更新理念，摒弃落后的观念，从终身学习的视角，思考如何提升自己的能力。这本身就是思维境界的提升，也是理念的重构与再造。在教学工作中，新时代体育教师要善于运用信息技术，同时又不能受制于信息技术，需要对信息技术哲学进行深入的反思。体育教师需要从理性的技术思维境界重新思考当下的教学活动，反思自身的信息化教学能力水平，从思维的层面做好信息化教学能力提升的准备。

### （二）完善教学设计理念，提高认知水平

作为新时代教师，需要正确认识和对待信息化教学，要把信息化教学当作一个新的教学方法，而不是哗众取宠的手段。随着国家教育信息化政策的不断落实，传统黑板与粉笔板书的课堂逐渐转变成多媒体教学的课堂。随着时代的发展和进步，多媒体教学方法又得到了不断的发展和更新。新冠肺炎疫情时期，很多学校都采用了线上教学的方式，由此可见信息技术在特殊时期的重要性。但是，线上课程也存在一定的短板，对学生的约束性不高、缺乏课程的创新性等问题也相继出现，学生容易对线上课程产生厌倦情绪，存在缺勤等情况，教师要想方设法地将课程设计得更加有趣，才能对学生产生持续性的吸引。作为教师，需要正视时代发展带来的改变，客观地看待教育变革，不断提高信息化教学水平。

### （三）提升信息化教学的理论素养

首先，很多教师认为信息化就是用PPT代替粉笔和黑板，这种想法是片面的。对于信息化教学，教师真正要做的是加深自己的理论素养，充分利用信息化手段提高教学效率。教师教书育人的过程中，手段是次要的，真正提高学生的自主探究能力、交流能力、合作能力、解决问题能力和创新能力才是主要的。

其次，体育教师要有针对性地提高自身的信息化理论素养，知道如何在课堂中引导学生发挥主观能动性、掌握方法、发散思维、提高学生互助学习的能力，帮助学生建立知识体系，再通过信息化教学手段拓展学生知识面，将信息化手段摆在正确的位置。

再次，体育教师要善用资源，提升信息技术素养，教师对于学习资源的获取要从被动走向主动，应根据自己的发展计划与需求有针对性地寻找学习资源。在新冠肺炎疫情期间，为了防疫需要、减少人员聚集，越来越多高端的闭门会议提供了网络同步直播，为更多人提供了在家上“名校”，参与“名师课堂”的便利学习条件。体育教师也应跳出自己的小学习圈，充分利用网络资源分享，收集更多适合自己的学习资源。

最后，可以利用各级各类慕课课程，如中国大学慕课、网易公开课等资源平台寻找匹配的学习资源，弥合自己的信息知识盲区，形成过硬的信息能力，同步注重信息道德与信息意识的培养，全面地提升信息技术素养。

### （四）强化教学能力，实现信息化教学规模成效的递增

在如今的教学大环境下，闭门造车是万万不可取的，而信息化教学是关联性很强的教学手段，只有兼顾理论、方法、技术的信息化教学才能称为合格的信息化教学。作为信息化教学主导者的教师，要及时将自己的知识体系更新，适应新时代教学需求，积极参加培训活动，结识志同道合的同人，相互交流、相互提升。另外，信息化教学需要谋划建立信息化教学团队，这样才能杜绝孤军奋战，将大众分享的、可采用的教学手法分享出去，从教师中来，到教师中去，博采众长，从根源上提高信息化教学的效率，加速信息化教学团队的成长，规范完善信息化

教学团队的梯队建设。

### （五）反思自我，寻求发展的原动力

发展的关键动力不在外部世界，而在自身的内部世界。通过教学理念与信息技术理论的更新，借助网络学习资源拓展自己的学习路径，教师的信息化教学能力得以发展。保证可持续性的发展，需要从自我的内在世界找到意义与价值。约翰·杜威说："教育的目的在于教育本身"。教师的信息化教学能力的发展目的也在于本身，而反思是认识自我的最好途径。教师可以通过反思找到自己发展的问题，也可以通过反思找到成功的经验，实现扬长补短。要发现问题，积极改进，不断完善，努力发掘成功的"基因"，进一步做大做强，使其形成正向循环，持续地获得发展的原动力。

## 第三节　体育教学研究能力

体育教学研究能力不仅关乎体育教师个人职业发展，更关乎基础教育教学质量与教学改革效果。在当代教育改革中，体育教师的教学研究能力高低，往往决定着体育教师能否及时把握教育改革的理念与脉络，能否有效提升自身的教学与育人能力。体育教师常年从事一线体育教学，其体育教学研究能力的好坏直接决定体育教学质量的优劣。体育教师的教学研究能力需要从基础教育阶段就开始进行系统培养，在重视体育理论学习和体育教学技能培养的同时，应强化对体育教师教学研究能力的培养。

### 一、体育教学研究能力的概念

教学研究是指运用科学的理论和方法，有目的、有意识地对教学领域中的现象进行研究，以探索和认识教学规律，从而提高教学质量。教学研究需要具备一定的研究能力，研究能力对构建专业实践的基础至关重要，是终身专业学习的核心，是发现、创新和知识转移的关键。体育教学研究能力就是对体育相关教学实际问题进行研究的能力，主要包括问题意识、批判性思维、反思能力、文献搜集与处理能力、写作表达能力等。

## 二、体育教学研究能力的结构要素

### （一）自主学习能力

体育教学研究能力需要将体育及相关学科的理论知识作为基础，部分知识是在体育课堂中通过体育教师讲解习得的，而大部分知识需要学生通过自主学习而获得，即便是常规课堂讲授也需要学生融合课堂、积极参与才能消化并转换为自己的成果，这便对学生的自主学习能力提出较高要求。学生自主学习能力主要体现在学生对于学习的自主性，在概念上可分为学生愿学、乐学，在方法上可解释为学生会学、善学。

### （二）反思能力

反思能力是体育教师进行研究的重要能力，体育教师只有在体育教学实践中发现各种体育教学问题，不断进行反省，才能深入知晓体育教学问题之所在，进而可从体育教学的表层现象理解上升为深度反思。在反思的基础上，针对体育教学中存在的问题，提出解决问题的理念与方法，促使体育教学目标和任务的高质量完成。反思能力对体育教师确定体育教学研究的选题具有重要意义，是决定体育教学研究选题是否具有创新性、是否具有实践价值的重要因素。

### （三）调查研究能力

调查研究能力主要是指在确定选题后，能够通过恰当的调查研究方法对需要解决的问题进行调查的重要能力。在体育教学研究当中，通常采用文献资料、观察、问卷调查、实验、个案研究等多种研究方法。从目前体育教学研究成果来看，大多数体育教师偏向采用文献研究和经验归纳与总结的定性类思辨研究，而借助调查与统计的研究则较少。但体育是实践性较强的科目，进行实地调研，才能在真正意义上了解一线体育教学的实际情况，因此，体育教师应掌握基本的调查研究方法。

### （四）团队协作能力

体育教学研究是一项系统工程，在进行体育教学研究时需要多位体育教师合理分工与合作。其最初步骤是在项目主持人的召集下，根据每位项目成员的研究领域、特长进行分工，各项目成员在研究过程中根据遇到的问题对项目的执行情况进行调整与完善，进而完成本项目组教学研究的目标与任务。团队协作需要成员具有良好的合作精神、团队观念、组织与管理能力、实干精神，齐心协力的科研团队可以实现优势互补，可以大幅度地推动项目研究的进度及项目完成的质量。

### （五）论文撰写能力

体育教学研究能力最终要以成果的形式展示出来，体育教学研究成果则是运用体育学科原理和专业术语，对体育教学客观事物现象和规律进行归纳、推理、总结，进而形成体育教学领域的专业文章。因此，在体育教学研究方面的学术论文应具有体育教学的专业性及论文写作的规范性，对于体育教师来说，需要经过专门的写作训练才能具备基本的体育论文写作能力，这便对体育教师提出了考验。

综上所述，明细体育教师教学研究能力结构要素有助于提高体育教师科学研究能力。第一，体育教师应从“发现问题”角度出发，提出体育教学的现实问题。然后，用“反思”思维质疑问题。第二，要经常参加与开展体育教学研究活动。第三，应学会将与个人研究相关的学术文献整理成册，并能够对相关文献进行归纳与总结。第四，设计课题的研究对象、研究目的、研究方法等内容。第五，将当前体育教学理论运用到自身课堂第一线中去，通过课堂实践检验体育教学理念的价值。第六，学会编制问卷、发放及分析统计等。第七，和其他体育教师交流与探讨体育教学问题，集思广益，加强文字表达能力，对研究初稿进行反复推敲与检查，最终以研究报告或研究论文的形式呈现出来。具体如表 9–1 所示。

**表 9–1 中小学体育教师教学研究能力结构要素表**

| 教学研究过程 | 能力结构要素 | 具体表现 |
| --- | --- | --- |
| 确定研究课题 | 观察能力 | 课堂观察；实验观察 |
| | 反思和质疑能力 | 对自身的反思；对教材的质疑；对专家、权威的质疑 |

续表

| 教学研究过程 | 能力结构要素 | 具体表现 |
|---|---|---|
| | 创新能力 | 对教材、习题的推广和拓展；对教学方案的设计和改造 |
| 查阅资料 | 资料搜集和整理能力 | 文献、书籍的搜集和查阅；对已有资料的整理和分类 |
| 制订研究计划 | 方案设计能力 | 研究方法的选择和确定 |
| | 理论应用能力 | 对理论知识的掌握和应用 |
| 实施研究方案 | 实践操作能力 | 方案的实施（问卷的编制、调查、统计等）；动手能力（实验操作、数据的测量和采集等）；数学能力（计算、作图等） |
| | 交流合作能力 | 倾听、采纳他人的意见或建议；发表自己对问题的看法；出现问题时主动请教他人 |

## 三、提升中小学体育教学研究能力的建议

新时代，体育教师的教学研究能力决定着体育教师教学质量。体育教学研究能力是体育教师必备的基本能力之一，需要体育教师将体育教学实践与体育教育理论紧密结合，让体育实践更加科学化、合理化。随着体育教学改革的推进，困扰体育教学质量的问题往往受学校层面的培养机制、体育教师的自身业务水平等多因素影响，因此，提高中小学体育教师的教学研究能力应从以下几点着手。

### （一）学校层面

第一，体育教师对体育教学研究兴趣的高低主要受制于体育教师的信心、自我效能感、动机等诸多因素，学校可为体育教师提供优良的教学条件、科研环境，激发体育教师对体育教学研究的兴趣，采用多种激励机制保障和鼓励体育教师参与教学研究。另外，学校可定期开展体育教学研讨会、座谈会、观摩讨论课等，鼓励体育教师参加学术会议，也可提高体育教师的教学研究兴趣。

第二，引导体育教师开展实证研究，体育教师教学研究能力的培养在以理论为基础的同时，更加注重体育教学实践的积累，体育教师开展实证研究就是一种有效提高科研能力的直接方式。实证研究将行动与反思、理论与实践有机

结合，在实证研究中，体育教师既是研究者，也是实践者，有利于其积极开展问题探究，有助于体育教师成为反思性实践者。随着在研究上投入时间的增加，体育教师可具备举一反三的思维、拓宽发现问题的视角，也会不断提升教师个人研究的信心。

第三，加强青年体育教师的教学研究能力，首先要端正青年体育教师的观念，不能重教学轻科研，使青年体育教师从主观上认识到体育教学研究对于上好体育课的重要性。其次要鼓励青年体育教师多进行教学内容、教学方法与教学手段的改革，定期组织青年体育教师开展体育教学竞赛活动，搭建青年体育教师教学成长平台。

第四，加强对青年体育教师课堂教学质量的监测与评价，调动其从事教学工作的积极性和主动性，从课程教案检查、学生评价、同行评价、督导评价等方面进行检查与评估。另外，强化青年体育教师教学质量在职称评定中的地位，勉励青年体育教师把体育教学研究放在工作的首位。

### （二）自身层面

第一，体育教师要保持对体育事业与体育教学研究的热情。善于发现体育教育教学中存在的问题，找准个人研究的方向，在体育教学实践中不断地积累和思考，“积累—发现问题—论证问题—总结—再积累—再总结”，这便是体育教师科学研究的必经之路，没有捷径可言。

第二，体育教师应有教育情怀，应该关爱学生，应该努力学习专业理论知识，并从体育教学和教育的角度出发，保持求知的心态，做到“活到老，学到老”，在学习中拓宽自己的知识领域，用新知识、新理念改革自身体育教学思想和教学手段，提高体育教学研究能力。

第三，体育教师要拓展学习知识的深度与广度，学习多学科关于教学的理论知识，并将所学知识融入自己的体育课程教学中，还应该充分利用信息化手段、平台来学习和充实自己，丰富体育课堂教学的手段与方法、开展多种丰富多彩的体育教学活动。

第四，体育教师要积极参与教学研究实践。在实践中完善和提高教学研究能力，通过实践活动，做好反思和记录，为体育教学研究提供素材，在教学反思中创新，在经验总结中成熟。此外，体育教师要有团结合作精神，体育教学研究不是一个人的事情，在体育教学研究的过程中，体育教师应团结周围的力量，取长补短，方能最快、最有效地完成研究课题。

# 参考文献

REFERENCES

[1] JAMES B, CAROLYN C, ELIZZBETH S. 多元智能与多元评价：运用评价促进学生发展［M］. 夏惠贤，译 . 北京：中国轻工业出版社，2004.

[2] 曹科枢，张建明，石勤，等 . 师范专科学校体育教育专业人才培养与小学体育教师教学能力发展研究［C］//《教师教学能力发展研究》科研成果集（第十一卷），2017：15–19.

[3] 陈素烟 . 体育课堂中的突发事件及应变措施［J］. 吕梁教育学院学报，2019（6）：136–137.

[4] 陈雁飞 . 体育教师如何进行教学反思［J］. 北京体育大学学报，2005（9）：1246–1248.

[5] 陈志勇 . 体育教学的保护与帮助［J］. 考试周刊，2013（85）：115–116.

[6] 崔运坤 . 福州市中学学校体育教学安全现状和对策研究［D］. 福州：福建师范大学，2007.

[7] 邓宗琦 . 面向 21 世纪体育师资培养和体育教育专业改革与发展研究［M］. 武汉：华东师范大学出版社，2000.

[8] 董翠香，樊三明，高艳丽，等. 体育教育专业课程思政元素确立的理论依据与结构体系建构［J］. 体育学刊，2021（1）.

[9] 房宜军，崔运坤 . 学校体育教学安全基本理论分析［J］. 岱宗学刊 .2011（4）：96–97.

[10] 龚坚，张新 . 体育教学论［M］. 重庆：西南师范大学出版社，2006：106–107.

[11] 龚正伟 . 体育教学论［M］. 北京：北京体育大学出版社，2004：143.

[12] 顾明远. 教育大辞典［M］. 上海：上海教育出版社，1998.

[13] 郭芙茱 . 论教师主导性与学生主体性的辩证关系［J］. 吉林体育学院学报，2005，1.

[14] 郭俊杰，李芒，王佳莹 . 解析教学反思：成分、过程、策略、方法［J］. 教师教育研究，2014，26（4）：29–34.

[15] 郭来福 . 翻译教师教学能力研究：结构 · 现状 · 发展［M］. 北京：外语教学与研究出版社，

2019.
[ 16 ] 韩枫 . 浅谈军体训练中保护与帮助的运用 [ J ]. 武警学院学报，2012（9）：69–70.
[ 17 ] 何航飞 . 论体育教学中语言艺术的特征与运用 [ J ]. 河南医学高等专科学校学报，2020，32（3）：335–338.
[ 18 ] 黄希庭 . 简明心理学辞典 [ M ]. 合肥：安徽人民出版社，2004：5–6.
[ 19 ]季浏 . 我国《普通高中体育与健康课程标准（2017 年版）》解读 [ J ]. 体育科学，2018，38（2）：3–20.
[ 20 ]姜君．课程思政视域下高校体育课程发掘思政元素探究 [ J ]．辽宁广播电视大学学报，2020（1）.
[ 21 ] 教育部关于印发《高等学校课程思政建设指导纲要》的通知 [ EB/OL ].（2020–06–06）[ 2021–05–06 ] . http：//www. gov.cn/zhengce/zhengceku/2020–06/06/content_5517606.htm.
[ 22 ] 李孟军，曾秀英，等 . 动作示范在体育教学中的应用 [ J ]. 新西部，2009（20）：245.
[ 23 ] 李祥 . 学校体育学 [ M ]. 北京：高等教育出版社，2002：275–276.
[ 24 ] 廖小梅 . 桂林市中学学校体育教学安全现状调查与研究 [ D ]. 桂林：广西师范大学，2009.
[ 25 ] 刘纯献，刘盼盼，等．体育课程思政的内容、特点、难点与价值引领 [ J ] . 体育学刊，2021（1）.
[ 26 ] 刘嘉昊 . 初中体育课堂中教师教学语言行为研究 [ D ]. 济南：山东师范大学，2018.
[ 27 ] 卢正芝，洪松舟 . 我国教师能力研究三十年历程之述评 [ J ]. 教育发展研究，2007（2）：70–74.
[ 28 ] 罗树华，李洪珍 . 教师能力学 [ M ]. 济南：山东教育出版社，1997.
[ 29 ] 罗晓杰，牟金江 . 反馈促进新教师教学反思能力发展的行动研究 [ J ]. 教师教育研究，2016，28（1）：74，96–102.
[ 30 ] 毛振明，赖天德 . 论“教师的主导性”与“学生的主体性”的关系 [ J ]. 中国学校体育，2004，5.
[ 31 ] 毛振明 . 好的体育课应是主导和主体相辉相映 [ J ]. 体育教学，2007，5.
[ 32 ] 钱露露 . 教师反思性教学能力的提升策略 [ J ]. 教育与职业，2015（3）：123–125.
[ 33 ] 曲宗湖 . 体育教师素质与基本功 [ M ]. 北京：人民体育出版社，2002：16.
[ 34 ] 任贵，李笋南，等 . 我国中小学体育教师身体语言指标体系构建研究 [ J ]. 北京体育大学学报，2021（3）：139–149.

[35] 任奎 . 体育课堂突发事件处理研究 [J]. 中国教育学刊，2020（1）：114–115.

[36] 邵朝友 . 教师如何研制表现性任务：从目标分解技术谈起 [J]. 当代教育科学,2015（14）.

[37] 邵琪伟 . 中国旅游大辞典 [M]. 上海：上海辞书出版社，2012.

[38] 沈武旗 . 中学体育教师教学能力的构建与提升策略 [J]. 体育教学，2017，37（7）：14–16.

[39] 王慧莉，吕万刚，等. 表现性评价在体育课程思政建设中的应用研究：以体育教育专业体操类专项课程为例 [J]. 体育学刊，2022（1）.

[40] 谢祥，叶志远 . 体育课突发事件的类别及应对策略 [J]. 体育教学，2012（12）：41.

[41] 薛浩，郑国华，等. 我国体育类课程思政项群化建设的理论逻辑、价值意涵与路径选择 [J]. 武汉体育学院学报，2021（4）.

[42] 杨程 . 体育教师的语言特性 [J]. 考试周刊，2009（45）：144–145.

[43] 杨帆 . 针对高校英语教师课堂教学语言特征的调查研究 [J]. 英语广场，2016（2）：143–144.

[44] 杨建营，冯香红，徐亚奎，等 . 体育教育专业武术理论课程思政元素及教学案例解析 [J]. 武汉体育学院学报，2021（5）.

[45] 于素梅 . 对“动作示范”形式“多样性”的思考 [J]. 体育教学，2014（4）：24–27.

[46] 张涵劲 . 体操：第三版 [M]. 北京：高等教育出版社，2015.

[47] 张焕庭 . 教育辞典 [M]. 南京：江苏教育出版社，1989.

[48] 张丽军，孙有平 . 我国体育教师教学能力评价：反思与建构 [J]. 山东体育学院学报，2021，37（1）：67–73.

[49] 张素娟 . 昆明市小学数学教师专业成长的叙事研究 [D]. 昆明：云南师范大学，2016.

[50] 张唐森 . 成都市中小学体育安全问题现状调查及对策研究 [D]. 成都：成都体育学院，2016.

[51] 张学研，王崇喜 . 对普通高校体育教育专业学生能力培养与评价的研究：面向 21 世纪体育师资培养和体育教育专业改革与发展研究 [M]. 武汉：华中师范大学出版社，2000.

[52] 张玉田，程培杰，等 . 学校教育评价 [M]. 北京：中央民族大学出版社，1998.

[53] 赵斌，张钧，刘晓莉 . 体育保健学：第六版 [M]. 北京：高等教育出版社，2018.

[54] 赵芳，刘楚琛，赵美川，等. 体育课程思政研究现状及展望：基于科学知识图谱的可视化分析 [J]. 教育观察，2021（11）.

[55] 赵富学，陈慧芳，李攀飞，等. 体育教师课程思政建设能力的生成特征、核心构成与培

育路径研究［J］. 沈阳体育学院学报，2020（11）.
［56］赵潇 . 教师教学反思能力的影响因素与提升策略［J］. 教学与管理，2019（12）：61–64.
［57］郑华伟 . 构建学生体育学习主体地位的研究［J］. 北京体育大学学报，2007，5.
［58］郑小燕 . 学校体育课中的保护与帮助［J］. 新课程学习（上），2013（11）：185.
［59］周文叶 . 中小学表现性评价的理论与技术［M］. 上海：华东师范大学出版社，2014.
［60］安德鲁 · 波拉德 . 反思性教学［M］. 北京：中国青年出版社，2017.